Eigentlich geht das gar nicht: die ganze Weltgeschichte auf 280 Seiten. Aber Alexander von Schönburg kann's: so elegant und leichtfüßig, dass man süchtig wird nach Geschichte. Er nimmt uns mit zu den wichtigsten Städten der Menschheit, von Babylon über Berlin bis New York. Die größten Helden werden benannt und die schlimmsten Schurken. Schönburg erzählt von Kunstwerken, Erfindungen und Ideen – vom Faustkeil bis zum Selfiestick. Überraschende Durchblicke quer durch die Jahrtausende, pointierte Anekdoten und Porträts und überraschende Einsichten machen das Buch zu einem Leseerlebnis.

«Sehr interessant und auch humorig ... Dieses Buch macht wirklich große Freude!» Markus Lanz

Alexander von Schönburg, Jahrgang 1969, war u. a. Redakteur der «FAZ» und Chefredakteur von «Park Avenue», seit 2009 ist er Mitglied der «Bild»-Chefredaktion. Seine Bücher «Die Kunst des stilvollen Verarmens» (2005), «Das Lexikon der überflüssigen Dinge» (2006), «Alles, was Sie schon immer über Könige wissen wollten, aber nie zu fragen wagten» (2008) und «Smalltalk» (2015) waren Bestseller. Alexander von Schönburg lebt mit seiner Familie in Berlin.

ALEXANDER VON SCHÖNBURG

WELTGESCHICHTE
to go

Rowohlt Taschenbuch Verlag

Veröffentlicht im Rowohlt Taschenbuch Verlag,
Reinbek bei Hamburg, September 2017
Copyright © 2016 by
Rowohlt · Berlin Verlag GmbH, Berlin
Umschlaggestaltung ZERO Media Agentur, München,
nach einem Entwurf von Frank Ortmann
Umschlagabbildungen Frank Ortmann; DEA Picture Library, Roberto A.
Sanchesz, De Agostini Picture Library, Gary Ombler, Manfred Gott-
schalk, Ivcandy, Robin MacDougall/Getty Images
Satz aus der Arno Pro, InDesign,
bei Dörlemann Satz, Lemförde
Druck und Bindung
CPI books GmbH, Leck, Germany
ISBN 978 3 499 63152 8

INHALT

«Völker und Menschen, Torheit und Weisheit, Krieg und Frieden, sie kommen und gehen wie Wasserwogen, und das Meer bleibt. Was sind unsere Staaten und ihre Macht und Ehre vor Gott anders als Ameisenhaufen und Bienenstöcke, die der Huf eines Ochsen zertritt oder das Geschick in Gestalt eines Honigbauern ereilt.»

OTTO VON BISMARCK

STATT EINES VORWORTES
EINE WARNUNG

Es ist erst zehn Uhr morgens. Auf der Terrasse unseres Hotels sind es bereits dreißig Grad im Schatten. Ich sitze mit meinen Kindern beim Frühstück. Direkt vor unserer Nase: die Akropolis, die berühmteste Stadtfestung der Welt. In deren Mitte der Parthenon, der Tempel, den die Bewohner dieser Stadt einst der Göttin Athene erbauten. Aus Dankbarkeit, weil sie ihnen gegen die übermächtigen Perser beigestanden hatte, die damals eine Art Atommacht waren. Der Perserkönig mit seiner hochgerüsteten Superarmee hatte geglaubt, Athen wie eine lästige Fliege mit einem Patsch erledigen zu können. Aber dann kamen Marathon und Salamis, zwei Wundersiege der Weltgeschichte – so unwahrscheinlich wie eine 7 : 1-Niederlage der deutschen Nationalelf gegen

Liechtenstein –, und der Gang der Geschichte änderte sich. Das Kaff Athen mit seinen abenteuerlustigen und geistig wie körperlich so wachen Menschen wurde zur Supermacht des Mittelmeerraums und prägt unser Tun bis heute.

Meine Frau hat sich schon lange von der Terrasse entfernt, sie hat keine Lust, bei der Bruthitze den anstehenden Familienausflug in die antiken Stätten mitzumachen, sich von mir im Stechschritt durch die Agora, den zentralen Versammlungspunkt des antiken Athen, jagen zu lassen. Außerdem ist sie zu Recht sauer auf mich, weil ich mich gestern Abend von einem Freund, dem Auslandskorrespondenten Paul Ronzheimer, ins Athener Nachtleben entführen ließ, während unsere Kinder sich Mühe gaben, ihr Hotelzimmer rockstarmäßig zu verwüsten. Meine Kinder sind Teenager, sie interessieren sich gerade mehr für das Frühstücksbuffet als für die imposanteste Ruinenlandschaft der Welt. Mein Jüngster hat sich eine Ladung Rührei mit Speck nebst Tonnen von Weißbrot geholt – eine Kalorienmenge, die drei Dutzend Spartaner eine Woche lang glücklich gemacht hätte. Meine Tochter versucht sich seit einer Stunde ins WLAN des Hotels einzuklinken. Sie ist kultiviert. Sie tut das, um in der digitalen Welt beweisen zu können, dass sie hier gewesen ist. Auf dem Instagram-Profil kann man ja anhand von Fähnchen auf einer kleinen Weltkarte nachvollziehen, von wo aus man seine Bilder hochgeladen hat. Ein Fähnchen auf Athen, ein Bild des weißen Parthenon, das sich von dem schwimmbadblauen Himmel abhebt, geschossen mit Hipstamatic, John S Linse, Ina's 1969-Film macht sich gut.

Warum tue ich ihnen das an? Warum es nicht mit dem Panorama belassen und dann einfach eiscremeschleckend durch den Shopping-Distrikt Plaka schlendern? Was geht uns die Zivilisation, deren Ruine wir hier vor Augen haben, eigentlich an? Überhaupt: Warum nehmen wir Menschen uns so wahnsinnig wichtig? Warum erzählen wir uns fortwährend Geschichten aus unserer Vergangenheit?

Wäre es nicht ohnehin weiser, im Jetzt zu bleiben? Was bringt uns all das Zurückschauen? Darauf gibt es nur eine Antwort: Wir haben nichts anderes. Physikalisch gesehen ist das Jetzt nicht nachweisbar. Alles, was wir *sehen*, ist zumindest Vergangenheit. Das Glas neben mir sehe ich erst Bruchteile von Sekunden verspätet, verzögert um die Zeit, die das Bild gebraucht hat, auf meiner Netzhaut anzukommen. Wir sehen, wenn wir in den Nachthimmel blicken, etwa sechstausend Sterne mit bloßen Augen. Jedes Licht, das wir sehen, fällt zwar gerade erst auf die Erde, ist aber ur-uralt. Je weiter sich die Quelle von uns entfernt, desto älter ist es. Das älteste Licht ist dreizehn Milliarden Jahre alt und hat sich im Moment des Urknalls mit Lichtgeschwindigkeit auf die Reise gemacht.

Es gab eine Zeit, da schien dieses Interesse an uns selbst mehr als verständlich. Bis vor kurzem glaubten die Menschen tatsächlich, dass unser Planet der Mittelpunkt des Universums sei. Unweit von hier, in Delphi, steht ein

Stein. Er kennzeichnete einst die Mitte der Welt. Heute wissen wir, dass wir nicht einmal im Mittelpunkt unseres eigenen kleinen Planetensystems sind, dass wir uns wie andere Planetensysteme nur an der Peripherie – in einem unscheinbaren Vorort – unserer Galaxie befinden. Einer Galaxie von Abermilliarden anderen. Das All gibt unserem Planeten Erde die Wichtigkeit einer Bazille im Nasenpopel eines Flohs auf einem Haar auf dem Schwanz eines von zigtausend Elefanten in der unendlichen Weite Afrikas … Ist es nicht lächerlich, wenn solch winzige Lebewesen wie wir ihre Zeit damit verbringen, aufzuschreiben, wer wann warum mit wem gestritten und regiert hat? Würde es unseren Planeten morgen nicht mehr geben, würde das in der Weite des Alls gar nicht bemerkt werden. Unsere spiralnebelhafte Galaxie, die wir Milchstraße nennen, würde sich, wie alle anderen Galaxien auch, seelenruhig weiter vor sich hin drehen. Oder ist das Quatsch? Gibt es das ganze Universum überhaupt nur, weil durch uns Licht darauf fällt, weil wir es sehen? Es wahrnehmen? Wenn keiner da ist, um etwas wahr-zu-nehmen, ist es dann überhaupt wahr?

Ringen wir uns aber ruhig einmal dazu durch, unseren Planeten für besonders interessant zu halten. Damit ist immer noch nicht gesagt, dass man automatisch alle Aufmerksamkeit auf den Spätankömmling Homo sapiens sapiens lenken muss. Also so, wie Geschichtsbücher es gerne tun – und in denen es dann meist heißt: «Und dann kam der Mensch». Als ob mit uns die Schöpfung beziehungsweise Evolution – je nachdem – vollendet sei. Als ob wir der krönende Abschluss eines Weltplans seien, der uns als Herrscher dieser Welt vorsieht.

Es geht in diesem Buch um diese seltsame Spezies Mensch, die sich blitzartig, quasi *im* Moment ihres Erscheinens, den Planeten untertan macht. Um diese unsere seltsame Spezies zu begreifen, ist es sehr lohnenswert, zunächst den frühen Homo sapiens kennenzulernen. Aus einem ganz einfachen Grund: Wir *sind* dieser frühe Mensch. Uns gibt es schon so viele Hunderttausende Jahre, dass die letzten paar tausend Jahre menschlicher Kultur kaum eine Chance hatten, uns nennenswert zu verändern, und wir kaum Gelegenheit hatten, uns an die von uns geschaffenen Gegebenheiten anzupassen. Seit mindestens 150 000 Jahren gibt es uns exakt so, wie wir heute sind. Rein äußerlich – und auch was unsere Gehirnleistung angeht – unterscheiden wir uns in nix von unserem Ahnen, der damals gelebt hat. Vermutlich war er sogar noch etwas intelligenter als wir, weil er in seinem Kopf Tausende Informationen, von denen sein Leben abhing, speichern und deuten musste – während wir oft genug aus Langeweile am Smartphone das Wetter checken oder CandyCrush spielen. Erst vor etwa 12 000 Jahren fingen wir an, nicht mehr als Jäger und Sammler umherzustreifen. Seit dieser relativ kurzen vergangenen Zeit bauen wir, ernten wir, machen Behördengänge, schließen Bausparverträge ab und halten Termine ein. Der Mensch, der so viel darauf hält, «modern» zu sein, muss nur ein ganz einfaches Experiment machen, um zu spüren, wie wenig er sich rein körperlich von jenem frühen Menschen unterscheidet, der noch in Höhlen lebte und Mammuts jagte: ein Vollbad nehmen. Wenn das Wasser in der Wanne abkühlt, bekommen wir Gänsehaut. Unsere Vorfahren hatten mehr Körperhaare als wir: Wenn ihnen kalt wurde, half ihnen Gänsehaut, die Pelzhaare aufzurichten. Die Luft verfing sich zwischen ihren Haaren und wärmte sie.

Falls Sie keine Badewanne haben, laufen Sie mal an einem Tisch voller Essen vorbei: Seit ich weiß, dass die meisten meiner Vorfahren ihre Nahrung mühsam sammeln und jagen mussten, leuchtet mir zum Beispiel ein, warum ich an keinem halbwegs passablen Hotel-Frühstücksbuffet vorbeigehen *kann*. Vorhin hatte ich keinen Hunger, ich habe morgens nie Hunger. Aber Hunderttausende Jahre lang war für mich jede Nahrung ein Triumph, erzeugte ein Neuronen-Freudengewitter in meinem Hirn. Ich *musste* mir vorhin beim Frühstück den Teller vollladen. Tief in mir steckt die Ahnung, dass dies für lange Zeit wahrscheinlich die einzige Nahrung sein wird.

Sich für Geschichte zu interessieren heißt, sich für sich selbst zu interessieren. Geschichte betrachten wir aus einem einzigen Grund: um uns selbst zu betrachten. Wir werden sehen, dass es gute Gründe dafür gibt, sie aus der Perspektive unserer Spezies mit dem Hintergrund der von ihr geschaffenen Kultur zu erzählen.

Die ersten paar Millionen Jahre unserer Geschichte (lange, lange vor Badewanne und Hotelbuffet) werde ich weitgehend überspringen und mich auf die letzten paar tausend Jahre konzentrieren, etwa ab 10 000 v. Chr., als wir anfingen, sesshaft zu werden. Wenn ich das tue, und das ist ausdrücklich als Warnung gemeint, gebe ich damit zugleich ein Werturteil ab. Nach dem Selbstverständnis der klassischen Geschichtsschreibung ist die sogenannte landwirtschaftliche Revolution, die vor etwa 12 000 Jahren begann, der Beginn des Aufstiegs des Menschen, der Beginn von dem, was wir Zivilisation nennen. Die Geschichte aber erst ab dem Moment zu erzählen, an dem der Mensch anfängt, sich *gegen* die Natur zu stellen, ist zwar die übliche Vorgehensweise – aber man muss sich, bevor man ihr folgt, klarmachen, was für eine gewagte Behauptung dahintersteht. Die Behauptung nämlich, dass Geschichte dann wert ist, betrachtet zu werden, wenn der Mensch kein Natur-, sondern ein Zivilisationswesen ist, wenn er sich nicht mehr als Teil, sondern als Bezwinger der Natur begreift. Ebenso gut könnte man sich ja auf die ersten 150 000 Jahre Menschheitsgeschichte beschränken. Man könnte argumentieren, dass dies die längste und bei weitem erfolgreichste Epoche menschlicher Geschichte gewesen sei. Man würde dann die vergangenen 12 000 Jahre – die Zeit nach der landwirtschaftlichen Revolution – mit ein paar Worten am Ende abhandeln als ein trauriges Postskriptum der Geschichte quasi, in dem wir die Natur, die uns Tausende Generationen lang bestens versorgt hat, ausbeuten und zerstören. Ich tue das hier nicht. Aber ich finde, es ist ein Gebot der Fairness, darauf hinzuweisen, wie sehr es bereits ein Werturteil bedeutet, wenn ich mich hier auf die

Zeit konzentriere, seitdem Menschen sesshaft geworden sind und Zivilisationen gegründet haben. Genauso wie es ein Werturteil ist, wenn wir von «unserer» Welt und «unserer» Umwelt sprechen. Auch damit mache ich, wie wir alle, deutlich, dass wir uns nicht als Teil der Natur sehen, sondern als etwas von der Natur Separates, im Zweifelsfall sogar als ihr Herr.

Es gibt aber übrigens auch einen sehr banalen und praktischen Grund, warum Geschichtsbücher sich meist auf die vergangenen 12 000 Jahre konzentrieren, also auf die Zeit *seit* der landwirtschaftlichen Revolution: Es ist einfacher. Alles, was zeitlich und räumlich näherliegt, ist von Natur aus leichter zu betrachten und erlaubt genauere Kenntnisse. Erschwerend kommt dazu, dass wir über die Zeit vor unserer Sesshaftigkeit weniger wissen, weil es keine schriftlichen Zeugnisse gibt. Jäger und Sammler waren in der Regel schreibfaul. Die Idee mit der Schrift ist eine neumodische Erfindung, darauf mussten erst die Städter kommen.

Über den Aufstieg des Menschen in den vergangenen 12 000 Jahren lohnt sich auch deshalb genauere Kenntnis, weil es sich um eine ziemlich bemerkenswerte Erfolgsgeschichte handelt. Wir haben es rasend schnell erstaunlich weit gebracht. Angefangen haben wir in der Nahrungskette irgendwo zwischen Schaf und Löwe, heute twittern wir aus dem All, bauen aus Neuronen Mini-Gehirne, um daran Medikamente zu testen, manipulieren unser Erbgut und entwickeln Superintelligenzen. Wenn man von Weltgeschichte spricht, hat man 4,5 Milliarden Jahre vor sich. Erste Menschenaffen, die Werkzeuge benutzen, gibt es seit etwa 3 Millionen Jahren. Äußerlich mit uns identische Menschen erst seit etwa 150 000 Jahren, den Menschen als denkendes, planendes Wesen erst seit frühestens 70 000 Jahren. 70 000 Jahre Menschheitsgeschichte sind, wenn man 4,5 Milliarden Jahre Weltgeschichte vor Augen hat, nicht einmal ein Nano-Wimpernschlag. Von dem Moment, ab dem der Mensch beginnt, Steine zu spalten, bis zu dem, als er die Nato und Google gründet, Roboter und selbstfahrende Autos baut, vergeht, wenn die Weltgeschichte ein Hundert-Minuten-Film wäre, nur ein Bruchteil einer Sekunde – aber es passiert verdammt viel, das für uns interessant ist.

Hier kommt meine besondere Qualität als Dilettant ins Spiel: Ich bin Journalist, also das Gegenteil eines Fachmanns. Für den Leser dieses Buches ist das ein enormer Vorteil. Man muss ja nur Nietzsche lesen, um zu sehen, wohin es führen kann, wenn man zu tiefsinnig ist: Wenn man zu viel weiß, zu viel versteht, zu viele Zusammenhänge sieht, zu viele Informationen hat, endet das unweigerlich in der totalen Verwirrung. Nur mein Mut zur Lücke, zur Vernachlässigung der Details und die strikte Konzentration auf das Wesentliche (oder was ich dafür halte), befähigt mich zu diesem – angesichts der Fülle des Materials völlig übergeschnappten – Unterfangen, die Geschichte der Menschheit zu betrachten. Nur wenn Sie sich auf die Vereinfachungen eines Dilettanten wie mich einlassen, haben Sie überhaupt eine Chance, die Übersicht zu bewahren. Von dem großen Journalisten und Kulturphilosophen Egon Friedell gibt es eine tiefsinnige Verteidigung des Dilettanten, auf die ich mich berufen kann. Friedell fühlte sich, wenn ihm das D-Wort um die Ohren gehauen wurde, überhaupt nicht beleidigt. Im Gegenteil. Friedell hatte sich, wie Friedrich Torberg berichtet, als Theaterautor einen heftigen Verriss einer Wiener Zeitung eingefangen, mit dem Verdikt: «Diesen versoffenen Münchner Dilettanten wollen wir hier in Wien nie wieder sehen!» Friedell schrieb daraufhin an die Redaktion sinngemäß so: «Ich leugne nicht, dem Alkohol hin und wieder sehr zugetan zu sein. Auch in dem Wort Dilettant vermag ich nichts Negatives zu sehen, ist das doch jemand, der die Sache liebt, die er tut. Aber das Wort ‹Münchner› wird ein gerichtliches Nachspiel haben!» Allen menschlichen Betätigungen, erklärte Friedell in einem Brief an Max Reinhardt einmal, wohnte nur dann wirkliche Lebenskraft inne, wenn sie von Dilettanten ausgeübt würden. «Nur der Dilettant, der mit Recht auch Liebhaber, Amateur genannt wird, hat eine wirklich menschliche Beziehung zu seinen Gegenständen.»

Die Vereinfachung ist der einzig gangbare Weg, um Geschichte zu erzählen. Selbst die höchst wissenschaftlich betriebene Geschichtswissenschaft bedeutet immer: ordnen. Ordnen heißt zwangsläufig: in Schubladen stecken, interpretieren, deuten, im Nachhinein Zusammenhänge konstruieren. Wissenschaftlichkeit ist nichts anderes als der Versuch, Ordnung zu schaffen. Die Alternative ist ein unübersichtlicher, unzusammenhängender Daten- und Informationssalat. Schon wer anfängt aufzuzählen, wer wo geherrscht hat, steckt mitten im Sumpf der eigenwilligen Kategorisierung und Ordnung. Der große Nassim Nicholas Taleb, der Finanzmathematiker, dessen Buch «Der Schwarze Schwan» zu den einflussreichsten Büchern der Gegenwart zählt, nennt den menschlichen Zwang, die Dinge einzuordnen, «Platonität». Das Einordnen, das Verbindungen-Schaffen – das macht uns aber auch erst zu denkenden Menschen. Denken heißt: Verknüpfungen herstellen im Gehirn. Je geordneter und weniger zufällig die Daten miteinander verbunden werden, je stärker sie zum Muster werden, desto einfacher sind sie im Kopf zu speichern, weiterzuerzählen, in einem Buch aufzuschreiben. Wir brauchen, so Taleb, das Greifbare, das Deutliche, das Ins-Auge-Springende, das Packende, Romantische. Für das Abstrakte sind wir nicht gemacht. Das Problem ist nur, dass uns dabei ein Denkfehler unterläuft. Einordnen kann man immer nur im Nachhinein. Rückblickend sagen wir dann, dies oder das hatte so kommen müssen, die Französische Revolution oder der Erste Weltkrieg musste ausbrechen, weil dies oder das geschah … Nur, als es geschah, sah niemand, was sich da gerade anbahnte. Seit dem 11. September 2001 kann jeder das Phänomen des islamistischen Terrorismus erklären. Am 10. September konnte das noch kaum jemand. Das bedeutet übrigens auch, dass wir keinen blassen Schimmer haben, wie zukünftige Generationen über uns eines Tages urteilen werden.

Geschichte ist keine Wissenschaft, die objektive Wahrheit festhält. Manchmal enthalten sogar Märchen verdichtet mehr Wahrheiten als ganze Aktenordner voller Fakten. Vielleicht sind Geschichten wie die von Adam und Eva, die von der Auflehnung des Menschen gegen die vorgefundene Ordnung handelt, oder das babylonische Gilgamesch-Epos, das berichtet, wie der Mensch sich aufmacht, das ungnädigste Naturgesetz überhaupt, den Tod, zu besiegen, die wahrsten Geschichten schlechthin. Vielleicht kommt es gar nicht so sehr auf die wissenschaftliche Akkuratesse der Geschichtsschreibung an wie auf ihre therapeutische Wirkung. Vielleicht erzählen wir uns Geschichten nur, um uns zu trösten. Wir sind uns ja unserer eigenen Zeitlichkeit bewusst oder können uns so das Gefühl der Dauerhaftigkeit geben.

Hier in Athen, wo ich mich gerade befinde, wurde das Theater erfunden. Das klar definierte Ziel war, uns die Möglichkeit zu geben, uns selbst zu betrachten, unsere Sehnsüchte und Schattenseiten auf der Bühne gespiegelt zu sehen. In sicherer Distanz. Inszenierte Selbsttherapie-Sessions.

Geschichte kann auch schon deshalb keine Wissenschaft sein, weil alles davon abhängt, wer was wo erzählt. Wir denken im Narrativen. Geschichte heißt nun einmal in allererster Linie, Geschichten zu erzählen, daher ist es auch legitim, dass ich in diesem Buch immer wieder auf Mythen und Erzählungen eingehe, in denen sich Geschichte im wissenschaftlichen Sinne kondensiert hat. Wenn in ein paar Jahren ein Kongolese in Kinshasa – einer der am schnellsten wachsenden Städte der Welt – eine Weltgeschichte aufschreiben wird oder ein Buddhist vor fünfhundert Jahren am Rande des Himalayas im Königreich Mustang das tat, klingen natürlich beide Versionen anders als meine, als die eines weißen, wohlgenährten Europäers, in Athen am Laptop schreibend. Ich habe aber keine Perspektive außer meiner eigenen. Genauso benutze ich das Wort Europäer, obwohl ich weiß, dass das bereits eine Irreführung ist. Europa ist kein Kontinent, sondern eine Idee, die die Leute, die hier leben, seit zwei Jahrtausenden spinnen. Wir sind geologisch gesehen nur der allerletzte, zerklüftete Ausläufer einer riesigen Kontinentalplatte, die wir Asien nennen. Aber die Menschen, die auf diesem Erdzipfel leben, haben das Leben sämtlicher anderer Menschen auf dem Planeten ziemlich nachhaltig umgekrempelt. Deshalb ist es nicht nur verständlich, sondern – aus heutiger Sicht – sogar geboten, wenn ich die Geschichte aus europäischer Warte schildere. Oder, um es mit den Worten des mexikanischen Filmemachers Alejandro González Iñárritu zu sagen: «Es geht um den Umgang des weißen Mannes mit anderen Hautfarben, mit der Natur, den Tieren, dem Leben überhaupt.» Was ist mit den anderen Mega-Zivilisationen? Warum hat China Australien entdeckt, aber nie daran gedacht, es zu erobern? Warum haben die Europäer Amerika entdeckt und nicht umgekehrt? Warum haben sich die Mayas nicht nach Europa – oder auch nur Südamerika – aufgemacht? Diese Fragen werden zu klären sein.

Wie gehe ich vor? Was erwartet Sie? Der Philosoph Karl Jaspers, kein Mann der Vereinfachung, teilt die Menschheitsgeschichte in vier Perioden auf. Viermal, schreibt er, schafft der Mensch neue Grundlagen. Erst beginnt die Periode, in der Sprache und Werkzeuge entstehen. Dann folgt für Jaspers Phase zwei, in der die Menschen nicht mehr jagen und sammeln und stattdessen säen, ernten, große Reiche bauen. Für Phase drei, das erste Jahrtausend vor Christus, hat er das schöne Wort «Achsenzeit» gefunden. Das ist die Zeit, in der wir geistig nach den Sternen greifen, philosophieren, Ideengerüste erstellen, die Weltreligionen entstehen. Die vierte Phase ist unsere Epoche, die technisch-wissenschaftliche Zeit. Wie jede Kategorisierung ist sie absurd. Und sehr hilfreich. Ich halte mich weitgehend an Jaspers' Aufteilung und treibe das sapienstypische Formgefühl sogar noch ein Stück weiter. Am Ende jedes Kapitels folgen Top-10-Listen, die das behandelte Thema zusammenfassen. Beat that, Jaspers!

Nach einem Schnelldurchlauf für eilige Leser widme ich mich in den zehn Hauptkapiteln jeweils der Weltgeschichte als Ganzes, aber immer wieder aus anderem Blickwinkel. Dem Kapitel über die wichtigsten Ereignisse der Menschheitsgeschichte folgt ein Kapitel, das die Weltgeschichte anhand des Aufstiegs wichtiger Städte schildert, dem folgt ein Kapitel über Helden der Geschichte, eines über die großen Ideen, eines über die großen Kunstwerke und eines über die bahnbrechendsten Erfindungen. Und dann noch, für die rechte Würze, ein Kapitel über die größten Schurken und über die großen Worte. Am Schluss müssen wir, so leid es mir tut, über das Ende der Welt sprechen, aber damit Sie das nicht betrübt, warten noch ein paar überraschende Einsichten in geschichtliche Zusammenhänge auf Sie.

Sie werden in diesem Buch natürlich viele Namen, Ereignisse und Daten vermissen: Dies ist kein Handbuch zur Weltgeschichte. Es geht jedenfalls sicher nicht um Jahreszahlen von Schlachten und Revolutionen oder die Namen einzelner Herrscher. Ich glaube nicht einmal, dass sich jemand tatsächlich für das Leben der Athener um 400 v. Chr. oder die Sorgen der Römer um 10 n. Chr. interessiert. Was an Geschichte tatsächlich interessiert, sind die Fragen, die sich aus der Betrachtung des alten Athens für *uns* ergeben, und was die Antworten auf die Fragen, die sich die Menschen damals stellten, für uns *gegenwärtig* bedeuten. Laut Thukydides ist Geschichte nichts anderes als Philosophieunterricht an Beispielen. Bitte erwarten Sie also eher Beispiele aus der Vergangenheit, die uns heute betreffen, statt einer Art Kompendium oder Nachschlagewerk.

Noch eine Vorwarnung: Sie werden in diesem Buch keinen einzigen Gedanken finden, der nur von mir ist. Vor originellen Gedanken zu diesem Thema muss allerdings auch deutlich gewarnt werden. Wer Spengler und Marx gelesen hat, zwei der Letzten, die sich an originellen Geschichtstheorien versucht haben, weiß, was ich meine. So etwas kippt schnell ins Scharlatanhafte. Für Marx muss der Mensch nur von seinen Ketten befreit werden, dann wird für immer alles gut. Für Spengler sind Zivilisationen wie Früchte mit beschränkter Lebensdauer: Sie halten von Blüte bis Fäulnis etwa ein Jahrtausend und gehen dann unter; alles folgt einem schicksalhaften Lauf. Ich gelobe hier also in aller angemessenen Ernsthaftigkeit, keine originellen Thesen vorzutragen. Alle wesentlichen Gedanken über den Menschen wurden hundert-, ja, tausendfach vor mir bereits gedacht. Die Welt ist jetzt so alt, es haben seit Jahrtausenden so viele bedeutende Menschen gelebt und gedacht, dass wenig Neues mehr zu finden und zu sagen ist. Der letzte Gedanke ist meiner, so formuliert gefunden habe ich ihn aber bei einem Schriftsteller namens Goethe. Ist er jetzt nicht mehr meiner? Um jeder Guttenbergisierung zuvorzukommen, bekenne ich sicherheitshalber also hier schon, dass ich als Zwerg auf den Schultern von Riesen stehe. Und das ist gut so.

Eine kleine Übersicht finden Sie am Ende des Buches; besonders verpflichtet bin ich für das frühe Altertum Jan Assmann, für die Antike dem großen Sir Moses Finley, für die Spätantike Peter Brown. Für das Mittelalter dem leider 2014 im Alter von neunzig Jahren verstorbenen Jacques Le Goff. Ich hielt mich an die Bücher und Vorlesungen des großen Berliner Kultur- und Geistesgeschichtlers Alexander Demandt. Und an Norbert Elias, Karl Jaspers, Karl Popper und Isaiah Berlin, weil Soziologen und Philosophen am Ende doch die einsichtsreichsten Geschichtsschreiber sind. Isaiah Berlin, den wohl größten liberalen Denker unserer Zeit, durfte ich kurz vor seinem Tod einmal in seiner Schreibkammer in Oxford besuchen, um mit ihm über Aufklärung und Liberalismus zu streiten. Den größten Input genoss ich aber von meinem Freund Yuval Harari, Professor an der Universität von Jerusalem. Ohne sein Buch «Sapiens»* gäbe es dieses hier nicht. Bei meinem Besuch im Herbst 2014 hatte Yuval gerade die Fortsetzung seines «Sapiens» fertiggestellt. Für dieses Buch hat er mir wertvolle Ratschläge gegeben.

---

* Auf Deutsch erschienen unter dem Titel «Eine kurze Geschichte der Menschheit».

> «Der heiße Indus und der kalte Araxes be-
> rühren sich, Perser trinken aus Elbe und
> Rhein, die Göttin des Meeres wird neue
> Welten enthüllen, und Thule wird nicht
> mehr die äußerste Grenze der Erde sein.»
>
> SENECA

Kapitel eins

NUSSSCHALE

4,5 Milliarden Jahre im Schnelldurchlauf

Es ist schnell erzählt, den Anfang der Geschichte kennt eh niemand: alles, was «davor» war. Was dann vor etwa 13 Milliarden Jahren geschah, weiß man aber ziemlich genau: Ein minimaler Kosmos explodiert mit maximaler Energie, die auseinanderfliegenden Astralkörper entfernen sich voneinander wie auf einem sich blähenden Ballon. Es entstehen Raum, Licht, Zeit. Keiner kann sagen, warum das geschah. Aber *dass* es so war und *wann* es war, kann man an der Entfernung der sich immer noch explosionsartig entfernenden Sterne ablesen.

Überspringen wir diese ein wenig unheimliche Sache mit dem Urknall und auch die lange, sehr lange Geschichte der Entstehung der Erde. Beim Auseinanderfliegen des Kosmos entstehen wegen der Gravitation Gaskugeln und Sterne. Unsere Sonne, ein winziger Fixstern, entstand vor etwa 5,5 Milliarden Jahren, unsere Erde, die die Sonne treu umkreist, ist nur etwa 1 Milliarde jünger und war die längste Zeit davon ein ziemlich unfreundlicher Ort. Mehr als 4 Milliarden Jahre lang glüht und blubbert alles vor sich hin. Die längste Zeit der Erdgeschichte, nämlich 3,5 Milliarden Jahre lang, besteht unser Planet aus Ursuppe mit Algeneinlage. Man möchte nicht wissen, was damals 3,5 Milliarden Jahre lang in den Abendnachrichten gesendet wurde ...

Vor etwa 500 Millionen Jahren geschieht dann etwas Seltsames: Leben. Die sogenannte kambrische Explosion. Es entsteht – gemessen an den zeitlichen Dimensionen, die wir hier betrachten – blitzartig: Landpflanzen, Hartschalen-Tiere, erste Fischlein, Amphibien, Insekten, schließlich Reptilien, Vögel. In kürzester Zeit ein Wachsen, Wuseln, Kreuchen, Fleuchen und Kriechen in nie gekannter Vielfalt und Pracht. Dann folgen ein paar Einschläge von Asteroiden oder Kometen, manche Tier- und Pflanzenarten sterben, für andere entsteht Platz.

Spulen wir vor: Die nächsten 497 Millionen Jahre ziehen sich noch mal, bis es dann vor etwa 3 Millionen Jahren wieder interessant wurde, weil eine Tierart verhaltensauffällig wird. Manche Affenarten, die wie alle Affen auf ein insektenfressendes Spitzhörnchen zurückgehen, beginnen, sich seltsam zu benehmen. Sie gehen aufrecht, haben dadurch die Hände frei. Es entwickelten sich mehrere Menschenaffenarten. So wie es verschiedene Hunde und Vögel gibt, gab es mindestens 2 Millionen Jahre lang verschiedene Homo-Unterarten. In Europa und Westasien entwickelte sich der Neandertaler. In Asien gab es auch den Homo soloensis und den kleinen Homo floresiensis, der als «Hobbit» Eingang in die Populärliteratur gefunden hat und erst vor 12 000 Jahren ausgestorben ist.

Der technische Fortschritt zwischen 3 Millionen Jahren und 70 000 Jahren vor unserer Zeitrechnung ist dann wieder verblüffend zäh. Nach den ersten Faustkeil-Exemplaren kam Millionen Jahre lang kein Faustkeil 2.0. Kein Steve Jobs weit und breit. Sehr spät, um besagte 70 000 vor Christus herum, katapultiert eine Verschaltung im Gehirn eine der vielen Menschenarten, den ostafrikanischen Homo sapiens, weit nach vorne. Eines seiner evolutionären Handicaps – er brachte Frühgeburten auf die Welt – begünstigte wohl seine kommunikativen Fähigkeiten. Statt nur zufällig rumliegende Steinwerkzeuge aufzusammeln, gibt es plötzlich regelrechte Werkstätten. Die organisatorischen, technischen Fähigkeiten explodieren. Wir sprechen, malen, spielen, planen, treiben Handel. Wir werden zu denkenden Menschen. Die sogenannte kognitive Revolution beginnt. Sie ereilt uns zu einer Zeit, zu der es sehr wenige von uns gab. Mehrere Naturkatastrophen wie Vulkanausbrüche sorgten dafür, dass unsere Anzahl vor etwa 70 000 Jahren auf knapp unter zehntausend schrumpfte. Das heißt erstens, dass wir schon einmal beinahe ausgestorben wären, und zweitens, dass wir alle sehr nah miteinander verwandt sind. Die Queen, «El Chapo» und Elvis Presley gehören genetisch gesehen zur allerengsten Familie jedes Lesers dieser Zeilen.

Vor etwa 12 000 Jahren folgt dann der vielleicht folgenreichste Schnitt: die Sesshaftigkeit. Wir jagen und sammeln nicht mehr nur, wir pflanzen, ernten, bleiben. Wahrscheinlich nicht ohne erhebliche Konflikte zwischen den traditionellen, ungebundenen und den sesshaften Kulturen. Die Sesshaften setzten sich durch, weil sie in größeren Mengen und auf Vorrat Nahrung und somit Energie speichern konnten. Das zwang sie allerdings auch dazu, immer mehr zu produzieren, um die wachsende Bevölkerung ernähren zu können. Ab diesem Punkt gibt's kein Zurück mehr. Wer einmal sitzt …

Danach wird's so schnell, dass man kaum noch mitkommt. Mit dem Besitz kommen das Zählen und das Schreiben. Mit der Sesshaftigkeit gibt es auch eine Heimat, die es zu verteidigen gilt. Vorausplanung ist notwendig geworden. Und es gibt viel zu beachten, zu besorgen und zu bewachen: Mauern, Wachen und Waffen zur Sicherung und Verteidigung werden gebraucht; Häuptlinge müssen gefunden werden, die die Verteidigung organisieren; Nahrungsvorräte für die wachsende Bevölkerung müssen geschaffen werden; der Erfolg der Nahrungsversorgung wird abhängig vom Wetter. Es machen sich Herrscher breit, die denen, die die Nahrung anbauen, die Überschüsse wegnehmen; Priester, die glauben, Dürren zu verhindern zu wissen, treten auf den Plan. Die Metallherstellung fördert die zunehmende Arbeitsteilung, soziale Schichten entstehen – das verlangt Organisation. Wir gründen Städte, führen Kriege, bauen Nationen, Großreiche, Aquädukte, Zahnräder, Zentralheizungen, Mikrowellenöfen, Aktiengesellschaften, Smartphones und Herzschrittmacher.

Ab der landwirtschaftlichen Revolution ist es nun üblich, die großen Supermächte aufzuzählen. Man fängt traditionsgemäß mit den Sumerern und Assyrern an, erzählt dann vom sagenhaften Babylon, schmückt das ein wenig aus, indem man Sakralprostitution und solche Ferkeleien erwähnt, beschreibt die immer neuen Wellen von Völkerwanderungen, durch die Sippen aus den Steppen Asiens und dem östlichen Mitteleuropa nach Süden drängen und andere Sippen vor sich herschieben. Man wendet sich den Persern zu, dann den Ägyptern, schwenkt nach China und an den Indus, bis endlich die Griechen und die Römer dran sind. Das ist ganz unterhaltsam. Aber letztlich siegt einfach immer in einer Ecke unseres Planeten ein Nomadenstamm über den nächsten, eine Hochkultur über eine andere. Interessanter als das Aufzählen all des Gegeneinanders ist eigentlich, in welch rasanter Geschwindigkeit aus komplett isolierten Kulturen am Ende die eine vernetzte Welt wurde. Ein Herrscher in Mesopotamien konnte sich im 13. Jahrhundert vor unserer Zeitrechnung noch guten Gewissens «König der vier Weltufer» nennen. Er wusste nichts von einem chinesischen König. Und keiner dieser beiden ahnte etwas von Mayas. Sie hätten genauso gut auf unterschiedlichen Planeten leben können.

Im 4. vorchristlichen Jahrhundert gründete Alexander der Große Städte vom Mittelmeer bis zum Indus. Um das Jahr von Christi Geburt waren Völker weltweit schon miteinander in Berührung. Nero schickte Expeditionen zu den Quellen des Nils, der Jesus-Jünger Thomas predigte am Indus. Dann rollte eine Welle arabischer Eroberungen durch die Mittelmeerwelt, und der Islam schuf ein multikulturelles Weltreich. Schließlich handelten am Ende des ersten Jahrtausends nach Christus Juden, Christen, Wikinger und Chinesen mit Gütern über Kontinente hinweg.

Nach den Kreuzzügen war die Welt im 12. und 13. Jahrhundert bereits so vernetzt, dass der Papst Briefe an Mongolen in China schrieb, um Hilfe gegen die Muslime zu erbitten, Übersetzungen alter griechischer Texte aus dem arabischen Raum nach Westeuropa strömten und es international vernetzte Universitäten, verbindliche internationale Rechtsvorschriften und Welthandelsmetropolen gab. Das Wort «Globalisierungsgegner» ist eines der dümmsten Wörter im Sprachgebrauch. Genauso gut könnte man Pflanzenwachstumsgegner sagen. Seit mindestens 2000 Jahren ist die Vernetzung, die man Globalisierung nennt, in fortschreitend zunehmendem Tempo in vollem, unaufhaltsamem Gang. Viele Texte des Staatsrechtlers Carl Schmitt sind zu Recht umstritten, aber ein winzig kleines Büchlein von ihm ist unumstritten genial: «Land und Meer» hat er für seine Tochter Anima während des Zweiten Weltkriegs geschrieben. Er versucht ihr darin die Welt zu erklären. Schmitt beschreibt die Menschheitsgeschichte als eine Geschichte der Raumüberwindung.

Die folgenreichste «Raumrevolution», wie er es nennt, war der Schritt aufs Meer. Den Küsten entlang zunächst, dann hinaus in die unbekannte Weite. Er beschreibt, wie Wikinger, Walfänger und Piraten die Ersten waren, die sich auf das offene Meer hinaus wagten. Auf den von ihnen ausgeguckten Routen eroberten dann, im wissenschaftlich und militärisch hochgerüsteten 15. und 16. Jahrhundert, Nationalstaaten die Weltmeere. Es ist die Zeit der Eroberung Amerikas, des Welthandels, der Weltimperien. Es bewahrheitet sich der Satz des Weltentdeckers Sir Walter Raleigh: «Wer die See beherrscht, beherrscht den Handel der Welt, und wer den Handel der Welt beherrscht, dem gehören alle Schätze der Welt und tatsächlich die Welt.» Schmitts Kategorisierung verschiedener Raumrevolutionen war so genial, weil er damit das Phänomen der Globalisierung als Erster benannt hatte. England stieg zur größten Seemacht auf, wurde mit der Erfindung der Maschinen auch zur größten Maschinenmacht. Die erste leistungsfähige Dampfmaschine stand 1770 in England, ebenso wie 1786 der erste mechanische Webstuhl, hier fuhr 1804 die erste Dampflokomotive, hier wurden 1825 erstmals Personen auf Schienen befördert. Großbritannien war Mitte des 19. Jahrhunderts ein fast übermächtiges globales Imperium. Der spätere britische Premierminister Disraeli phantasierte 1847 in seinem Buch «Tancred oder der neue Kreuzzug», die Königin von England solle den Sitz ihres Reiches von

London nach Delhi verlegen. Britische Firmen wie die East India Company waren sogar mächtiger als Google heute, verfügten über eigene Armeen und konnten über Krieg und Frieden entscheiden. An der Schwelle vom 19. ins 20. Jahrhundert löst Amerika allmählich seinen ehemaligen Kolonieherren England als weltbestimmende Macht ab.

Die Erfindung von Telegraphie, Funk, Radio und Telefonie zwischen 1835 und 1910 hob dann, um den Gedanken von Carl Schmitt weiterzuspinnen, weitere Raumgrenzen auf: 1850 werden die ersten Seekabel zwischen Europa und Amerika verlegt, 1866 baut Siemens elektrische Generatoren, 1903 wagen die Gebrüder Wright erstmals einen motorisierten Flug. Kampfflugzeuge gibt es 1913, nicht einmal zehn Jahre später baut die Flugzeugwerft Junkers in Dessau schon Passagierflugzeuge in großer Stückzahl, 1931 fliegt Pan Am die ersten Langstrecken (von Miami nach Buenos Aires). Im Jahr 1969 folgt der ultimative Zusammenbruch von Raumgrenzen mit der ersten Verbindung zur Datenübertragung zwischen Computern – und der Mondfahrt. Heute muss man nicht einmal mehr ein Schiff in Bewegung setzen oder ein Flugzeug besteigen, um am anderen Ende der Welt etwas bewirken zu können oder gar einen Satelliten im All zu steuern. Es genügt ein Mausklick. Die ganze Welt ist eins geworden. Es gab Zeiten, da hatten Menschen in jedem Flusstal, in jeder Sippe ihre eigenen Kulte, da herrschten auf der ganzen Welt verschiedene Methoden, zu zählen, zu bauen und seine Toten zu begraben. Heute gibt es

Weltreligionen (zu denen streng genommen auch rein weltliche Erlösungsversprechen wie der demokratische Liberalismus gehören), wir benutzen alle bei Bedarf das gleiche Zahlungssystem und leben in fast identischen Gebäuden.

Es gibt heute keinen Teil auf der Welt mehr, der nicht von der gemeinsamen, globalisierten Realität berührt ist. Was waren die Motoren hinter dieser Vernetzung? Zuallererst: der Handel. Und Eroberungen. Und die Religion. Ab dem Moment, ab dem es einem Stamm nicht mehr egal war, woran der Nachbarstamm glaubte, kam eine ganz neue Würze in die Geschichte. Das geschieht etwa ab dem ersten Jahrtausend vor unserer Zeitrechnung. In Europa kommt ein weiterer, ein Turbo-Vernetzungsmotor dazu: die Wissenschaft. Auch die frühen Eroberungsmächte, ob Perser, ob Mongolen, haben sich gierig neue Völker und Stämme einverleibt – aber immer nur um Reichtümer zu horten. Auch sie hatten Astronomen und Mathematiker. Was die europäischen Eroberer der Neuzeit aber von den Kulturen des Orients immer unterschied, war die Fähigkeit, das eine dem anderen nutzbar zu machen: Wissenschaft in den Dienst des Handels und der Kriegsführung zu stellen, Handel in den Dienst der Religion zu stellen – und umgekehrt. Die christlichen Seefahrer des 16. und 17. Jahrhunderts kamen nicht nur wirtschaftlichen und imperialistischen Interessen nach, sondern immer auch wissenschaftlichen und religiösen. Eroberungszüge waren stets zugleich Feldzüge, Expeditionen und Bekehrungsmissionen – es waren grundsätzlich immer auch Wissenschaftler und Geistliche an Bord.

Der christliche Drang zur Verbreitung von Heil, gepaart mit der Kraft von Wissenschaft und Handel, hatte die Bedingungen für den perfekten Sturm zur Welteroberung geschaffen. Es wäre Zeitverschwendung, darüber zu streiten, welcher der Faktoren der maßgebliche war. Ob Handel. Religion. Oder Wissenschaft. Entscheidend war deren Verflechtung und Zusammenwirken. Die sich dadurch entfaltende Dynamik war gewaltig: Expansion Europas nach Amerika, die erste Sternwarte, der Globus, halbwegs korrekte Weltkarten, die Post, die tragbare Uhr, die Uhr am Kirchturm, der Buchdruck, das Schießpulver. Die Feuerwaffe macht aus dem Krieg eine Kriegsmaschine, aus Soldaten Menschenmaterial. Die Druckerpresse sorgt auch für Explosionen – für die von Gedanken. Mit den einzeln versetzbaren Lettern war es vorbei mit dem frommen Abschreiben althergebrachter Texte, die Kombinationsmöglichkeiten der Worte und Sätze waren nun ebenso unendlich und allgemein zugänglich wie die formulierten Thesen und Gegenthesen.

Es beginnt das Massenzeitalter. Und der Kapitalismus. In der Zeit, in der die Gedanken durch die Verbreitung der Druckerpresse befreit wurden, erdachten Männer namens Luther und Calvin Welterklärungstheorien, die die Erde neu ordneten. Sie predigten, dass Reichtum keine Schande sein müsse, dass die ganze Sache mit dem Kamel und dem Nadelöhr auch anders zu verstehen sei. Sie sagten, dass Reichtum auch ein Zeichen göttlichen

Wohlgefallens sein könne. Es entstand eine Klasse, die sich durch ihren wirtschaftlichen Erfolg immer wieder neu zu vergewissern versuchte, nicht in der Hölle zu landen. Um Gottgefälligkeit zu beweisen, investierten Protestanten ihren Reichtum in ihre Unternehmen, statt ihn für sich selbst zu verschleudern. Dadurch entstanden riesige Wirtschaftsimperien. Aber auch in katholischen und weniger lustfeindlichen Regionen kam durch den Kapitalismus Leben in die Bude. Die Produktion von Luxuswaren wurde zu einem wichtigen Wirtschaftsfaktor, begünstigte den Aufstieg neuer Schichten, von Handwerkern, Spezialisten, Könnern. Sie verdrängte peu à peu die alten Eliten, die immer mehr den Anschluss verloren und irgendwann gezwungen waren, sich von den reicheren Aufsteigern Geld zu leihen. Die Französische Revolution 1789 war dann die vollendete Machtergreifung der bürgerlich-kommerziellen Klasse. Aufstände der ausgebeuteten Arbeiter gab es noch lange nicht. Dazu kam es erst hundert Jahre später, als die neue Herrscherklasse ihre Freiheiten ein wenig zu drastisch ausgenutzt hatte.*

Der wichtigste Motor für den Kapitalismus – und somit die Weltvernetzung – war das Kreditwesen, wie es in Europa entstand. Dank ihm konnten nicht mehr nur Großgrundbesitzer mit viel zu verpfändendem Kapital Geld leihen, sondern auch Leute, die kein Land besaßen, stattdessen aber umso tüchtiger waren und gute Ideen hatten. Und noch etwas kam dem europäischen Kapi-

---

* Einzelheiten dazu bitte bei Charles Dickens nachlesen.

talismus zugute: Natürlich hatte es auch im Orient und Fernen Osten reiche Leute, Handwerker und Kaufleute gegeben. Aber nur in Europa entstand gezwungenermaßen schon früh so etwas wie Rechtssicherheit. Gezwungenermaßen deshalb, weil hier auf engem Raum so viele verschiedene Gruppen und Völker miteinander zurechtkommen mussten. In orientalischen und asiatischen Kulturen war mehr Platz, also auch weniger Zusammenprall, es regierte in letzter Instanz immer die Macht des Stärksten. Eigentum war vom willkürlichen Zugriff niemals vollkommen geschützt. Die europäische Tradition musste eine andere werden. Selbst Herrscher mussten sich bisweilen vor kirchlicher Autorität beugen und umgekehrt. Verschiedene Mächte, allen voran die weltliche und geistige Macht, lagen hier ständig im Clinch, und dies machte ein immer ausgefeilteres Rechtssystem notwendig. Schon im 13. Jahrhundert hatten Kaufleute hier besondere, rechtlich gesicherte Privilegien. Es gab Geleitbriefe, Zollrechte, eine Marktaufsicht, um die Rechtmäßigkeit und Ehrlichkeit von Transaktionen zu kontrollieren. Das begünstigte die Entstehung von Messestädten und Handelshäusern. Noch heute tätigt man Investitionen in der Regel lieber in der Schweiz als im Irak, China oder in Russland, weil man weiß, dass in Diktaturen weder Menschen noch Eigentum Schutz genießen. Reiche Chinesen, Russen und Araber wiederum tragen ihr Geld am liebsten an den Genfer See und bauen Prachthäuser entlang Londons Bishop's Avenue, statt bei sich zu Hause in Fabriken zu investieren.

Die europäische Weltveränderungsmaschine hat seit ihrer Expansion nach Amerika die Welt nicht nur zu einem globalen Dorf gemacht – jeder Flughafen, jedes Hotel, jeder große Supermarkt, egal wo auf der Welt, sieht inzwischen nahezu identisch aus –, wir sind auch zusammengewachsen. Und wir sind gewuchert. Um Christi Geburt gab es gerade mal dreihundert Millionen Menschen. Um 1700, zu Beginn des industriellen Zeitalters, gab es erst etwas mehr als doppelt so viele, bis 1900 verdoppelte sich die Zahl noch mal auf 1,6 Milliarden Menschen. Von 1970 bis 2016 hat sich die Weltbevölkerung von 3,7 auf 7,4 Milliarden Menschen ein weiteres Mal verdoppelt. Wenn unsere medizinischen Fortschritte weiter so rasant fortschreiten, wird es im wörtlichen Sinne eng. Schließlich wollen alle essen und brauchen Energie, wollen Fernseher und Klimaanlagen. Dabei ist unser Planet jetzt schon eine Mischung aus Müllhalde und Einkaufszentrum. In vielen Teilen der Erde sind Ressourcen wie Trinkwasser bereits knapp. Um es mit Karl Jaspers zu sagen: «Dieser Sprung des Menschseins, der die Geschichte zur Folge hat, kann aufgefasst werden als das Unheil (...) Alles, was Geschichte bewirkt, zerstört am Ende den Menschen; die Geschichte ist ein Vernichtungsprozess in der Erscheinung eines vielleicht grandiosen Feuerwerks.»

Lichtblicke gibt es aber auch. Die Lebenserwartung ist weltweit so hoch wie nie, wir besiegen Krankheiten, die Kindersterblichkeit ist so niedrig wie nie, der Weltbevölkerung geht es heute – wenn man zum Beispiel die Kalorienaufnahme jedes Erdenbürgers zugrunde legt – deutlich besser als vor 2000 Jahren, 1000 Jahren oder 100 Jahren. Achthundert Millionen Menschen leben in extremer Armut, das heißt, sie haben weniger als 1,25 Dollar am Tag zur Verfügung. Aber das sind nur noch halb so viele wie im Jahr 1990. Die arbeitende Mittelschicht hat sich in derselben Zeit weltweit mehr als verdreifacht. Der Grund dafür ist vor allem der wirtschaftliche Aufstieg Chinas und Indiens. Wir sind sogar anständiger geworden. Vor 1000 Jahren war es noch völlig normal, wenn ein Stamm den nächsten überfiel und massakrierte. Wenn vor 500 Jahren irgendwo auf der Welt ein Völkermord begangen wurde, bekamen wir das nicht mit. Macht sich heute ein Diktator eines Genozids schuldig, wird darüber abendfüllend im Fernsehen berichtet, und er landet vor dem Internationalen Gerichtshof in Den Haag. Im England des 18. Jahrhunderts konnte man noch wegen Taschendiebstahls an den Galgen kommen. Wer besinnlich mit Postkutsche in Goethes Weimar einrollte, dem konnte es passieren, erst einmal an ein paar Gehenkten vorbeizumüssen. Vor 100 Jahren war es noch normal, dass ein Land in ein anderes einmarschierte. Heute löst so etwas eine internationale Krise aus. Die Zahl der Kriegsopfer ist auf dem niedrigsten Stand aller Zeiten. Wir können uns nachts ruhig schlafen legen, ohne befürchten zu müssen, von unserem Nachbardorf überfallen zu werden – zumindest gilt das für unsere Weltgegend, in die dieser Tage Menschen flüchten, hier Sicherheit suchen. Wir leben heute – verglichen mit vergangenen Zeiten – in großen Teilen der Erde in einer beispiellos friedlichen und gewaltfreien Epoche.

Was den sogenannten Fortschritt anbelangt, gibt es, grob gesagt, zwei Thesen. Die eine lautet: Bislang hat sich der Mensch stets auf seinen Erfindungsreichtum verlassen können. Auf existenzielle Notlagen hat er immer mit erstaunlich genialen Innovationen reagiert. Es gibt keinen Grund anzunehmen, dass dies bei den nächsten Krisen anders sein wird. Wenn es auf der Erde eng wird, wer weiß, vielleicht lässt sich ja eine irdische Kolonie schaffen, auf dem Mars oder sonst wo. Die andere These lautet: Der Fortschritt führt direkt in unsere Selbstzerstörung, manche kennen dafür den Begriff «Truthahn-These», die so heißt, weil es in Amerika Sitte ist, an Thanksgiving im Kreis der Familie einen riesigen Truthahn zu verspeisen: Ein Truthahn glaubt, dass er ein wunderbares Leben führt, weil er jeden Tag gefüttert wird und die Erfahrung macht, dass die Menschen nur sein Wohl im Sinn haben. Seine Zuversicht wächst mit der Zahl der freundlichen Fütterungen. Am sichersten fühlt er sich am Tag vor Thanksgiving …

«Ich habe noch nie einen nennenswerten Unfall erlebt. In all meinen Jahren auf See habe ich nur ein einziges Mal ein Schiff in Not gesehen. Ich habe nie einen Untergang miterlebt und war auch nie in einer gefährlichen Lage, die zu einer Katastrophe hätte führen können.»

JOHN EDWARD SMITH, KAPITÄN DER «TITANIC»

Kapitel zwei

DIE BIG-BANG-MOMENTE DER WELTGESCHICHTE

Die wichtigsten *Ereignisse* erkennt man erst im Nachhinein (wenn's zu spät ist)

Als Nachrichtenkonsumenten sind wir gewohnt, dass wir wichtige Ereignisse nicht verpassen können. Dabei geschehen die allerwichtigsten Dinge ohne Breaking-News-Alert. Im Nachhinein pinnen wir Daten und Jahreszahlen an die einzelnen Ereignisse – und verschleiern dadurch, dass diese Daten eigentlich nur Symbole sind, die wir brauchen, um Ereignisse, die sich unmerklich entfaltet haben, später zu erklären. Wir sagen dann: «Am 14. Juli 1789, am *quatorze juillet*, wurde die Bastille gestürmt», und wir haben Bilder mit wild entschlossenen Revolutionären vor Augen, die die Tricolore schwingen.

Tatsächlich befanden sich an besagtem Tag gerade mal ein halbes Dutzend Gefangene in der Bastille, darunter ein Sittenstrolch namens Graf Solages und ein Ire mit langem weißem Bart, der von sich behauptete, Julius Caesar zu sein. An jenem angeblich so dramatischen Tag besuchte Frankreichs König Ludwig XVI. wie jeden Morgen den Gottesdienst, nahm ein reichhaltiges Frühstück ein und schrieb abends in sein Tagebuch: «*Rien.*» Nichts. Damit war seine Jagdbeute gemeint.

Die vielleicht wichtigste Zäsur der Kulturgeschichte, die landwirtschaftliche Revolution, entfaltete sich über Hunderte Generationen. Die kognitive Revolution, die größte Zäsur der Menschheit überhaupt, vollzog sich über Zigtausende Jahre – und wirkt dennoch, im Hinblick auf den Zeitraum, den wir hier betrachten, rätselhaft plötzlich. Die Geschichte kennt offenbar Big-Bang-Momente, Beschleunigungsimpulse. Aber sie werden immer erst mit einem gehörigen zeitlichen Abstand sichtbar. Das macht zum Beispiel ein aktuelles Problem, den Klimawandel, auch zu so einer psychologischen Herausforderung. Hans Joachim Schellnhuber, die führende Autorität in der Klimafolgenforschung, sagt: «Klimawandel ist wie ein Asteroideneinschlag in Super-Zeitlupe.» Deshalb funktionieren unsere menschlichen Abwehrreflexe nicht. Unsere Gehirne sind offenbar so verdrahtet, dass wir das, was schleichend geschieht, nicht so gut verarbeiten können, hingegen aber auf plötzliche Katastrophen mit erstaunlichem Erfindungsreichtum reagieren. Diese Fixiertheit auf schlagzeilenträchtige Großereignisse gilt es also im Hinterkopf zu behalten, wenn wir uns nun daranmachen, die wichtigsten Ereignisse der Weltgeschichte aufzuzählen.

DIE KOGNITIVE REVOLUTION

Die kognitive Revolution muss am Anfang jeder Menschheitsgeschichte stehen, hier beginnt das Menschsein. Eines muss einem allerdings klar sein: Die in diesem Zusammenhang wichtigste Frage muss offenbleiben. Die Frage, warum gerade der Mensch zum Menschen wurde. Das hört sich absurd an, ist aber *die* zentrale Frage. Das Wort Mensch, so sagen manche, kommt vom lateinischen *mens*: Gedächtnis, Verstand, Denkvermögen. Das Denkvermögen, also die Fähigkeit, nicht nur Dinge, die wir vor uns sehen, sondern auch Vorstellungen in Worte zu fassen, die Möglichkeit, uns gemeinsam an Regeln und Pläne zu halten und dies alles bewusst zu tun, verdanken wir einer Verschaltung im Gehirn, die ebenso gut einer anderen Menschenaffenart in den Schoß hätte fallen können oder gar einer ganz anderen Tierart. Warum widerfuhr diese Verschaltung ausgerechnet dem Homo sapiens und nicht zum Beispiel dem Neandertaler? Warum haben nicht auch Ameisen oder Kängurus Denkfähigkeit entwickelt? Das ist umso erstaunlicher, als dass sich ja auch andere Hilfsmittel – Flügel zum Beispiel – artenübergreifend verbreitet haben. Warum wurde gerade der Homo sapiens von der Natur, der Evolution bevorzugt? Das *Warum* muss unbeantwortet bleiben. Das *Wie* ist inzwischen geklärt: Es hat natürlich mit Sex zu tun.

Das, was sich vor etwa 70 000 bis 40 000 Jahren in unseren Gehirnen abgespielt hat, war lange ein wissenschaftliches Rätsel. Man wusste nur, dass sich nach gut zwei Millionen Jahren relativen Stillstands mit nahezu konstanten technischen und sozialen Fähigkeiten eine Menschenaffenart – unsere – plötzlich sehr erfindungsreich zeigte und von da an die Innovationen rapide zunahmen. Man verdächtigte lange eine genetische Mutation im Gehirn als Auslöser dieser explosiven Entwicklung. Inzwischen weiß man sogar ziemlich genau, was in unseren Köpfen geschehen ist. Ich verrate es gleich, versprochen, aber um es zu verstehen, bleiben wir zunächst bei diesem Bild: Die Geschichte unseres Planeten ist eine Geschichte der Vernetzung. Auch unser Kopf ist ein Kosmos, in dem Vernetzung die alles entscheidende Rolle spielt. Wer intelligent ist, kann assoziativ denken, Zusammenhänge herstellen.

Ein Gehirn agiert, vergleichbar mit einem Computer, mit verschiedenen, unabhängig voneinander funktionierenden Fakultäten. In einem Bereich des Kopfes stecken die Bereiche, die für soziale Kompetenz zuständig sind, damit können wir zum Beispiel deuten, ob jemand grimmig oder freundlich schaut. In einem anderen sitzen Bereiche, die die Herstellung von Werkzeug steuern, in wieder einem anderen sitzt unser Naturwissen. Wir können damit das Wetter deuten, harmlose von gefährlichen Tieren unterscheiden und so weiter. Hunderttausende Jahre lang entwickelten sich diese Kompetenzzentren unabhängig voneinander. Vor 70 000 bis 40 000 Jahren, evolutionsgeschichtlich gesehen also in kürzester Zeit, beginnen diese Hirnbereiche nicht mehr isoliert zu agieren, sondern treten miteinander in Verbindung. Ab da geht's los: Damit explodieren die organisatorischen und kommunikativen Fähigkeiten, es gibt statt Faustkeilen nun Faustkeilwerkstätten, die Werkzeuge werden immer komplexer. Innerhalb der Gruppe gibt es Zuständigkeiten, Arbeitsteilung, es bilden sich Hierarchien. Es gibt Schmuck und Malerei. Und Musik!

Warum nicht gleich so? Für einen Computerprogrammierer ist die Antwort leicht nachzuvollziehen. Auch um ein komplexes Softwareprogramm zu schreiben, überlastet man es nicht von Beginn an mit Funktionen und Verschaltungen. Zunächst schafft man eine simple Basis, damit das Programm läuft. Erst dann fügt man baukastenmäßig komplexere Aufgaben hinzu. Erst wenn alle Module unabhängig voneinander stabil laufen, wird man sie – ganz zum Schluss – vernetzen. Aber erst ab dem Moment, in dem die Kompetenzbereiche für soziales Wissen und Naturwissen miteinander in Verbindung treten, wird's interessant. Evolutionsbiologisch wurde uns dieser Schritt von den Frauen aufgezwungen. Wenn eine frühe Sapiens-Frau zum Beispiel signalisierte: «Bring mir einen Bären nach Hause, dann lass ich dich ran!», musste das Männchen im Kopf eine Verbindung herstellen zwischen sozialem und praktischem Zentrum in seinem Hirn. Männer, die kapierten, dass man sein praktisches Können in der Natur nutzen kann, um soziale Vorteile zu erlangen, durchbrachen die Trennung zwischen den voneinander getrennten Kompetenzzentren im Gehirn und ergatterten sich dadurch einen selektiven Vorteil.

Die Wissenschaft spricht ab dem Zeitpunkt dieser Verschaltung, die sich in unseren Gehirnen abspielte, nicht mehr von Homo sapiens, sondern von Homo sapiens sapiens. Dieser Verschaltung in seinem Gehirn verdankt der Mensch auch seine nuancenreiche Sprache. Tiere können sich ebenfalls warnen, sogar vor unterschiedlichen Bedrohungen, aber der Mensch kann (wie es Harari so schön beschreibt) nicht mehr nur «Achtung, Löwe!» rufen, er kann Bilder von ihm an die Wand malen und Dinge sagen wie: «Der Löwe ist der Schutzgeist unseres Stammes.» Er kann mit Worten Wirklichkeit schaffen, er kann sich Dinge gegenseitig berichten und Sachen erzählen, die in der Vergangenheit und in der Zukunft spielen. Er kann *übereinander* reden. Er kann in große Gruppen zusammenarbeiten, gemeinsam nach vereinbarten Regeln agieren, Gesetze schaffen, an die alle glauben (oder gefälligst zu glauben haben), und Städte, Reiche und Großkonzerne bauen. Erst ab der kognitiven Revolution kann man überhaupt von einer Geschichte des Menschen sprechen, vorher sind wir nur einer von vielen begabten Bewohnern des Tierreichs. Die Zeit von der kognitiven Revolution vor etwa 70 000 Jahren bis zur landwirtschaftlichen Revolution ab etwa 12 000 v. Chr. ist die längste – und vielleicht erfolgreichste – Periode der Menschheitsgeschichte, dennoch wird diese Zeit, immerhin sechsundfünfzigtausend Jahre, in den meisten Geschichtsbüchern (auch in diesem) mit ein paar Sätzen abgehandelt. Geschichtsschreibung im europäischen Sinne fängt ab dem Moment an, als Menschen sesshaft werden, Kulturen gegründet werden, Imperien entstehen.

DIE LANDWIRTSCHAFTLICHE REVOLUTION

Die landwirtschaftliche Revolution ist der Beginn des Aufstiegs des Menschen zum Herrscher über die Welt. Solange der Mensch als Wildbeuter und Sammler von Beeren und Nüssen durchs Land zog, nahm er in der Geschichte der Erde eine Nebenrolle ein. Die Hauptrolle angelt er sich, als er beginnt, sich niederzulassen, die Ärmel hochzukrempeln und Ackerbauer zu werden. Der Moment, in dem der Mensch die Geheimnisse der Natur entschlüsselt und sie so manipuliert, dass die Nahrungsmittel sich nicht erschöpfen und er, wenn er geschickt ist, Überschuss generiert, ist der Beginn der Geschichte seines Aufstiegs. Kein Wunder, dass dieser Schritt in unseren großen Geschichten bildhaft als direkte Herausforderung göttlicher Macht dargestellt wird. Adam und Eva wollten nicht mehr nur Geschöpfe, sondern selber Schöpfer sein, sie wollten eigenmächtig über Leben und Tod, über Gut und Böse entscheiden dürfen.

Der Löwe war jetzt nicht mehr nur ein Feind, vor dem man Angst hatte, sondern einer, der einem die Nahrung streitig machte und den es auszurotten galt. Welches Getreide zu wachsen, welche Wälder und welches Unkraut vernichtet werden sollten, das wollte nun der Mensch entscheiden. Die Geschichte von Kain und Abel gibt das weltgeschichtliche Drama, das sich am Übergang von nomadischer zur Ackerbaukultur abgespielt haben muss, am drastischsten wieder. Abel war Schafhirte, Kain Ackerbauer (Genesis 4,2). Wer sich durchsetzte – und wie –, ist bekannt. Interessant ist übrigens, dass die Geschichte von Kain und Abel eindeutig aus Sicht der Abels dieser Welt, der Opfer, erzählt ist. Die Geschichte ist ein menschlicher Erklärungsversuch für das, was in die Menschen gefahren sein mag, die durch ihre Expansionen die traditionellen Kulturen bekämpften, verdrängten und zum Teil ausrotteten. Aus der Sicht der alten, nomadischen Stammeskulturen war das seltsame und grausame Verhalten der neuen Menschen offenbar nur dadurch zu erklären, dass es sich um Verfluchte handelte.

Ab der «Vertreibung aus dem Paradies», wie wir die landwirtschaftliche Revolution auch nennen können, ist der Mensch für seine Nahrungsbeschaffung nicht mehr der Großzügigkeit der Götter ausgeliefert. Er nimmt die Sache selbst in die Hand, er kann Vorräte schaffen, das Leben wird weniger entbehrungsreich. Aber widersinnigerweise auch härter. Mit der Sesshaftigkeit und der Zunahme der Nahrungsmenge wuchs auch die Bevölkerung. Es musste immer mehr produziert werden. Mit der Muße war es dahin. Das fast schon tragische Paradox der neolithischen Revolution ist, dass sie eine deutliche Verbesserung des Lebensstandards brachte und dennoch zu einem Leben voll harter Knochenarbeit führte. Der menschliche Körper ist nun einmal nicht dafür gemacht, tonnenweise Wasser zu schleppen und Äcker umzupflügen. Landwirtschaft bedeutete, immer *mehr* Münder ernähren zu müssen. Landwirtschaft bedeutete auch Bevölkerungsexplosion – auf engem Raum und damit die Anfälligkeit für Keime und Ansteckungskrankheiten. Sie bedeutete, dass der im Vorteil war, der Überschuss generieren konnte. Das wiederum weckte Begehrlichkeiten. Mit den Getreidespeichern entsteht eine Klasse der Habenden und die Masse der Wollenden. Und wer sein Getreide bei jemandem lagert, der viel hat, der kriegt dafür einen Beleg: Geld. Landwirtschaft bedeutete auch Technologieschub. Die besten Erfinder müssen jetzt nicht mehr jagen, um an Nahrung zu kommen, sie machen, was sie können: brauchbares Werkzeug für die Landwirtschaft, Waffen, Schmuck für die Anführer.

Die beiden großen Umwälzungen der Menschheit, die landwirtschaftliche und die industrielle Revolution, sagt der Ökonom und Eurokratenschreck Yanis Varoufakis, haben sich beide letztlich als ziemliche Reinfälle herausgestellt. Beide sollten uns das Leben erleichtern, beide machten uns stattdessen zu Sklaven unserer Bequemlichkeit. Die landwirtschaftliche Revolution führte zu Ackerbau und Fron, die industrielle Revolution zwängte uns zwischen Zahnräder eines riesigen Getriebes – wie Charlie Chaplin in «Moderne Zeiten». Obwohl es Varoufakis ist, der das behauptet[*], ist es leider so falsch nicht. Wer kann denn leugnen, dass der moderne Mensch «unnatürlich» lebt, seinen Körper (und seine Seele?) ruiniert und sich in einem Netzwerk von Verpflichtungen und Zwängen gefangen fühlt? Der Soziologe Norbert Elias, dessen Lebensthema die Entstehung von Zivilisation war, definierte den Grad der Zivilisation mit dem Ausmaß unserer Abhängigkeiten voneinander. Je mehr unser Leben mit dem Leben anderer verflochten ist, desto größer der Grad der Zivilisation. Ab einem bestimmten Punkt konnte man sich auch aus der frühen Agrargesellschaft einfach nicht mehr ausklinken – aus Gründen der Bequemlichkeit, aber vor allem auch deshalb, weil man Teil einer komplexen, voneinander abhängigen Gemeinschaft geworden war mit Verpflichtungen, Regeln, Konventionen.

Die Menschen gaben den Plan mit der Landwirtschaft nicht auf, als er sich als mühselig erwies, weil die Falle – womit wir wieder beim unhörbaren Big Bang sind – lautlos zuschnappte. Alles verlief nach Plan, der Übergang vom Menschen, der Wildweizen sammelt, und dem, der angebauten Weizen verarbeitet, war so langsam, dass ihn die Leute nicht bemerkt haben. Erst wurde ganz wenig angebaut, dann immer mehr. Dann gab es peu à peu mehr Kinder als früher. Ein paar Generationen später wusste schon niemand mehr, wie es war, als man noch

---

[*] Yanis Varoufakis, «Time for Change» (2015).

keinen Weizen erntete. Als 1364 in Augsburg erstmals eine Turmuhr auftauchte, die die volle Stunde mit einem Glockenschlag markierte, war ja auch noch niemandem klar, dass dies eines Tages zu Terminstress und Fremdbestimmung führen würde. Und als wir das erste Mal ein Handy in der Hand hielten, war das noch ein Luxus …

Es hat angeblich Zivilisationen gegeben, die, nachdem sie den Weg des Fortschritts gegangen waren, noch mal einen U-Turn hingelegt haben und den Weg zurückfanden. Angeblich gab es vor langer Zeit im heutigen Südwesten der Vereinigten Staaten die sogenannte Hohokam-Kultur: Indianer, die jahrhundertelang *vor* Kolumbus' Ankunft in Amerika schon Bewässerungskanäle und systematische Landwirtschaft und Handel kannten. Dann, so die Legende, haben sie allesamt beschlossen, wieder ohne all die modernen Hilfsmittel zu leben … Und sind von der Bildfläche verschwunden. «Hohokam» heißt in der uramerikanischen Pina-Sprache: «*Die, die spurlos verschwanden*».

Eine Legende, wie gesagt, denn: Der Weg, der mit der landwirtschaftlichen Revolution eingeschlagen wurde, war unumkehrbar. Der Schlachtplan des Menschen, sich die Natur gefügig zu machen, steht. Uns bleibt nichts anderes übrig, als ihn weiter zu gehen. Das ist unsere menschliche Natur. Bis unsere Herrschaft absolut ist. Bis alle unsere Probleme gelöst sind?

Wenn man sich daranmacht, die wichtigsten Wegscheide der Menschheit zu betrachten, kann man die kognitive Revolution, die unser Menschsein begründet, und die landwirtschaftliche Revolution, die unsere Zivilisation begründet, natürlich nicht in eine Reihe mit ein paar Eroberungen, Entdeckungen oder Naturkatastrophen stellen. Sie wirken neben diesen Zäsuren wie Fußnoten. Alles, was folgte – die Wissensexplosion im Zeitalter der Aufklärung, Maschinen, die Mondfahrt, die Entschlüsselung des menschlichen Genoms, genetisch optimierte Menschen, bionische Menschen ... –, sind Folgen der beiden großen Revolutionen. Dennoch lohnt es sich, im Schnelldurchlauf ein paar andere Zäsuren zu betrachten. Aber nur, um zu zeigen, dass Großereignisse wirklich immer nur rückblickend als solche zu erkennen sind.

Die Völkerwanderungswellen im ersten Jahrtausend waren so eine gewaltige Zäsur. Damit wurde Europa ethnisch durcheinandergewirbelt, die Karten wurden neu gemischt: Durch die Berührung mit Rom werden aus wilden Germanen feine Leute, die Togas tragen, Latein sprechen, es sich auf gepolsterten Liegesofas bequem machen und sich altrömische Adelstitel geben. Es entstehen Stammesfürstentümer und frühe Formen von Staaten. Was damals, im ersten Jahrtausend unserer Zeitrechnung, auf diesem Kontinent entstand, existiert im Wesentlichen bis heute. Alle Länder des heutigen Europa führen ihre Wurzeln auf Gemeinwesen zurück, die sich zwischen 500 und 1000 n. Chr. formierten. Und trotzdem haben die Leute relativ wenig davon mitbekommen. Das formelle Datum für den Untergang Roms ist 476 n. Chr. War die Abdankung des letzten römischen Kaisers quasi die Spitzenmeldung in der Tagesschau? Eilmeldung: «Romulus Augustus abgesetzt»? Eher nicht. Der Wandel geschah schleichend, fließend, kaum merklich. Vielleicht moserten manche, weil die beliebten öffentlichen Bäder allmählich in Qualität und Service nachließen und es auch immer unüblicher wurde, zur bloßen Unterhaltung Menschen in großen Arenen wilden Tieren vorzuwerfen, aber insgesamt bekam man recht wenig von der angeblich so großen Zäsur mit. Andere Zäsuren der Weltgeschichte waren für die sie Erlebenden deutlich spürbarer als das Ende Roms. Die Pest im 14. Jahrhundert etwa. Zwei Drittel der Bevölkerung Europas wurden ausradiert. Diesen Wendepunkt bekam *jeder* mit. Aber das wirklich Entscheidende war auch hier erst später sichtbar. Die Allgegenwärtigkeit des plötzlichen Todes hatte in der europäischen Psyche einen Knacks ausgelöst – einen, der nicht nur Schattenseiten hatte: Der Tod hat eine große gleichmachende Kraft, die Pest war auch demokratisches Erweckungserlebnis. Davon zeugen die vielen grotesk-fröhlichen Totentanzmotive aus der Zeit, in der die Skelette von Bauer, Bettler und Edelmann Arm in Arm erscheinen.

Ein weiteres Beispiel: der Dreißigjährige Krieg. Ebenfalls eine furchtbare Zäsur, denn – auch das weiß man erst rückblickend – die Religionskriege hatten eine derartige Verwüstung ausgelöst, dass sämtliche Grundlagen, die des Staates, die der Religion, die des sozialen Miteinanders, neu ausgehandelt werden mussten. War die Aufklärung ein Ergebnis davon? Das ganze Wissen der Welt, so der Anspruch, sollte jedermann zur Verfügung stehen. Jeder sollte sich eine eigene Meinung bilden können. Die geistige Tabula rasa nach den Religionskriegen ermöglichte jedenfalls die Geburt des modernen Europas, geistige Höhenflüge in Kunst, Wissenschaft und Technik. Eine der Paradoxien des Aufstiegs Europas und seiner Kolonien zum Motor und Herrn der Weltvereinigung: Es sind vor allem Katastrophen und Konflikte, die – rückblickend – wie Brandbeschleuniger des Fortschritts wirken. China war im 15. Jahrhundert das reichste und fortschrittlichste Land der Welt. Und das stabilste. Auch die muslimische Welt, im Mittelalter Europa weit überlegen, hatte auf Dauer nicht die Kraft, um die Vormachtstellung in der Welt zu erringen, und überließ sie schließlich den Europäern. Warum das so war, wird noch Thema sein. Eines sollte diese kleine Übersicht klarmachen: Je wichtiger die Ereignisse, desto länger dauert es, bis ihre Bedeutung deutlich wird. Manche Revolutionen haben kein Datum.

Hier aber, weil man Versprechen halten muss, die ultimativen Top 10 der wichtigsten menschheitsgeschichtlichen Ereignisse:

① **Die kognitive Revolution.** Vor etwa 70 000 bis 40 000 Jahren. Der Vernetzung in unserem Kopf verdanken wir das Denken, das Planen, das Sprechen – und die Fähigkeit, Vorstellungen Wirklichkeit werden zu lassen. Der Homo sapiens sapiens besiedelt weite Teile der Welt, verdrängt andere Hominidenarten.

② **Die Vertreibung aus dem Paradies.** Auch bekannt als landwirtschaftliche oder neolithische Revolution. Sie beginnt vor circa 12 000 Jahren im Nahen Osten. Der Mensch manipuliert die Natur. Überschuss führt zur Lagerhaltung und damit zu Schreiben, Rechnen, Handel. Sesshafte setzen sich gegen Nomaden in Unterzahl durch, das führt zum Aufstieg von Städten und Großreichen.

③ **Die Völkerwanderungen.** Im 1. Jahrtausend drängen Neuankömmlinge an die Peripherie des eurasischen Kontinents, dadurch (und durch die Verbreitung des Christentums und des Islams) werden die Karten neu gemischt, das Römische Imperium weicht neuen, mächtigen Königreichen und Staaten. Das moderne Europa entsteht.

④ **Tabula rasa.** Die Pest (14. und 15. Jahrhundert) zwingt Europa zum Neustart. Bei Sterberaten bis zu 50 Prozent war es verwunderlich, dass Ordnung und Staatlichkeit nicht völlig zusammenbrachen. Das Weltbild der Menschen aber veränderte sich.

⑤ **Die Entdeckung Amerikas.** Der Beginn des einzig-artigen europäischen Expansionsdrangs. Ab dem 15. Jahr-hundert werden fremde Länder von europäischen Mäch-ten als herrenloses Gut betrachtet. Legitimation erfolgt durch die Kirche. Die moderne Weltordnung entsteht.

⑥ **Die wissenschaftliche Revolution.** Das 17. Jahr-hundert wird zur Epoche der Naturwissenschaft und Technik, der Aufklärung und der internationalen Markt-wirtschaft. Jede neue Erfindung ist für sich genommen eine Revolution, fremde Erfindungen (wie Schießpulver, Papier) werden in Europa perfektioniert und industriali-siert.

⑦ **Die Französische Revolution.** Eine Revolution des Bürgertums (nicht des Volkes!) gegen den Adel. Aber auch das Bürgertum darf seine neugewonnene Macht nicht lange genießen. 1789 löst eine derartige Kette von ökonomischen, wissenschaftlichen, technischen und geistigen Revolutionen aus, dass man die zweihundert Jahre nach 1789 vermutlich irgendwann als *eine* große Revolution betrachten wird.

⑧ **Die industrielle Revolution.** Die erste Dampfma-schine läuft ab 1769. Innerhalb von einhundert Jahren machen die Europäer – und die ehemalige Kolonie Ame-rika – aus dem Planeten eine riesige, globalisierte Markt-gesellschaft.

⑨ **Die Mondlandung.** Eigentlich nur ein weiterer logischer Schritt in der Expansion menschlicher Macht, könnte dieses Ereignis des Jahres 1969 mittelfristig aber an Bedeutung zunehmen.

⑩ **Die digitale Revolution.** Bei der Apollo-11-Mission des Jahres 1969 konnte der Bordcomputer vier Kilobyte verarbeiten. Jede Eieruhr kann heute mehr. Inzwischen wird die Möglichkeit erforscht, Computer zu erschaffen, die eigenständig lernen und programmieren können. Was das bedeutet, ist nicht abzusehen.

«Ich verlange von einer Stadt, in der ich
leben soll: Asphalt, Straßenspülung, Haus-
torschlüssel, Luftheizung, Warmwasserlei-
tung, Lärm. Gemütlich bin ich selbst.»

KARL KRAUS

Kapitel drei

WO BITTE GEHT'S ZUM ZENTRUM?

Vom Aufstieg und Niedergang
der wichtigsten *Städte* der Welt

Der Herrscher von Akkad im Zweistromland des heutigen Irak nannte sich vor 4000 Jahren mit bestem
Recht «Herrscher aller vier Weltteile». Heute weiß man
nicht einmal genau, wie groß es war, man vermutet: etwa
halb so groß wie Belgien. Man kann heute in Manhattan
als Chef einer Großbank im siebzigsten Stockwerk über
der Wall Street thronen, von seines Daches Zinnen auf
die beherrschte Welt blicken, sich als Epizentrum derselben fühlen – ohne zu ahnen, dass sich im Hintergrund
längst eine Übernahme anbahnt und die Fäden schon
nicht mehr in New York, sondern in Schanghai oder Katar gezogen werden. Betrachtet man die örtlichen Ver-
schiebungen der Weltzentren, gewinnt man ein geogra-

phisches Bild vom Verlauf der Menschheitsgeschichte, vom Aufstieg und Fall der Hochkulturen.

Vor 8000 Jahren gab es in der Region, in der Akkad gelegen haben muss, bereits erste Städte. Erst waren es nur überdimensionale Dörfer. Dann kam es zu immer mehr Arbeitsteilung, Spezialisierung, zu Hierarchien. Den fruchtbaren Landstreifen zwischen den beiden Flüssen Euphrat und Tigris nennt man bis heute Mesopotamien («Zwischen den Flüssen»). Vor rund 6000 Jahren schlossen sich dort ein paar Städte zu einem Verbund zusammen, der sich Sumer nannte. Wer die damalige «Weltherrschaft» innehatte, also in Mesopotamien regierte, wurde in der Regel ein paar Generationen später von irgendwelchen nomadischen Schlägerverbänden aus dem Norden wieder vertrieben. Den Sumerern folgten die Gutäer, die Kassiten, die Hurriter, die Amurriter. Wahrscheinlich sind nie mehr derart grausame Kriege in der Menschheitsgeschichte geführt worden als zu der Zeit: Die Keilinschriften triefen vor Blut … Die Amurriter gründeten die erste Weltmetropole, Babylon. Die Babylonier wichen den Assyrern, ihr Imperium war das erste mit systematisch organisierter Beamtenschaft, Armee und Hofstaat. Ihr New York heißt Ninive. Sie müssen von einer unfassbaren Grausamkeit gewesen sein. Zu ihren Kulten gehörten Menschenopfer (genauer: Kinderopfer), sie praktizierten schon im 3. Jahrtausend v. Chr. eine Strategie, wie sie auch Stalin im 20. Jahrhundert verfolgte: Sie deportierten ganze Völker, um sie zu versklaven. So waren sie besser in Schach zu halten. Dann wurden die Assyrer irgendwann selbst gestürzt. Von einem von ihnen unterdrückten Volk, den Chaldäern. Sie haben einerseits einen Ehrenplatz in der Weltgeschichte, weil sie die Mathematik erfanden und Pioniere der Astronomie und der Zeitmessung waren, aber auch sie waren ausgesprochen grausam. Ihr König Nebukadnezar zerstörte eine sehr berühmte Stadt: Jerusalem. Die Tradition der Assyrer, ganze Völker zu verschleppen, hatte er beibehalten.

Babylon muss zu seiner Zeit recht hip gewesen sein. Babylon ist das Urbild der sündhaften Mega-Metropole: Händler, Huren, Krieger, Priester, Prinzessinnen, dicht gedrängt, überall Geschäfte, Paläste, Altäre, Tempel. Ein einziges Feiern, Handeln und Opfern. Etwa zweitausend Jahre lang war Babylon die Hauptstadt der Welt. Das Hauptportal der Stadtmauer, das Ischtar-Tor mit seinen Löwen und Monstern, ist im Berliner Pergamonmuseum zu besichtigen. Wer nachlesen will, wie das endete mit Babylon und den Chaldäern, muss Heinrich Heines Gedicht über deren letzten König lesen («Belsazar ward aber in selbiger Nacht / Von seinen Knechten umgebracht») oder sich Rembrandts Darstellung anschauen, wie dem Tyrannen bei einem Gelage die hebräischen Worte «מנא, מנא, תקל, ופרסין» («*Mene mene tekel u-pharsin*») in Feuerschrift an der Wand erscheinen. Erst ein jüdischer Gefangener konnte übersetzen: «Deine Tage sind gezählt!»

Mit den Hochkulturen kommt auch der systematische Tod in die Welt. Aber es gibt auch immer wieder Verschnaufpausen. Und zivilisatorische Schritte nach vorn. Die bestimmende Macht nach den Babyloniern waren die Perser. Sie galten, verglichen mit den Zweistromleuten, als geradezu gerecht und milde. Sie waren es auch, die nach ihrer Eroberung von Babylon (539 v. Chr.) die gefangenen Israeliten laufen ließen, von denen noch viel zu hören sein wird. Sehr frühzeitig hatten die kultivierten Perser bereits Kontakt zu fremden Städten und Kulturen gepflegt, darunter auch eine Stadt vis-à-vis der Westküste Kleinasiens namens Athen. Zu Persiens Territorium gehörten das heutige Iran, dazu Afghanistan und Indien bis zum Indus. Im Westen reichte es bis in die heutige Türkei und im Süden bis zum Nil. Nachdem sie sich das zusammenerobert hatten, sahen die «parfümierten und hoch zivilisierten Perser»* keinen Anlass für weitere Eroberungen. Ihr Herrschaftsmodell war sehr modern. Sie versuchten, viele Völker unter einem Dach zu vereinen, ohne ihnen ihre Kultur aufzudrängen – man sollte nur die fremde Oberherrschaft anerkennen und, notfalls symbolisch, Tribut entrichten. Griechenland, an der äußersten westlichen Peripherie ihres Weltreichs, war für die Perser völlig uninteressant, zumindest geopolitisch. Trotzdem müssen uns die frühen Stadtstaaten Griechenlands ein wenig beschäftigen.

---

* Eine Formulierung Tamim Ansarys aus «Die unbekannte Mitte der Welt», das jeder lesen muss, der den Orient verstehen will.

Was ist das Besondere an dieser Zivilisation abseits des damaligen Zentrums der Welt? Als Griechenland im ersten Jahrtausend vor Christus erstmals in den Geschichtsbüchern auftaucht, hat Babylon schon 3000 Jahre Geschichte hinter sich, Chinas Dynastien regieren um 1000 v. Chr. schon im fünfzigsten Glied, und für die Großreiche Ägypten und Persien ist Athen Fliegendreck auf der Landkarte. Dennoch verdient dieser Fliegendreck unser Interesse, denn unsere westliche Kultur, die den ganzen Globus erfasst und ihn verändert hat, fußt weitgehend auf diesem Ort. Der europäische Geist, der sich die Welt – im Guten wie im Schlechten – untertan gemacht hat, ist der Geist Athens. Athen ist das Urmuster der europäischen, der abendländischen, der westlichen Stadt. Es ist kein Zufall, dass sich Städte überall auf dem Globus Mühe gaben, die Athener Architektur zu kopieren. Es gibt einen Begriff für das Städtische: Urbanität. Athen ist der Inbegriff von Urbanität. Eigentlich müsste es daher Astynität heißen; *urbs* ist ein lateinischer Begriff, und die Römer haben sich ihre Idee von Urbanität von den Griechen nur abgeschaut. Wenn der Grieche «Asty» sagt, also Stadt – er tut das bis heute –, dann hat er nicht die Tempel- oder Regierungsbezirke im Sinn, sondern jene Viertel, in denen sich das tägliche Leben abspielt, wo man sich tummelt, wo man sich aneinander reibt. Das Ländliche interessierte den Athener nicht. Von Sokrates ist zu dem Thema ein lustiger Dialog überliefert: Ein Freund macht mit ihm eine Landpartie. Ihm fällt auf, dass Sokrates sich irgendwie unwohl fühlt zwischen all den Bäumen und Hainen. Sokrates, typisch Kopfmensch: «Verzeih mir, mein Bester. Ich bin nun mal lernbegierig, und Felder und Bäume wollen mich einfach nichts lehren, wohl aber die Menschen in der Stadt.» Der Arme fühlte sich ohne das Gewusel der Stadt verloren. Ein Athener eben.

Das antike Griechenland bestand in seiner Blütezeit natürlich nicht nur aus Athen, sondern aus einer Ansammlung mehrerer Städte. Gemeinsam hatte sie vor allem: die Vorliebe für Wettbewerb. Bei den Griechen lief nichts ohne Wettbewerb: kein Theater, keine Debatte, keine Spiele, kein Wagenrennen, kein Sport. Alle unsere Oscar-Verleihungen, Song-Contests, Fußballweltmeisterschaften, DSDS, Topmodel, die «Vogue», dieses tief in unserer Kultur verankerte Verlangen, der Strahlendste, Schönste, Umjubeltste zu sein, ist Teil unseres griechischen Erbes. Genau wie unsere Promi-Versessenheit überaus griechisch ist. Wer bei den Olympischen Spielen gewann, auf den wurden, wenn er Ausstrahlung hatte und die Leute begeistern konnte, Hymnen von Dichtern verfasst – in die heutige Zeit übertragen, wäre man sozusagen der YouTube-Hit, würde weltweit auf allen Social-Media-Kanälen geteilt werden. Beteiligt an Wettbewerben war freilich nicht das breite Volk, sondern ausschließlich die oberen Zehntausend. Die Welt der Griechen gehörte den Reichen und Schönen. Die verschiedenen Städte verband vor allem der Ehrgeiz, die anderen im Sport, in den Künsten, in den Eroberungen zu übertreffen. Es ist unmöglich, die Folgen, die das im 5. vorchristlichen Jahrhundert hatte, mit nüchternen Worten zu schildern. Niemals wieder in der Menschheitsgeschichte wurde auf so kleinem Raum in so kurzer Zeit so viel Bleibendes geschaffen: Philosophie, die Wissenschaften, Schulen, Dichtung, Theater, Medizin.

Spätestens seit der Renaissance neigen wir hier in Europa aber auch dazu, das klassische Athen ein wenig zu idealisieren. Mitverantwortlich in jüngster Zeit sind auch Kunstschriftsteller wie Johann Joachim Winckelmann († 1768) und ein Mann aus Weimar namens Johann Wolfgang von Goethe († 1832). In unserer Sehnsucht nach dem mühelos Vollkommenen – vielleicht sogar in banger historischer Erinnerung daran, dass wir eigentlich alle aus dem Wald kommen und die da unten im Süden uns etwas voraushaben – haben wir uns daran gewöhnt, die Welt der Athener ehrfurchtsvoll als eine zu beschreiben, in der «keiner schwitzt und keiner flucht» – wie Joachim Fernau es einmal formulierte –, in der alle muskulös, schlank und schön und ausschließlich mit hochgeistigen, ehrenvollen Dingen beschäftigt sind. Ganz so war es nicht. Aber Athen hat der Welt tatsächlich etwas Revolutionäres geschenkt. Den Geist des Hinterfragens. Philosophie, die größte Erfindung der Griechen, bedeutet Kenntnis von den Ursachen. Was ist die Welt? Woraus besteht sie? Was ist der Mensch? Diese Fragen waren nicht neu. Aber bevor es die Griechen gab, hat man diese Fragen mit Mythen beantwortet. Die Revolution der Griechen bestand darin, dass sie den Fragen – *allen* Fragen – auf den tiefsten Grund gingen. So entstanden Wissenschaft, Philosophie, Medizin und Kunst. Die Griechen zwangen sich immer wieder, das Überlieferte, das Erlernte zu überwerfen – das Wesen der Wissenschaftlichkeit.

Der griechische Historiker Herodot erzählte folgende Geschichte: Der persische König Dareios ließ einmal Griechen, die traditionsgemäß ihre Verstorbenen verbrannten, zu sich rufen und fragte sie, ob sie bereit wären, ihre Väter nach dem Tod zu essen: *Nie! Was für eine Frage!* Dann ließ er Kallatier kommen, ein asiatisches Volk, das genau das praktizierte, und fragte sie im Beisein der Griechen, zu welchem Preis sie bereit wären, ihre Vorfahren zu verbrennen: *Nie! Absurde Frage!* Was Herodot seinen Lesern im antiken Athen damit sagen wollte, ist interessant: Respektiert fremde Bräuche! Bleibt kritikfähig gegenüber euch selbst! Culture-Clashs, kulturelle Zusammenstöße, sind eine Bereicherung! Sir Karl Popper vertrat die Hypothese, dass durch den ständigen, oft konfliktreichen Kontakt und das Nebeneinander von Kulturen jene kritisch-rationale Einstellung entstand, für die das antike Griechenland berühmt wurde. Der Geist Athens beschäftigt und prägt uns jedenfalls bis heute.

Es gibt aber einen wesentlichen Unterschied zwischen unserem Geist und dem der alten Athener: Für die Athener war das Untersuchen der Dinge reiner Selbstzweck. Wissen war etwas Edles, Weisheit war das höchste Gut, aber das Ziel war, Mensch und Natur zu begreifen – nicht dieses Wissen auch konkret zu nutzen. Praktische

Anwendung war nicht das Ding der Griechen. Sir Moses I. Finley, einer der wichtigsten Kommentatoren der Antike im 20. Jahrhundert, schrieb: «Aristoteles und Theophrast besaßen ein reiches Wissen über die Aufzucht von Tieren und die Erträge von Pflanzen, aber weder sie noch ihre Leser zogen Schlussfolgerungen, die im Ackerbau und in der Schafzucht zu einer selektiven Züchtung geführt hätten. Ihr Interesse war befriedigt, wenn sie Zweck, Funktion und letzte Ursache in der Natur verstanden.» Warum war das so? Naturwissenschaft und Philosophie war die Sache einer dünnen Schicht der Vermögenden, das Machen und Tun war die Sache der Handwerker. Nach der antiken Werteskala ist das Machen eine dem Denken weit untergeordnete Tätigkeit. Man konnte in Athen ein noch so guter Arzt oder berühmter Schiffsbauer sein, man stand in der gesellschaftlichen Rangordnung noch hinter dem unwichtigsten Philosophen. Die Elite hielt es für das höchste der Gefühle, sich ausschließlich mit geistigen Dingen zu beschäftigen. Etwas praktisch zu nutzen galt als vulgär. Müsste man ein Buch über die großen praktischen Erfindungen Athens schreiben, es wäre dünner als eines über holländische Kochkünste. Der Gesellschaft fehlte jedes Belohnungsinstrument für Leistungsfähigkeit und Produktivität. Eine aristokratische Gesellschaft eben. Auf Macher und Tuer schaute man herab, sie betreten erst im nachantiken Zeitalter die Bühne, als sich die handwerkliche Klasse hauptsächlich aus frühen Christen rekrutiert.

Nach dem großen griechischen Bruderkrieg, dem Peloponnesischen, ging es mit Athen, nach relativ kurzer Blüte, bereits wieder bergab. Tyrannen übernahmen, die sich auf Platon beriefen, schließlich hatte der die Diktatur der Klugen gefordert. Zur Zeit des Abstiegs Athen um 400 v. Chr. kam vieles zusammen. Der Bruderkrieg gegen Sparta hatte ganz Griechenland demoralisiert – und dezimiert. Dazu kam auch noch eine rätselhafte Epidemie, wahrscheinlich die Pest. Bezeichnend für das Athen nach 400 v. Chr. sind miese sexuelle Moral, der Rückfall in Aberglauben, Mysterienkulte und orgiastischen Feste, spirituell angehauchte Massenvergewaltigungen. Der Ruhm Athens geht darauf zurück, dass die Elite dieser Stadt es geschafft hat, die Welt von Zauberei und Unwissenheit zu befreien. Am Ende fiel die Stadt der Vernunft wieder zurück in Irrationalität und Aberglauben. Die nachwachsende Elite bestand aus jungen, reichen Männern, die in Tafelrunden verächtlich auf den *demos*, das einfache Volk, runterblickten. Der Schwachpunkt der Athener war, aus heutiger Sicht zumindest, dass der Elite jede Vorstellung von sittlicher Verantwortung fehlte. Vielleicht musste das auf intellektuelle Selbstbefriedigung («Kontemplation»), körperliche Genusssucht und eine Mir-is'-eh-alles-wurscht-Haltung hinauslaufen.

Zu dem größten moralischen Versagen der Antike gehört auch, dass es selbst den größten Denkern nicht in den Sinn gekommen war, Sklavenwirtschaft als moralisches Manko zu begreifen. Ein Aristoteles schrieb, ohne mit der Wimper zu zucken: «Viele Menschen sind von Natur aus Sklaven; deshalb ist es nur natürlich und liegt in ihrem eigenen Interesse, wenn sie Männern untergeben sind, die für sie die notwendigen moralischen Entscheidungen treffen können.» Heute, im Lichte der volkswirtschaftlichen Wissenschaft, weiß man, dass sich die Griechen damit vor allem selber Schaden zufügten: Eine Sklavenwirtschaft zieht qualifizierte Menschen von der Produktion ab, die ihre Zeit mit Rekrutierung und Aufsichtsjobs verschwenden müssen, sie hält potenziell begabte Freie von der Arbeit ab. Sie trägt zu einer generellen Verachtung der Arbeit als etwas Unwürdigen bei. So bildet sich unterhalb der nichtarbeitenden Oberschicht eine nichtarbeitende Mittelschicht, die zum Nichtsnutz-Dasein verdammt ist.

Alexander der Große betrat nach der Schlacht von Chaironeia 338 v. Chr. Athen wie ein Heiligtum. Er kam vom Balkan, war aber griechisch erzogen worden (von Aristoteles höchstselbst). Alexander war der Boden heilig. Für die versnobten Athener war er ein Barbar, denn er führte ein Bauern-und-Jäger-Volk an. Athens Glanzzeit war da längst vorbei, aber die Athener waren immer noch unverbesserliche Snobs.

ROM

Rom hatte vom späten Athen die Verachtung der Demokratie und des Plebs geerbt. Auch hier gab es eine hauchdünne Oberschicht, aber das Gemeinwesen stand auf einem deutlich breiteren Fundament: Bauernsoldaten. Sie nutzten die Zeit zwischen den Ernten, um benachbarte und schließlich entferntere Provinzen zu unterwerfen. Dafür wurden sie mit Landgütern belohnt und zogen schon deshalb über Generationen hinweg weiterhin begeistert in die Schlacht, um ihren Reichtum zu verteidigen. Doch obwohl die Machtbasis Roms breiter und die Schicht der Nutznießer nicht mehr so dünn war wie in Athen, war die Kluft zwischen Habenden und Nichthabenden viel schlimmer. Den vielen Menschen am untersten Rand der Gesellschaft ging es ungleich schlechter als vergleichbaren Schichten in Athen. In Rom gab es Keramikfabriken, in denen Zustände herrschten, die man heute als systematische Arbeitsfolter bezeichnen würde. Die Römer waren die Ersten, die Wohnsiedlungen aus Beton bauten, billig und schnell hochgezogen, elendig überbevölkert, regelrechte Slums: die berüchtigten *Insulae*. Schon aus ästhetischen Gründen hätten die Athener so etwas nie geduldet. Rom wollte so sein wie Athen, man gab sich alle Mühe, die Athener Architektur nachzuahmen – aber das war ein bisschen so, als würde heute Schanghai versuchen, Bern nachzubauen. In der Zeit um Christi Geburt war Rom mindestens zehnmal so groß wie Athen. Es war die erste Millionencity der Welt. Rom ist in seinen Dimensionen vollkommen einzigartig. Bis ins 18. Jahrhundert war das antike Rom die größte Stadt, die jemals existiert hat. Schon zur Regierungszeit von Kaiser Augustus um Christi Geburt lebten in Rom mehr als eine Million Menschen – in einer Dichte, wie sie heute nicht mehr vorstellbar ist. In Mumbai leben heute dreißigtausend Menschen auf einen Quadratkilometer, das macht das ehemalige Bombay zur Stadt mit der weltweit höchsten Bevölkerungsdichte. In Rom zur Zeit des Augustus war die Bevölkerungsdichte mehr als dreimal so hoch.

Zwar zählte auch in Rom, wie in Athen, die Abstammung, aber Rom war ein Ort, der auch Aufsteigern Möglichkeiten bot. Der Gründungsmythos verrät eigentlich alles über das römische Selbstbild. Der Ahnvater Roms ist Aeneas, der dem Tod im untergehenden Troja entging und über Umwege in die Region Latium floh. Von Aeneas stammen Romulus und Remus ab. Romulus erschlug seinen Bruder; als erste Bürger Roms warb er Verbrecher und Häftlinge an. Roms Ahnherr war ein Flüchtling. In Athen galt als fein, wer seit Generation hier residierte – in Rom zählte der Durchsetzungsstarke. Woher du kamst, war nachrangig. Der wichtigste Ort Roms war das Forum. Hier traf sich jeder, hier spielte sich alles ab. So wie Facebook. Nur in echt. Es gab Meinungsmacher, die sich über die «Lügner und Prahler» und die «Buhlknaben» mokierten, Politiker, die forderten, man solle auf dem Forum Pflastersteine verlegen, die nach oben hin gespitzt sind, um die Leute zu vertreiben, die unnütz herumstanden. Der Dichter Ovid hingegen pries das Forum wegen der *formosas puellas*, der hübschen Mädchen, und empfahl ausdrücklich, nicht schnellen Schrittes zu gehen, sondern gemächlich zu flanieren: «*Tu modo lentus spatiare*», das Wort «spazieren» leitet sich davon ab.

Rom war auch die erste Protzstadt der Welt. Den Athenern war wichtig, dass alles die rechten Proportionen hatte, öffentlich zur Schau gestellter Prunk galt als unfein. In Rom hatte alles prächtig, groß, beeindruckend, einschüchternd zu sein, um die Menschen spüren zu lassen, dass sie Zwerge sind angesichts der Macht des Imperiums. Es gab neben einem unterirdischen Abwassersystem, in dem täglich fünfundfünfzig Tonnen Abfälle entsorgt wurden, Polizei, Feuerwehr, Postdienst, Bäder mit Massagen (inklusive Happy Ending), dreißig Bibliotheken, unzählige Theater und noch mal so viele Tempel. Und natürlich die berühmte Arena mit fünfzigtausend Sitzplätzen. Das von Rom geführte Reich hatte so lange Bestand, dass man es sich, gemessen an heutigen Maßstäben, kaum noch vorstellen kann. Die Vereinigten Staaten sind mit bald fünfzig Präsidenten in mehr als zweihundert Jahren erstaunlich stabil. Im Vergleich: Allein die Zeit der römischen Republik dauerte beinahe fünfhundert Jahre, vom späten 6. Jahrhundert v. Chr. bis zum ausgehenden 1. Jahrhundert v. Chr. Sie galt später als die «gute Zeit». Zu Beginn waren es Bauern, die sich zu Feldzügen zusammentaten, aus ihnen wurde eine Aristokratie, die die Macht unter sich aufteilte. Dann folgten dreihundert Jahre Kaiserzeit. Der Abstieg kam sehr langsam. Ablesbar zum Beispiel an der Bautätigkeit. Die ging ab 200 n. Chr. in den Städten des Römischen Reiches zurück. Nach 250 n. Chr. wurden keine neuen Theater oder Amphitheater gebaut. Rom war vielleicht nicht ganz so hochgeistig wie Athen, aber dafür sehr praxisorientiert.

Das Straßennetz, die Infrastruktur, die Rom im ganzen Mittelmeerraum, Mittel- und Südeuropa hinterlassen hatte, war gigantisch. Rom hatte sich selbst in ganz Europa fortgepflanzt: Überall gab es Satelliten-Ausgaben von Rom, Köln, die Hauptstadt der römischen Provinz Germania inferior, erhielt von Neros Mutter Agrippina zum Beispiel den griffigen Namen Colonia Claudia Ara Agrippinensium (CCAA), also Kolonie und Opferstätte der Agrippinenser. Das Römische Reich hatte zuletzt mehrere Hauptstädte, wie Ravenna und Konstantinopel, und mehrere Kaiser. Die Stadt Rom selbst hatte an Bedeutung verloren.

Köln gibt es noch heute – wie vieles, was Rom hinterlassen hat (einen Teil unseres Rechtssystems zum Beispiel). Viele sagen daher: So richtig untergegangen ist Rom nie und existiert in vielerlei Hinsicht weiter. Der offiziell letzte Kaiser des alten Rom hieß Romulus Augustulus und war nur fünfzehn Jahre alt, als der Germane Odoaker ihn 476 n. Chr. absetzte. Das alte Rom war ein Staat geworden, in dem die Verwaltung und der Kaiser kaum noch reale Macht besaßen. Odoaker schickte Romulus Augustulus in die früheste Frühpension der Rentengeschichte und zahlte dem fünfzehn Jahre alten Knaben eine Villa am Golf von Neapel, in die der sich mit seinem Gefolge zurückzog.

Die Städte der Antike haben mit den Städten der Moderne wenig gemein. Die mittelalterliche Stadt hingegen ist im Kern exakt die Stadt von heute. Die Moderne nimmt ihren Anfang erst mit den Städten, in denen das Oben und Unten zu erodieren beginnt, in denen sich die Schichten mehr mischen, in denen es Aufsteiger gibt und wo sich die Bewohner durch Handwerk und Handel in Abhängigkeit voneinander bringen. Diese Art von Städten gibt es erst nach der Antike.

Ab 250 n. Chr. war, wie erwähnt, der Städtebau erst mal nachrangig. Man hatte andere Probleme. Aus Asien einfallende Reiterhorden zum Beispiel. Und Germanen, die erst auf römischem Gebiet Schutz suchten, um später selbst die Herrschaft zu übernehmen. Mit dem Auftauchen der deutlich schlechter als die Römer rasierten Germanen ging erst einmal eine gewisse Verländlichung einher. Die Welt war von den Römern stark verstädtert worden: Nach und nach drängt es die Menschen nun wieder aufs Land, die Geldwirtschaft geht zurück, Straßen und Aquädukte verfallen, es wird wieder mehr mit Holz statt mit Stein gebaut. Technischer Rückschritt. Erst nach und nach entstehen ein paar Zentren des Handwerks und des Handels wie Paris, Reims oder Mainz. Die Städte, die im 9. und 10. Jahrhundert an Bedeutung gewinnen, verdanken ihren Aufstieg dem langsamen Abschied von der Sklaverei und der wachsenden Bedeutung von Handwerk und Handel. Ab dem Jahr

1000 n. Chr. entstehen immer mehr Handelsstädte, das 12. und 13. Jahrhundert sind Blütezeiten des Fernhandels.

Einzelne Städte dieser Epoche hervorzuheben wäre falsch – gerade die Vielfalt der Zentren, das Fehlen des einen, alles beherrschenden Zentrums war typisch für die Zeit. Am ehesten müsste man mehrere mittelgroße Handels- und Messestädte nennen, wie St. Remi, Gent, Pisa. Wenn es ein Zentrum gab, dann war es am ehesten wohl Córdoba. Eine halbe Million Menschen, ein Völker- und Religionsgemisch lebte damals in der Hauptstadt der Muslime, in al-Andalus, dem heutigen Spanien. Im 9. und 10. Jahrhundert war das Kalifat von Córdoba das geistige und wirtschaftliche Zentrum von Europa. Wenn ein mächtiger Fürst oder reicher Kaufmann gesundheitliche Probleme hatte, reiste er nach Córdoba, um sich dort behandeln zu lassen – so wie Staatschefs und Superreiche heute zur Mayo-Klinik in die USA jetten. Von Córdoba aus agierten die ersten multinationalen Handelsorganisationen der Weltgeschichte, die Radhaniten. Die Handelsbeziehungen dieser jüdischen Kaufleute erstreckten sich schon damals über mehrere Kontinente. Jüdische und auch orientchristliche Händler waren im 9. und 10. Jahrhundert die Mittelsmänner zwischen Orient und Abendland. Dort schätzte man fränkische Waffen, englische Wolle und Holz, hier erfreute sich die wachsende städtische Elite an orientalischen Luxusprodukten.

Der Siegeszug des Islams im Mittelalter bedeutete für Europa damals zunächst nicht so sehr eine Bedrohung, sondern vielmehr neue Chancen für Handel und Handwerk und somit auch einen Siegeszug der Kaufleute und des Kommerzes. Es war die wachsende Nachfrage aus dem Orient, die dazu führte, dass Europa im Mittelalter wirtschaftlich und kulturell wiederauflebte. Immer mehr Handelsstädte blühten auf, schließlich wandelte sich Europa vom reinen Importeur zum Exporteur. Der Geldzufluss zwischen 9. und 13. Jahrhundert sorgte für immer mehr Reichtum und wachsende Städte. Die Menschen hatten in der Stadt natürlich mehr Geld nötig als auf dem Land. Ein Bauer muss sich selten Dinge kaufen, wer aber in der Stadt wohnt, sieht sich zum Teil sogar dazu gezwungen, durch seinen Konsum seinen Status zu zeigen. Handel ersetzt Boden als wichtigsten Wirtschaftsfaktor. Das brachte in der Stadt jene Leute hervor, die man seither Bankiers nennt, weil es tatsächlich zunächst Männer waren, die im Freien auf einer Bank saßen und Münzen tauschten. Später kamen Leihgeschäfte dazu.

Zwei große Industriezweige entstanden im Mittelalter: das Baugewerbe und die Textilwirtschaft. Das Baugewerbe war zum Teil so streng in Zünften und Vereinigungen reglementiert, dass aus ihnen Freimaurerlogen hervorgehen. In der Textilbranche herrschte totale Anarchie. Alleinstehende junge Frauen wurden zur Arbeit gezwungen – ohne Lohn, die einzige Gegenleistung war freie Unterkunft. Viele mussten sich ihren Lebensunterhalt zusätzlich als Prostituierte verdienen. Prostitution war geduldet. Im 13. Jahrhundert wollte sie der fromme französische König Ludwig der Heilige in Paris verbieten lassen. Die Männer seiner Regierung, darunter auch der Bischof von Paris, rieten ihm davon ab. Erstens, weil es vergeblich wäre, und zweitens, weil es der sozialen Ordnung widerspräche. Immerhin bemühte sich die Kirche, Prostituierte zu bekehren: Seit dem 13. Jahrhundert galt es als ein verdienstvolles Werk, eine Hure zu heiraten; die Kirche gründete den Orden der Magdalenerinnen, um Aussteigerinnen aufzunehmen. In Paris lebten um das Jahr 1300 mehr als hunderttausend Menschen unterschiedlichster Bevölkerungsgruppen auf engem Raum. Handwerker neben Händler neben Bettler neben Hure neben Soldat neben Beamtem neben Priester. Und dazwischen immer mehr Aristokraten mit großer Kaufkraft. Das beflügelte die Luxusindustrie, den Handel, das Leihgeschäft. Das brachte neue Eliten hervor. Das, was die mittelalterliche Stadt am allermeisten von der antiken Stadt unterscheidet, ist, dass die antike Stadt eine starre soziale Hierarchie hatte und die mittelalterliche das, was der Soziologe «social fluidity» nennt. Der Aufstieg der Städte bedeutete automatisch eine langsame, aber stetige Veränderung der politischen und sozialen Statik. Je mehr Bedeutung der Handel erlangte, desto mehr stieg auch die Macht der Kaufleute und der Händler. Das Geld des Adels floss in die Kontore der Händler und Kaufleute, die den Adel mit Luxusprodukten versorgten. Der Adel brauchte immer mehr Prunk, um im Sichtfeld des Königs zu bleiben und seinen Status zu demonstrieren, und verschuldete sich.

Je städtischer eine Gesellschaft wird, desto mehr verdrängen neue die alten Eliten. Ein Prozess, der sich vom Mittelalter bis ins 19. Jahrhundert ziemlich kontinuierlich fortsetzt. Eine zentrale Rolle spielt dabei die Aufwertung von etwas zutiefst Unaristokratischem: Arbeit. Die alten Eliten waren durch kriegerischen Bodenerwerb zu Wohlstand gekommen. Wie es anders geht, hatten sie nicht gelernt. Ab dem Mittelalter, spätestens ab dem 12. Jahrhundert, gehörte die Zukunft denen, die nicht mit roher Gewalt, sondern subtiler, mit der Gewalt des Geldes und des Kredits, ein Vermögen zu schaffen verstanden. Mit Köpfchen statt mit Schild und Schwert.

FLORENZ, NEW YORK, SCHANGHAI

Die Aufwertung der Arbeit war etwas sehr Städtisches. Der Gerber, der Schmied, der Bäcker, der Schuhmacher – alle brachten sie nützliche, schöne Dinge hervor, vor aller Augen. Durch Arbeit. Die alten Eliten hielten sich meist misstrauisch außerhalb der Stadt auf und waren zum Teil noch in Denkweisen gefangen, die sie von der arbeitsfeindlichen aristokratischen Mentalität der Antike übernommen hatten. Auch nach christlicher Auffassung war ja Arbeit eine Strafe, ein Resultat der Erbsünde. Großen Anteil am Mentalitätswandel hatten benediktinische Mönche, die sich gezielt in der Nähe der Städte ansiedelten. Die Ordensregel des heiligen Benedikt legte großen Wert auf Arbeit. Mönche trugen dazu bei, in der Arbeit

etwas Würdevolles zu sehen. Müßiggänger und Schma-
rotzer wurden in Städten zu Außenseitern.

Interessant ist, wie das Christentum, das ja eigentlich
Armut ehrt (jeder kennt das Gleichnis vom Kamel und
dem Nadelöhr), immer wieder versuchte, die wachsende
Prosperität mit ihrem Gewissen zu vereinbaren. Steht
nicht im Neuen Testament: «Lernt von den Lilien auf
dem Feld, wie sie wachsen: Sie arbeiten nicht und spinnen nicht, ich aber sage euch: Selbst Salomo in all seiner Pracht war nicht gekleidet wie eine von ihnen»? Die
«Schaffe-schaffe-Häusle-baue»-Mentalität ist im Christentum ursprünglich nicht angelegt. Christi Nachfolger
hatten die Fürsorge für Arme gepredigt, die Reichen
kommen in den Evangelien schlecht weg. Der christliche
Glaube muss die zunehmend wohlhabenden Christen
gehörig unter Druck gesetzt haben. Jedenfalls entstand
in Europa eine Mentalität der tätigen Buße. Zur Bewäl-
tigung von schlechtem Gewissen der reichen Kaufleute
wurden in allen Städten Hospitäler und Armenhäuser gegründet. Das wichtigste Hospital Europas im 13. Jahrhundert war das in Siena, eine Gründung von Kaufleuten.

Im 14. Jahrhundert kam unter Kaufleuten etwas Neues
in Mode: Mäzenatentum. Es war die Zeit der Stadtstaaten, regiert von einer kaufmännischen Elite. Kunstförde-
rung war für die rasch aufsteigende kaufmännische Elite
die einzige Möglichkeit, Geschmack und damit soziale
Arriviertheit zu beweisen. Dem verdanken wir Städte wie
Venedig, Mailand, Florenz. Dies waren die Schauplätze,
an denen nun die spektakulärsten Bauwerke und Kunst-

werke entstanden. Deshalb nennen auch alle, wenn vom 15. und 16. Jahrhundert die Rede ist, immer hauptsächlich Florenz. Das liegt aber auch daran, dass die Italiener gute PR-Leute waren. Im Norden, vor allem in Flandern und Holland, entstand ebenfalls große Kunst, wurde geforscht und geschaffen, aber mit nicht ganz so viel Bohei.

Das Zentrum der Weltwirtschaft war im 16. Jahrhundert Antwerpen. Der Seefahrer Henry Hudson war im Auftrag holländischer Kaufleute unterwegs, als er 1609 als erster Europäer an der Südspitze des heutigen Manhattan festmachte. Kaufleute – nicht Eroberer – waren die Gründer Neu-Amsterdams, wie New York ursprünglich hieß. Sie verdankt ihren Aufstieg zur heute weltweit dominierenden Finanzmetropole dem Handel – genauer: dem Sklavenhandel. Und einer gewissen Gangstermentalität. Aus Waisen, verurteilten Straftätern und Huren bestand in den Anfangsjahren das Gros der Einwohnerschaft. In den Niederlanden wurden ganze Gefängnisse, Armen- und Waisenhäuser zwangsumgesiedelt, um die Kolonie zu bevölkern. Heute sind von den fünf größten Unternehmen der Welt vier amerikanisch, die ganze Welt wickelt ihre Geschäfte über New York ab. New York, über Generationen ein Mekka für Einwanderer, steht als Stadt sinnbildlich für Vermischung, Vernetzung und die Überwindung der Grenzen zwischen Oben und Unten.

New York ist mit seiner Enge, die an Rom oder Paris erinnert, noch eine Stadt im Sinne der alten europäischen, mittelalterlichen Tradition. Die boomenden Städte unserer Zeit entwickeln sich gerade in die entgegengesetzte Richtung. Städte werden immer weniger zu Orten der Verflechtung als der Segregation. Typisch für Mexiko-Stadt, Lagos, Johannesburg, Mumbai, die zurzeit am schnellsten wachsenden Städte der Welt, ist nicht das organische Miteinander, sondern sind Hochsicherheitssiedlungen abseits von wachsenden Armutsvierteln, sogenannte *gated communities*. In den Megacitys reiben sich keine sozialen Klassen und Mentalitäten mehr aneinander, die Menschen dort leben in voneinander abgetrennten Paralleluniversen mit anderen Schulen, anderen Einkaufszentren, anderen Plätzen. Die Großstädte unserer Zeit sind einfach zu groß geworden, um urban zu sein, um irgendetwas mit dem fruchtbringenden Gewusel der mittelalterlichen Stadt gemein zu haben. Von Freunden aus Bangkok (das sich in fünf umliegende Provinzen ausstreckt) weiß ich, dass es dort völlig normal ist, sein Kind nachts zu wecken, im Pyjama ins Auto zu stecken, drei Stunden aus einem Vorort zur Schule zu fahren, das Kind dabei noch eine Weile schlafen zu lassen, es dann unterwegs anzuziehen und im Auto zu frühstücken. Die Megacitys unserer Tage wachsen noch weiter, und sie wachsen ineinander – wie der Nordosten der Vereinigten Staaten, der zwischen Washington im Süden, New York in der Mitte und Boston zu einer einzigen großen Stadtregion zusammengewachsen ist, in der inzwischen mehr als fünfzehn Prozent der US-Bevölkerung lebt. Oder die Jangtse-Delta-Region in China, wo um die Schwerpunkte Schanghai, Changzhou und Suzhou ganze Provinzen zu reinen Beton- und Straßenwüsten verwachsen sind; die Region zwischen Tokio und Kyoto, die Region um Pune in Indien, die sich über einen Radius von einhundert Kilometern alle Städte der Region einverleibt hat. Das Bedrohlichste an den neuen Megacitys sind aber nicht nur die Dimensionen, sondern die sich dort auftuenden sozialen Gräben. Allein die Slums in Lima, Mumbai, Delhi, Dhaka, Kairo, Lagos oder Kinshasa sind nach europäischen Größenmaßstäben bereits Megacitys für sich. Die Zahl der Menschen, die in den Slums von Mexiko-Stadt ohne Zugang zu Trinkwasser und sanitären Einrichtungen leben, ist größer als die Einwohnerzahl der größten Stadt Europas, London.

Vor zweihundert Jahren lebten nur drei Prozent der Weltbevölkerung in Städten, um 1900 waren es zehn Prozent, heute sind es fünfzig Prozent. Im Jahr 2050 werden angeblich 6,3 Milliarden Menschen (siebzig Prozent der Weltbevölkerung) Großstadtmenschen sein. Die Folge ist die Stadtflucht der Eliten. Die Zeiten, in denen Städte kulturelle und wirtschaftliche Anziehungspunkte waren – vorbei. Das liegt auch an den modernen Kommunikationsmitteln. Die wichtigsten Kapitalgeber der amerikanischen Finanzwelt sitzen heute nicht mehr in Büros an der Wall Street – sie dirigieren ihre Investments per Smartphone aus ihren Landhäusern in Connecticut. Große Kulturfestivals – einst das klassische Vorrecht der Stadt – finden inzwischen eher auf dem Land, am Meer, in den Bergen statt. Das Gleiche gilt für Sport- und Bildungsstätten. Stadien werden nicht mehr mitten im Zentrum gebaut (wie das Bernabéu in Madrid), sondern an der Peripherie (das Stade de France bei Paris, die Allianz-Arena bei München). Einst waren Universitäten dem Gewusel und Gewimmel der Stadt ausgesetzt: die Sorbonne in Paris, die Karls-Universität in Prag. Die heutigen Elite-Universitäten sind eigene, abgelegene Kosmen wie Princeton im US-Bundesstaat New Jersey. Moderne Großstädte haben gar kein Zentrum mehr – oder nur noch ein historisches, das Touristen gezeigt wird («centro storico»), während das eigentliche Leben woanders spielt, zum Teil in am Rande der Zentren gelegenen Einkaufszentren. Auch moderne Flughäfen sind zu eigenen Wirtschaftszentren geworden, mit einer ganz eigenen Art von Pseudo-Urbanität, mit eigenen Industrie-, Handels- und Hotelansiedlungen. Die Städte, heißt es im Fachchinesisch, sind polyzentral geworden. Damit ist das, was Stadtleben einmal ausmachte, passé. Früher gab es eine Sehnsucht nach der Stadt, sie war Hort der Kultur. Das Wort *politesse*, Höflichkeit, kommt von *polis* (Stadt). Das Land galt als Inbegriff des Groben und Unkultivierten. Heute scheint es andersherum zu sein. Geschichte, auch das lohnt sich im Hinterkopf zu behalten, verläuft nicht immer kontinuierlich.

Hier die ultimative Übersicht über die zehn wichtigsten Städte der Menschheitsgeschichte:

① **Babylon.** Die Mutter aller Städte. Mehr als zweitausend Jahre *on top of the world* (von 2000 v. Chr. bis 100 n. Chr.), das muss erst mal jemand nachmachen.

② **Athen.** Die versnobteste Stadt, die es je gegeben hat. Gerade deshalb brachte sie in nur wenigen Generationen (von etwa 500–300 v. Chr.) mehr Kunst und Literatur in die Welt als je eine andere Zivilisation.

③ **Rom.** Die erste Megacity der Weltgeschichte. Um Christi Geburt bereits Millionenstadt. Es dauerte fast 1800 Jahre, bis andere Städte vergleichbarer Größe entstanden.

④ **Jerusalem.** Ein Sonderfall. Geopolitisch und wirtschaftlich völlig am Rand des Geschehens – aber in den Geschichten der Menschen seit Jahrtausenden die Mitte der Welt.

⑤ **Córdoba.** Die erste geistig-wirtschaftliche Metropole Europas im ersten Jahrtausend n. Chr. war muslimisch. Es wäre komisch, wenn es nicht so traurig wäre.

⑥ **Paris.** Im späteren Mittelalter und zu Beginn der Renaissance gab es nicht die *eine* europäische Hauptstadt, typisch waren mehrere Zentren wie Palermo, Gent, Bologna oder Mailand. Das höchste Ansehen aller Städte aber genoss Paris. Die geballte Kaufkraft (zweihunderttausend Einwohner um 1300) beflügelte Handwerks- und Luxusindustrie.

⑦ **Antwerpen.** Alle blicken in der Renaissance auf Florenz und Mailand, dabei spielte die Musik hier. Dank

Tuchhandel und Hafen vom 14. bis zum 16. Jahrhundert führender Handelsplatz und Finanzzentrum Europas, bis heute immerhin noch führend im Diamantenhandel.

(8) **London.** Im industriellen Zeitalter der Mittelpunkt der Welt. Zwischen 1800 und 1900 versechsfachte sich die Bevölkerung (auf sechs Millionen). Wurde in seiner Bedeutung als Finanzzentrum im 20. Jahrhundert von New York abgelöst.

(9) **New York.** Die nach Babylon wohl internationalste Stadt der Weltgeschichte. Hier leben mehr Polen als in Warschau, mehr Iren als in Dublin, und es gibt auch keinen Ort außerhalb Chinas mit so vielen Chinesen.

(10) **Schanghai.** Die industrielle Revolution, die in Europa einhundert Jahre dauerte, wurde hier in knapp zehn Jahren absolviert. Heute werden im Hafen von Schanghai täglich mehr Güter bewegt als an jedem anderen Handelsplatz der Welt. Die Region ist der am dichtesten besiedelte Fleck auf dem Globus.

«Töte einen Menschen, und du bist ein Mörder. Töte Millionen Menschen, und du bist ein Eroberer.»

JEAN ROSTAND, BIOLOGE UND PHILOSOPH

Kapitel vier

FROM HERO TO ZERO

Die wichtigsten *Menschen* der Weltgeschichte und ihre Macken

Mehr als fünfzig Jahre lang hatte Khaled Asaad die antiken römischen Stätten in der syrischen Wüstenstadt Palmyra verwaltet. Als die Dschihadistenmiliz, die sich selbst Islamischer Staat nennt, im Mai 2015 in Palmyra einmarschierte, flüchtete der zweiundachtzig Jahre alte Herr nicht. Sie entführten den Archäologen und folterten ihn. Dann richteten sie ihn hin und veröffentlichten die Bilder seines enthaupteten Leichnams im Internet. Gefoltert worden war er, weil die Dschihadistenmiliz Goldschätze in Palmyra vermutet hatte und von ihm die Herausgabe von Information zu deren Verbleib erzwingen wollte. Später hängten die Terroristen den Leichnam Asaads an eine der antiken Säulen, deren Konservierung er sein Leben gewidmet hatte.

Lernen wir aus Geschichte? Nein, offenbar nicht. Kann man sich Figuren der Geschichte als Vorbild nehmen? Sie sich gleichsam herbeiwünschen? Ja. Man wünscht der arabischen Welt zum Beispiel eine Figur wie Al-Zabba, die Wüstenkönigin, die genau hier in Palmyra in der Spätantike herrschte und im 3. Jahrhundert für eine kurze, aber glorreiche Zeit das römische Weltreich in die Knie zwang. Es gab, daran darf man von Zeit zu Zeit erinnern, schon eine arabische Kultur, bevor der Islam im 7. Jahrhundert die Weltbühne betrat. In der vorislamischen Zeit haben Frauen in der Gesellschaft oft eine herausragende Rolle gespielt. Sie haben Stämme und ganze Reiche angeführt.

FEMALE EMPOWERMENT ANNO DAZUMAL

Al-Zabba heißt in unserer Geschichtsschreibung Zenobia und gehört zu den bemerkenswerten Figuren der Weltgeschichte, für die sich heute kaum einer mehr interessiert. Man darf sie guten Gewissens bei ihrem westlichen Namen nennen, sie selbst sah sich als Westlerin. Sie behauptete, von den Ptolemäern abzustammen, den Statthaltern, die Alexander der Große einst in Ägypten hinterlassen hatte, hellenistisch-ägyptischer Adel. Sie behauptete, eine direkte Nachkommin von Kleopatra zu sein. Vielleicht hatte sie tatsächlich ptolemäische Vorfahren, aber statt einer arabischen Prinzessin zu glauben, die sich aus Snobismus auf die ach so feinen Hellenen beruft, lohnt es sich, einen Blick auf Zenobias eigene, arabische Tradition zu werfen. Ich erzähle hier ihre Geschichte stellvertretend für Figuren der Weltgeschichte, die dem Idealbild des Helden entsprechen. In diesem Fall freilich: dem Idealbild einer Heldin. Zenobia steht in einer Reihe ziemlich beeindruckender Wüstenköniginnen. Die große amerikanische Orientalistin Nabia Abbott listet mehr als zwei Dutzend herausragender orientalischer Ladys auf, die die Geschichte der Region geprägt haben. Am bekanntesten ist wahrscheinlich die Königin von Saba, die der Legende nach im 10. Jahrhundert vor Christus aus dem heutigen Äthiopien Richtung Jerusalem aufbrach, um König Salomon zu treffen und herauszufinden, ob es wirklich stimmt, dass dieser Mann der weiseste Mensch der Welt ist. *To make a long story short*: Sie fand ihn ziemlich überzeugend und bekam einen Sohn von ihm.*

Eine arabische Prinzessin aus dem heutigen Homs, die auf Aramäisch Martha (Herrin) genannt wurde, heiratete im Jahr 187 n. Chr. den relativ grausamen und ziemlich erfolgreichen römischen Kaiser Septimius Severus. Die Syrerin ging als Julia Domna in die Geschichte Roms ein und begründete mit ihrem Mann die Dynastie der Severer. Sie war De-facto-Mitregentin und galt als besonders literarisch und philosophisch interessiert. Sie fand ihren

---

* Die Salomoniden stammen von diesem Sohn ab, sie herrschten vom 13. Jahrhundert bis 1975 über Äthiopien. Ihr letzter Monarch war der Kaiser Haile Selassie († 1975), dessen Großneffe Asfa-Wossen Asserate in Frankfurt am Main lebt.

Platz in den Geschichtsbüchern, weil sie die semitische Gottheit Tanit – sie wurde in Rom fortan *Caelestis Dea*, die Himmlische Königin, genannt – nach Rom importierte. Erwähnenswert ist auch die syrische Königin Mawia, die wahrscheinlich aus dem Stamm der Jafniden stammte, einem arabischen Beduinenstamm, der einst aus dem Süden der Arabischen Halbinsel nach Norden zog, sich in Syrien auf römischem Grenzgebiet niederließ und sich um diese Zeit zum Christentum bekehrt haben soll. Um 380 n. Chr. eroberte Mawia Teile von Palästina, stieß bis nach Nordafrika vor, besiegte mehrmals römische Truppen, kam ihnen aber später gegen die Goten auch zu Hilfe.

Eine Frau mit Führungsqualitäten, die man in gesitteten arabischen Kreisen nicht so gern erwähnt, ist Hind bint 'Utba, eine Zeitgenossin Mohammeds und zeitweise seine mächtigste Gegnerin. Sie war Hohepriesterin des in Mekka ansässigen altarabischen Kults der Göttin des Sieges. Hind nahm mit ihren Priesterinnen an Feldzügen teil, unter anderem auch gegen Mohammed und seine Truppen. Sie wird in der islamischen Tradition «Leberfresserin» genannt, weil sie und ihre Priesterinnen rituellen Kannibalismus – so die zeitgenössische Überlieferung – praktizierten und angeblich nach den Schlachten die noch lebenden Verwundeten ausnahmen und deren Organe aßen. Hind selbst soll nach einer Schlacht gegen Mohammed dessen Onkel Hamza getötet, sein Herz gekocht und gegessen haben. Als Mohammed später Mekka eroberte, trat auch die gefürchtete Hind bint

'Utba zum Islam über, eine ihrer Töchter heiratete Mohammeds Sohn. Bei späteren Schlachten kämpfte Hind bint 'Utba an der Seite von Mohammed.

Eine Führungsfigur wie Zenobia versteht man also besser, wenn man sie nicht als Ausnahme sieht, sondern weiß, dass Kriegerköniginnen des Typs Katniss Everdeen in der vorislamischen Zeit und sogar bis in die Zeit von Mohammed nichts Außergewöhnliches waren. Dennoch sticht Zenobia unter den Frauenfiguren der Spätantike hervor. Im Jahr 267 oder 268 kommt sie in der märchenhaft reichen Oasenstadt Tadmur (der arabische Name für Palmyra) an die Macht, da ist sie erst Mitte zwanzig. Zwei Jahre später herrscht sie bereits über ein Großreich, das vom Euphrat über Ägypten bis in die heutige Türkei reicht. Es ist eine große Versuchung, sich Zenobia hollywoodmäßig als verwegene Wüstenkönigin vorzustellen, auf dem Kamel reitend, in Zelten residierend, im Flackern des Feuers schlafend, einen Falken als treuen Begleiter. Zwar berichten die Historiker über eine Königin, die sich weigerte, in einer Sänfte getragen zu werden, und lieber mit ihren treuesten Generälen – zu Fuß! – auf Löwenjagd ging (in alten Quellen wird auch betont, dass sie «auf der Jagd und im Krieg sogar mutiger als ihr Mann» war), aber Zenobia liebte auch das höfische Protokoll und bombastischen Pomp. Man schielte in Palmyra, was den Prunk der Hofhaltung anbetraf, natürlich nach nebenan, ins vornehme Persien, aber Zenobias persönlicher Geschmack war eher griechisch. Ihr Steckenpferd war die Philosophie. Wenn sie in ihrem

Wüstenpalast zum Festmahl lud, wurden große Geister und weise Männer aus allen Winkeln der bekannten Welt herangekarrt. Es saßen Christen aus Antiochia, Intellektuelle aus Alexandria, jüdische Gelehrte aus Jerusalem und weitere Weise mit am Tisch, die vom Indus und aus China angereist kamen, um am Hofleben teilzuhaben. Zenobia mochte bunte Mischungen. Wenn sie zu ihren Festen erschien, war sie über und über mit den wertvollsten Juwelen geschmückt, und auf den Goldtellern aller Gäste funkelten Präsente. Ihr Hof war jedenfalls berühmt für pompösen Luxus sowie eine Atmosphäre geistiger Brillanz und Toleranz. Der Mangel an zuverlässigen Quellen lud Historiker, Geschichtsschreiber und Poeten (so genau wurde früher nicht unterschieden) regelrecht dazu ein, eigene Phantasien auf sie zu projizieren. So wurde Zenobia zu einer Musterherrscherin. Das nach Idealbildern süchtige späte 19. Jahrhundert machte aus ihr die weibliche Version von König Artus: tatendurstig, aber doch nachdenklich. Prunkvoll und doch geschmackvoll. Stark, aber großmütig. Streng, aber gerecht. Voller Selbstbewusstsein und doch demütig.

Natürlich wurde Zenobia verklärt. Alles, was nur eine kurze – aber gewaltige – Blüte hat, egal ob Königreiche, Städte oder James Dean, wird verklärt. Zenobia stammte aus der palmyrischen Upper Class, sie war die Tochter des Clan-Chefs des mächtigen Amlaqi-Stamms. Die Sprache, die in Palmyra gesprochen wurde, war die damals verkehrsübliche Lingua franca des Orients, Aramäisch, die auch die Sprache Jesu war. Die Historia Augusta, das sonst nüchterne römische Geschichtswerk aus dem 4. Jahrhundert, verwendet für Zenobia die maximale Steigerungsform des Wortes «schön»: *speciosissima*. An ihrer erotischen Ausstrahlung besteht jedenfalls wenig Zweifel, schon allein deshalb, weil sie sich auch die begehrteste Partie weit und breit geschnappt hat: den Feldherrn Udaynath, der sich Septimius Odenaethus nannte, aber ebenfalls aus einem einflussreichen arabischen Stamm kam und in Stellvertretung Roms die Funktion eines Vizekönigs ausübte. An die Macht kam Zenobia erst nach einem Attentat auf ihren Mann (und dessen ältesten Sohn und Erben). Manchen Historikern bot das natürlich Anlass für Spekulationen: Zenobia profitierte von dem Tod ihres Mannes. Der Sohn, der mit Udaynath starb, war nicht ihrer. Dieser galt außerdem dem «griechischen Vergnügen» zugeneigt, also als verweichlicht. Durch das Attentat wurde stattdessen Vaballathus, der gemeinsame Sohn Zenobias mit Udaynath, zum Thronerben. Es sind schon aus banaleren Gründen Ehemänner ermordet worden … Die meisten Quellen glauben aber: Der Mörder war ein Neffe ihres Mannes, den er wegen Ungehorsams zu streng bestraft hatte.

Die Tatsache, dass die engsten Gefolgsleute ihres Mannes, seine Generäle und auch die wichtigen Clan-Chefs Palmyras nach dessen Ermordung loyal zu ihr standen, deutet ebenfalls auf ihre Unschuld hin – und auch auf die Achtung, die sie in der archaischen Sippengesellschaft Palmyras genoss. Als Zenobia an die Macht kam, befand sich Rom in einem Zustand äußerster Schwäche. Neunzehn Kaiser hatte das Reich in kürzester Zeit verschlissen, aus dem Norden brachen Germanen ins Reich ein und beanspruchten Roms volle Aufmerksamkeit. Wahrscheinlich ist Zenobia nicht aus Größenwahn oder Geltungssucht auf Eroberungstour gegangen, wie ihr von römischen Historikern nachgesagt worden ist, sondern schlicht, weil durch die Schwäche ihres römischen Verbündeten ein gefährliches Machtvakuum im Orient entstanden war. Für einen Handelsknotenpunkt wie Palmyra waren Stabilität und sichere Karawanenrouten lebenswichtig. Also marschierte Zenobia mit etwa zweihunderttausend modern ausgerüsteten Soldaten – darunter eine formidable Kavallerie auf Kamelen und die legendären palästinensischen Bogenschützen – und eroberte in einem antiken Blitzkrieg die ganze Region. Einschließlich Ägyptens. Eier hatte Zenobia naturgemäß keine, aber dafür verfügte sie über mehr *audacia*, also Verwegenheit und Chuzpe, als Donald Trump und Dschingis Khan zusammen. Ägypten war die Kornkammer des Römischen Reichs.

Ihr Pech war: Kaum hatte das Palmyrische Reich unter ihrer Führung die größte Ausweitung erreicht, kam in Rom, nach vielen Schwächlingen, wieder ein starker Kaiser an die Macht. Lucius Domitius Aurelianus, genannt Aurelian, ein Mann vom Balkan, der es in den römischen Legionen ganz nach oben geschafft hatte. Als Zenobia im Jahr 271 n. Chr. anfing, im Mittelmeerraum eigene Münzen in Umlauf zu bringen, war das die ultimative Provokation für Rom. Aurelian sah für einen Moment von den lästigen Germanen ab und marschierte mit seinen Truppen Richtung Ankara, um sich die Palmyrer vorzuknöpfen – was gelang. «Das Abschlachten war wahllos», schrieb der spätantike Historiker Zosimos zweihundertfünfzig Jahre später, «an dem Tag versank die Blüte von Palmyras Aristokratie in einem Meer aus Blut.» Zenobia gelang es aber, den Römern zu entkommen. Mit ihrer Rumpftruppe ritt sie quer durch die Wüste nach Palmyra, in ihre demoralisierte Hauptstadt. Die Römer folgten ihr. Und belagerten Palmyra, bis die Menschen dort vor Hunger starben.

Statt aufzugeben, fing Zenobia nun eine Korrespondenz mit Aurelian an. Sie legte ihm dar, warum eine Kapitulation für sie nicht in Frage kam: «Wisst ihr nicht, dass Kleopatra lieber starb, als ihre Würde aufzugeben?» Noch während sie mit dem verwunderten Kaiser hin- und hermailte, machte sie sich eines Nachts davon – auf einem weiblichen Kamel, wie es heißt, denn die sind flinker –, um nach Persien zu reiten und von dort Hilfe zu erbitten. Sie kam bis zum Euphrat. Dort wurde sie von römischen Truppen festgenommen. Palmyra selbst wurde von den Römern eingenommen und geplündert.

Hartgesottene Verehrer Zenobias behaupten, sie sei damals am Euphrat getötet und nicht festgenommen worden. Gefangene Könige aus exotischen Ländern wurden üblicherweise in großen Triumphzügen dem jubelnden Volk Roms vorgeführt, bevor sie – mitsamt den Hirschen, die ihre Triumphwagen zogen – auf dem Kapitol den Göttern geopfert wurden. Zenobia, so heißt es bei den römischen Chronisten, sei dies erspart geblieben. Sie habe stattdessen vom Kaiser ein Häuschen in der Nähe des heutigen Tivoli erhalten und habe sogar einen römischen Promi, einen Senatoren geheiratet. Ob Zenobia nun am Euphrat starb, wie Romantiker behaupten, oder ob sie als römische Salonlöwin endete, wie Realisten es behaupten, lässt sich nicht abschließend klären. Das Schicksal einer alternden römischen Society-Lady ist jedenfalls nicht so reizvoll wie die Vorstellung eines Heldentods am Euphrat. Andererseits würde es besser die Art ins Bild setzen, mit der Rom einst die Welt eroberte: erst durch Waffen, dann durch Umgarnung und Zwangsassimilierung. Nicht ganz unähnlich der Art, wie wir es heute machen.

WARUM EIN HELD KEIN ARSCHLOCH SEIN DARF

In der arabischen Welt ist die Erinnerung an Zenobia weitgehend verloren gegangen. Das meiste, das über sie in den vergangenen Jahrhunderten geschrieben und gedichtet wurde, stammt aus dem Westen, von den römischen Historikern über Boccaccio und Petrarca bis zu den Opern im 18. Jahrhundert und einem Monumentalfilm mit Anita Ekberg als Zenobia in den fünfziger Jahren. Bis auf ein paar syrische oder libanesische Intellektuelle kann niemand mehr in der Region etwas mit Zenobia anfangen. Was uns zu der leider recht tiefsinnigen Frage führt, was eigentlich einen Helden ausmacht. Sind nun

Figuren wie Zenobia oder beispielsweise Boudica, die keltische Kriegskönigin, die zweihundert Jahre zuvor den Römern in Britannien das Leben schwer machte, Heldinnen? Oder Vercingetorix, der große Anführer der Kelten gegen Caesar im ersten Jahrhundert vor Christus? Sie alle sammelten die Menschen hinter sich, begehrten gegen eine übermächtige Macht auf, standen für eine, wie auch immer geartete, alternative Lebensform – und wurden letztlich alle platt gemacht. Sind sie dennoch Helden? Dürfen Helden verlieren?

Georg Wilhelm Friedrich Hegel hatte eine sehr dezidierte Meinung, wie man historische Größe misst. Hegel, der neben meiner Schwester Gloria und Jürgen Klopp wohl berühmteste Stuttgarter der Welt, hat sich in seinen legendären Vorlesungen zur «Philosophie der Weltgeschichte» (ab 1822 in Berlin) ausführlich mit der Frage historischer Größe beschäftigt. Er kam zu dem Ergebnis, dass es nur einen einzigen gültigen Maßstab dafür gibt: die Tiefe der Spuren, die jemand in der Weltgeschichte hinterlassen hat. Punkt. Um neue Entwicklungsstadien der Geschichte zu erreichen, so die zentrale These Hegels, bediene sich der Weltgeist – dieser Begriff ist seine Wortschöpfung – besonderer Individuen. Das sind die, die wissen, «was an der Zeit ist», sagte Hegel. Ausnahmeerscheinungen, die nicht in der Ruhe der Gegenwart verharren, sondern die – Achtung, jetzt kommt ein hegelsches Bild! – an die neue Welt wie an eine Schale pochen und sie sprengen. Hegel war Optimist. Er glaubte an den Fortschritt. Er war fest davon überzeugt, dass der

Weltgeist eine Art unsichtbaren Plan habe, nämlich die zunehmende Verwirklichung von Freiheit. Die höchste Stufe der Weltentwicklung war für ihn dann erreicht, wenn irgendwann in ferner Zukunft der Mensch um seine Freiheit weiß und frei lebt. Die hegelsche Weltformel ist von einer Simplifikationsfreude, die einen Boulevardjournalisten in die Knie gehen lässt. Die «Einteilung der Weltgeschichte» ist bei Hegel ein simples Drei-Punkte-Programm: Am Anfang stehen «die Orientalen», die nur gewusst haben, dass *einer* frei ist, dann kommen die Griechen und die Römer, bei denen nur *wenige* frei sind, zuletzt kommt in der Neuzeit der Mensch, der weiß, dass *alle* frei sind. Einzig und allein entscheidend für historische Größe ist für Hegel die Frage, ob eine Figur der Geschichte die Welt nach vorne bringt, ob sie mit Altem bricht und Neues erreicht. Jede Bewegung, auch Rückschläge, sind für Hegel Teil des Weges. Auch ethisch-moralische Gesichtspunkte spielen für ihn keine Rolle. Ebenso wenig sagen schwerste Charaktermängel für Hegel etwas über die historische Größe einer Figur aus. «Für einen Kammerdiener gibt es keinen Helden», lautet einer der berühmtesten Sätze aus Hegels Vorlesungen. Gemeint ist: Wer auf den Charakter, die Absichten oder auch die persönlichen Unzulänglichkeiten eines Heroen sieht, kann dessen historische Größe nicht ermessen. Kurz: Auch Arschlöcher und absolute Scheusale sind Heroen, wenn sie die Geschichte voranbringen.

Hegels epochale Berliner Vorlesungen sind in den vergangenen fast zweihundert Jahren natürlich heftig zerpflückt worden. Verhöhnt wurde Hegel vor allem für seinen ominösen «Weltgeist», den er in der Person Napoleons sogar hoch zu Ross zu erblicken glaubte. Auch seine Anmaßung, einen vorgezeichneten Weg der Geschichte zu erkennen, der noch dazu auf eine zunehmende Vollkommenheit der Welt in Frieden und Freiheit hinauslaufe, wurde, besonders nach den Erfahrungen des 20. Jahrhunderts, zu Recht verlacht. Ein gewichtiger Einwand gegen Hegel kam vom großen Basler Gelehrten Jacob Burckhardt, der meinte, kein einzelner Mensch sei in der Geschichte unverzichtbar, und außerdem sei historische Größe immer nur ein nachträgliches Etikett und daher unzuverlässig und dem wechselnden Zeitgeist unterworfen. Aber auch Burckhardt räumte ein, dass es einzelne Menschen gab, die besondere Wirkung hatten, und dass man ihnen daher historische Größe attestieren müsse. Bei den Kandidaten, die dieses Kriterium erfüllen, ist sich Burckhardt sogar weitgehend mit Hegel einig. Es sind die üblichen Verdächtigen der abendländischen Geschichte: Alexander der Große, Caesar, Napoleon, Friedrich der Große. Staatsmänner und Kriegsherren.

Fast noch bemerkenswerter ist die Erwiderung vom großen Hitler-Biographen Joachim Fest. Die Optimisten des 19. Jahrhunderts konnten Hitler nicht voraussehen. Dennoch verstörte es Fest, dass Hitler im Nachhinein so nahtlos in Hegels und Burckhardts Heldenschema passte. Irgendwas muss also mit den Kriterien nicht stimmen, andernfalls müsste man ja auch Hitler als «groß» bezeichnen. Er löste das Problem, indem er die herkömmlichen

Kriterien mit Argumenten der Ästhetik widerlegte. Es mag zwar stimmen, so Fest, dass Hitler sein Volk aus einem älteren Zustand in einen neuen führte, auch habe eine Figur wie Hitler vielleicht ein allgemeines Bedürfnis verkörpert, und vor allem habe Hitler eine «abnorme, mit einer Art magischen Zwanges ausgestattete Willenskraft» gehabt, dennoch haben ihn entscheidende Wesensmerkmale zu einem zutiefst kleinen Mann gemacht. Er nennt Hitlers Rachsucht, seinen Mangel an Generosität, seinen platten und nackten Materialismus und konstatiert, dass dieser abstoßenden Gewöhnlichkeit alles Heroische abgeht und Hitler somit als große historische Persönlichkeit disqualifiziert sei. Wenn man von Größe sprechen wolle, könne man allenfalls mit Thomas Mann von «verhunzter Größe» sprechen oder von «Genie auf inferiorer Stufe». Geschichtliche Größe nach klassischer 19.-Jahrhundert-Lesart hält Fest überhaupt für suspekt. Er zitiert einen Brief Bismarcks, in dem dieser in einem Moment melancholischer Klarheit vor allem «irdisch Imponierenden» warnte, denn: «Es steht immer in Verwandtschaft mit dem gefallenen Engel, der schön ist ohne Frieden, groß in seinen Plänen und Anstrengungen, aber ohne Gelingen, stolz und traurig.»

Vielleicht befinden wir uns überhaupt auf dem Holzweg, wenn wir geschichtliche Größe vor allem daran messen, ob und wie lange wir uns an Namen von historischen Figuren erinnern. Namen, die in unserem Gedächtnis weiterleben, wurden meist mit Blut ins Geschichtsbuch geschrieben. Achilles ging ganz bewusst in den Tod, um dadurch als Held im kollektiven Gedächtnis weiterzuleben. Aber macht ihn das wirklich zum Helden? Dann wäre auch ein Herostrat ein Held, der ein Niemand war und im Jahr 356 v. Chr. den Artemis-Tempel in Ephesos, eines der Sieben Weltwunder, in Brand setzte und auf die Frage, warum er das tat, antwortete: «Um berühmt zu werden!» Warum wird Herostrat verachtet, obwohl er nur einen Tempel zerstörte, und ein Alexander der Große bewundert, obwohl er Tausende Tempel zerstörte? Das Muster, mit dem Alexander der Große bei allen seinen Eroberungen vorging, war immer das gleiche: alte Städte zerstören und plündern, Zivilisten abschlachten, Frauen und Kinder in die Sklaverei schicken, Tempel schänden, Schauprozesse abhalten, ganze Völker ausrotten. Sein persönliches Vermächtnis war Alexander übrigens egal, auch wer ihn nach dem Tod beerben sollte, ging ihm am A… vorbei. «Der Stärkste», war seine Antwort, als man ihn am Sterbebett fragte. Das Einzige, was ihn interessierte, war, dass sein Name immer in Erinnerung bleibt. Deswegen hatte er – wie Napoleon sehr viel später nach ihm – auch immer Chronisten und Künstler im Gefolge, die seine Taten für die Nachwelt konservieren mussten. Den Status der Unsterblichkeit haben ein Alexander und ein Napoleon dadurch erreicht. Aber verdienen sie dafür wirklich unsere Bewunderung?

Begibt man sich auf die Suche nach Figuren der Weltgeschichte, die Hegels Kriterien standhalten und zugleich übertreffen – weil man weder Massenmörder noch indi-

viduelle Arschlöcher als Helden bezeichnen möchte –,
wird der Kreis der Kandidaten sehr überschaubar. Die
Welt komplett auf den Kopf stellen *und* alten Herrschaf-
ten über die Straße helfen – wer bleibt dann überhaupt
noch übrig? Einen hätte ich.

IMMER DIESE JÜDISCHEN INTELLEKTUELLEN

Der Philosoph Karl Jaspers nennt 1949 in seinen welthis-
torischen Reflexionen («Vom Ursprung und Ziel der
Geschichte») die Zeit zwischen 800 und 200 vor Christi
Geburt «Achsenzeit», weil in der Zeit jene Menschen
auftreten, die die Grundkategorien hervorbrachten, in
denen wir bis heute denken. In China erscheinen Kon-
fuzius und Laotse, in Indien Buddha, im Iran lehrt Za-
rathustra, in Griechenland lehren die Philosophen, im
Orient tauchen erst die Propheten und – später – Jesus
Christus auf. Alles, was durch solche Namen nur an-
gedeutet ist, erwuchs in diesen wenigen Jahrhunderten annähernd zeitgleich in China, Indien, dem Orient
und dem Abendland, ohne dass einer von dem anderen
wusste. Als eines der sonderlichsten Wunderdinge der
Weltgeschichte gilt allerdings die Frage, warum es dann
gerade das Christentum war, das eine derart kulturüber-
greifende Anziehungskraft entwickeln konnte und eine
Dynamik entfaltete, die zur Weltmissionierung und letztlich zu Kapitalismus und Globalisierung führte.

Die Antwort ist bei einem in einer griechischen Kulturmetropole geborenen jüdischen Intellektuellen zu suchen. Man muss ihn eigentlich bei seinem hebräischen Namen שָׁאוּל, Saul, und seinem griechischen Namen Παῦλος, Paûlos, nennen, denn: Weltgeschichtlich verkörpert er das Scharnier zwischen Judentum, Antike und Christentum. Der Apostel Paulus war der wichtigste Missionar des Urchristentums. Auch ohne Paulus hätten sich im Römischen Reich ein paar christlich-jüdische Sekten etabliert, aber sie wären nie zu einer Massenbewegung geworden. Es gab im ersten nachchristlichen Jahrhundert vielerorts große, leidenschaftliche Männer, die Heilsbotschaften predigten oder das Nahen des Jüngsten Tages ankündigten. Es gab auch mehrere erfolgreiche christliche Missionare, aber nur Paulus gewann die Massen. Wie? Er war ein Vernetzer, ein Networker, ein Brückenbauer. Paulus stammte aus einer etablierten jüdischen Familie, er besaß aber das römische Bürgerrecht und konnte sich frei bewegen. Er war ein herausragender Tora-Lehrer, sah sich aber auch als Philosoph hellenistischer Tradition. Manche behaupten, das Erfolgsgeheimnis der christlichen Religion sei genau diese Fusion von jüdischem und griechischem Geist gewesen – *das* habe eine Art geistige Explosion ausgelöst und Paulus sei der Einstein dieser Atomfusion gewesen.

Die christliche Urgemeinde bestand aus gläubigen Juden, die keine Nichtjuden in ihren Kreis lassen wollten. Paulus entschied sich, auf die Heiden zuzugehen. Zum Heidentum gehörte vor allem auch die städtische Elite,

gebildete Leute. Um sie für Christi Botschaft empfäng-
lich zu machen, musste er sie für das Denken und die
Logik der griechischen Philosophen öffnen. Ein gigan-
tischer Schritt. Damit begegneten sich erstmals alttes-
tamentarisches und griechisches Denken. Der zweite
revolutionäre Schritt: Geburt, sozialer Hintergrund
oder Volkszugehörigkeit spielten für Paulus' Mission
keine Rolle. Bisher war Religion immer etwas gewesen,
das einen einzelnen Stamm, bestenfalls einzelne Völker
anging. Das Christentum verstand sich als neuer Bund
Gottes mit *allen* Menschen, der dem alten Bund Gottes
mit den Juden folgte. Jetzt gab es die erste Universalreli-
gion, die für alle galt – für alle Ethnien, für alle sozialen
Schichten. Genau hieraus ergibt sich die Sprengkraft von
Paulus' Mission: Sein «Religion für alle»-Konzept war
auch eine Kampfansage gegen sektiererische Fundamen-
tal-Christen, die sich von der Welt absonderten und das
Christentum als etwas für Heilige und Asketen Exklusi-
ves betrachteten. Für Paulus war der Kampf gegen Fundis
und Super-Asketen ein rein theologisches Anliegen. Er
wollte nicht, dass sich das Christentum verbarrikadiert,
sondern dass es in die Welt getragen wird und sich dort
reibt, wo es am heftigsten kracht und am meisten stinkt.
Über die daraus resultierenden weltgeschichtlichen Folgen hat er sich vermutlich keine Gedanken gemacht.

Die meisten Historiker würdigen Paulus vor allem für
die Art und Weise, mit der er griechische Philosophie
und jüdisch-christliches Denken miteinander verbunden und ihnen zu gegenseitiger Befruchtung verholfen

hat. Noch gewaltiger war aber vermutlich eine andere, wenn auch wahrscheinlich unwillkürlich von ihm herbeigeführte Wirkung: Bei aller Gelehrtheit, trotz seines Respektes für philosophische und alttestamentarische Gedankenausflüge und Spitzfindigkeiten, war Paulus der Erste, der darauf bestand, dass das wichtigste Sinnesorgan, um das Göttliche zu fassen, nicht der Kopf, sondern das Herz ist. Eine für die meisten Menschen in der Antike sehr befremdliche Vorstellung. Was er damit aber quasi im Vorübergehen auf den Wege brachte, war nichts Geringeres als die Erfindung des Individualismus.

Bislang hatten Götter als fern, grausam und launenhaft gegolten. Sie waren vor allem unerreichbar – und das war auch gut so, denn Götter wurden gefürchtet und nicht geliebt. Die Vorstellung, die Götter zu lieben, war lachhaft. Noch absurder war höchstens die Idee, die Götter – oder ein übermächtiger Gott – könnte jeden Einzelnen kennen und lieben. Genau das predigte Paulus aber: «Jeder Einzelne wird von Gott geliebt.» Der strafende, Fluten und Heuschreckenplagen schickende Gott sollte nun für jeden ansprechbar sein und für die Sorgen, selbst die banalsten, jedes einzelnen Menschen ein Ohr haben, nicht nur für Hohepriester und Könige? Dieses Konzept der «Religion für alle» war ein revolutionärer, urdemokratischer Akt. Mit gewaltigen Folgen. Durch die Hervorhebung einer persönlichen Beziehung zu Gott, die für alle erreichbar sein sollte, brachte Paulus die Idee einer universellen Menschenwürde auf die Welt. Der amerikanische Sozialanthropologe Ernest Becker bezeichnete dies als die «bemerkenswerteste aller Leistungen des christlichen Weltbildes: Er nahm sich die Sklaven, die Krüppel, die Schwachsinnigen, die Einfältigen und die Mächtigen und machte sie alle zu potenziellen Helden … » Das war eine radikale Abkehr von allen traditionellen Werten. Um irgendeine Bedeutung auf der Weltbühne des Kosmos zu haben, hatte man in der Antike gefälligst ein Herkules zu sein oder ein Achill. Die neuen Heldengeschichten, die man sich von den frühen Märtyrern erzählte, trugen wesentlich zum PR-Erfolg der Christen und der rasanten Ausbreitung ihrer Botschaft in der spätantiken Welt bei. In der spielten aber plötzlich fünfzehn Jahre alte Mädchen oder Sklaven statt Herkules-Gestalten die Hauptrolle, die für ihren Glauben in den Tod gingen.

Die Nachricht von der persönlichen Liebe Gottes zu jedem Einzelnen hatte sich als unwiderstehlich erwiesen. Das moderne Konzept des Individualismus und der Menschenwürde, der Glaube, dass jeder einzelne Mensch wertvoll ist, verdankt seine Existenz der Idee eines jeden Einzelnen liebenden Gottes. Der areligiöse Humanismus und unser säkularer Wertekanon haben später – sehr viel später – die Vorstellung vom absoluten Wert des Individuums und der Autonomie jedes Menschen von der Religion übernommen. Das säkulare Konzept der Menschenwürde ist aber nichts anderes als die von seinen religiösen Konnotationen befreite Version der von Paulus verbreiteten christlichen Botschaft.

In der von Paulus verbreiteten Botschaft vom göttlichen Funken in jedem Menschen waren noch weitere soziale und politische Sprengkapseln versteckt. Zum Beispiel die implizierte Gleichheit vor Gott von Mann und Frau. Oder von Herr und Sklave. Gott ist durch seinen Geist ganz nah bei *jedem*, predigte Paulus den erstaunten Massen, am nächsten denen, die ganz unten in der Hackordnung stehen und am allernächsten dem, den alle übersehen, der nichts zählt. Diese Botschaft muss in der Spätantike für große Verblüffung gesorgt haben. Gerade in den Städten mit ihren kleinen Eliten – darunter die vielen Gesichtslosen, die aus finanziellen und gesellschaftlichen Gründen nicht Teil der Gesellschaft waren – schlossen sich viele den Christen an. Die Gemeinden wuchsen schnell und machten durch ein solidarisches Miteinander und durch fürsorgliche Kranken- und Armenpflege auf sich aufmerksam. Wo das Christentum damals sichtbar wurde, veränderte sich also vieles.

Die Verbreitung des Christentums ging mit Gewalt einher. Die spanische und portugiesische Conquista Mittel- und Südamerikas im 16. und 17. Jahrhundert ist da ein besonders düsteres Beispiel. Und dennoch kann man der christlichen Religion selbst als hartgesottener Kirchengegner nicht absprechen, dass sie eine Idee in die Welt gebracht hat, die der antiken Welt komplett fremd war: den Kult der Schwachheit. Für die Juden war Jesus nach seiner Hinrichtung als Messias disqualifiziert. Juden erwarteten von ihrem Messias die triumphierende Wiederherstellung des Königreichs Davids. Aus der Sicht der Griechen und Römer taugte Jesus ebenfalls nicht als Held. Gekreuzigtwerden war in ihren Augen so ziemlich das unheroischste Ende überhaupt. Indem Paulus den Kreuzestod zum Triumph umdeutete – als ultimatives Opfer, womit die ganze Schuld der Menschheit geschultert werde –, stellte er die Werteordnung der Antike auf den Kopf und definierte das Heroische neu. Mit diesem Paradox – Sieg durch Gewaltverzicht – formulierte er etwas, das zum ideellen Kern der westlichen Welt wurde, auch des späteren, säkularen Wertekanons des Westens: die Achtung vor dem Schwachen, die Sorge um Hilfsbedürftige, die Verpflichtung für das Leben jedes Einzelnen.

Ein Christ wird nicht behaupten, dass dieser Geist die Welt regiert, erst recht nicht im Westen, aber es lässt sich auch schwerlich leugnen, dass dieser Geist in unserer Gesellschaft etwas höchst Revolutionäres bewirkt hat. Die Geringschätzung der rohen Macht des Stärkeren, die Zügelung von Willkür, all das, was westliche Vorstellungen von Fairness und Rechtsstaatlichkeit ausmacht, hat sich – obwohl auf der Achtung des Schwächeren aufbauend – als stabileres Fundament für eine fortschrittliche Gesellschaft erwiesen als Willkürherrschaften. Die Stärke des westlichen, des europäischen Modells ist offenbar ihr Respekt vor Schwäche.

Noch vor kurzem galten manche *Emerging Markets* als Gegenentwürfe zum westlichen Modell, mittlerweile haben sich deren Defizite an Freiheit, Offenheit, Toleranz und Rechtsstaatlichkeit als Entwicklungsbremse herausgestellt. Es gibt guten Grund, sogenannte «westliche Werte» zu verteidigen. Im Kern – das wird nur häufig vergessen – basieren sie auf der Achtung vor dem Schwachen. Deswegen haben wir so ein dichtes Netz an Krankenhäusern. Sonst gäbe es in Europa keinen auf Solidarität gründenden Wohlfahrtsstaat, der allen Bürgern und Einwanderern die Chance auf Teilhabe an der Gesellschaft gibt. Würde das europäische Gesellschaftsmodell nicht auf dem Prinzip der Achtung vor dem Schwachen gründen, wäre Europa nicht so attraktiv und würde nicht Menschen aus Kulturen anziehen, die diese Achtung nicht kennen.

Ich kenne die Antwort nicht, was das Geheimnis der Gewaltlosigkeit ist, warum in ihr so viel Erhabenes und so eine paradoxe Stärke liegen kann. Manche Dinge versteht man eher intuitiv, als sie zu durchblicken. Ich weiß nur, dass, wenn selbst einem Machtmenschen wie Bismarck allzu großes weltliches Ansehen suspekt war, etwas dran zu sein scheint an der Besonderheit unserer sehr speziell westlichen Vorstellung von Heldentum. Uns allen ist in die Wiege gelegt, den als Heroen zu sehen, der sein eigenes Leben riskiert, um Schwächere zu verteidigen und innerlich eher auf der Seite einer Zenobia zu stehen als auf der des übermächtigen Aurelian. Helden sind für uns die Frauenkriegerinnen, die sich – Zenobias Geist ist doch nicht tot! – in Nordsyrien nach dem Vorbild der rein weiblichen kurdischen YPJ-Miliz zu anti-islamistischen Kampfverbänden zusammengeschlossen haben. Helden sind für uns Menschen wie Paulus, der einen weltgeschichtlichen Triumph davontrug, auch wenn Kaiser Nero ihn hinrichten ließ. Und Helden sind für uns Menschen wie Khaled Asaad.

Hier also meine – zugegeben sehr persönliche – Liste der Top-10-Helden, chronologisch geordnet:

① **Moses (um 1500 v. Chr.).** War er eine historische Figur? So, wie die Erzählungen der Urgeschichte nicht als wissenschaftliche Aussagen zu verstehen sind, ist auch das Buch Exodus keine Geschichtsdarstellung in unserem Sinne. Doch enthalten die dort aufgeschriebenen Geschichten einleuchtende Aussagen über das Wesen des Menschen und seine Beziehung zu Schöpfung und Schöpfer. Wo in der Mythologie der frühen Wüsten- und Flusskulturen immer Gewalt und das Recht des Stärkeren gilt, kommt durch die Tora-Erzählungen Sinn, Ordnung und eine moralische Dimension in die Geschichte des Menschen. Und durch Moses die Idee der Freiheit. Exodus erzählt die erste Revolution der Menschheit.

② **Paulus (um 5 v. Chr. – um 64 n. Chr.).** Der körperlich behinderte jüdische Intellektuelle fusionierte Judentum, Christentum und griechische Philosophie, schuf eine Weltreligion und erfand den Individualismus.

③ **Zenobia (um 240 – um 273).** Stellvertretend für all die großartigen Figuren der Weltgeschichte, für die sich heute kaum einer mehr interessiert. Quasi als Memento mori für die Vergänglichkeit selbst großer Namen.

④ **Karl der Große (um 747–814).** Wer sich heute über Putin lustig macht, weil der sich mit freiem Oberkörper sehen lässt, muss wissen, dass der erste fränkische Kaiser vor aller Augen nackt zu baden pflegte – um aller Welt seine Vitalität zu zeigen. Er war der erste Superstar-Kaiser Europas. Von seiner Kampfbastion Paderborn aus eroberte (und christianisierte) er Mitteleuropa und teilte es unter seinen Getreuen auf. Das, was er schuf, ist heute Europa.

⑤ **Martin Luther (1483–1546).** Aus deutscher Sicht wohl ein Held. Eine Art zweiter Arminius, der sich gegen die übermächtigen Römer aufbäumt. War mutig, hat es gut gemeint, hat die Welt verändert, in diesem Sinne also ein Held im hegelschen Sinne. Er hat aber auch Schaden angerichtet: Kapitalismus, sagt jedenfalls Max Weber, geht auf seine Kappe.

⑥ **Königin Marie-Antoinette (1755–1793).** Die österreichische Prinzessin, die in Paris auf dem Schafott landete und die, als sie auf dem Weg dorthin ihrem Henker auf den Fuß trat, um «Pardon» bat, ist meine persönliche Heldin und gehört daher für mich unbedingt in diese Liste.

⑦ **Florence Nightingale (1820–1910).** «Die Dame mit der Lampe», die Begründerin der modernen Krankenpflege. So eine gehört schlicht in die Top 10.

⑧ **Janusz Korczak (um 1878–1942).** Der polnische Arzt, der die Kinder seines Waisenhauses freiwillig ins Vernichtungslager Treblinka begleitete, weil er die ihm anvertrauten Kinder nicht alleine lassen wollte. Er steht stellvertretend für andere Märtyrer der Liebe hier.

⑨ **Nelson Mandela (1918–2013).** Wenn Hegel und Burckhardt im 19. Jahrhundert unwidersprochen Kriegsherren heroisieren, muss es uns heute erlaubt sein, das mit Friedensstiftern zu tun. Der Abkömmling aus dem Königshaus der Thembu und südafrikanische Freiheitskämpfer verbrachte fast ein Drittel seines Lebens im Gefängnis. Nach seiner Freilassung verlangte er aber nicht Genugtuung, sondern kämpfte für Versöhnung.

⑩ **Khaled Asaad (1933–2015).** Stellvertretend für alle, die geblieben sind.

> «Keine Armee kann sich einer Idee wider-
> setzen, deren Zeit gekommen ist.»
> VICTOR HUGO

Kapitel fünf

DAS HUMPTY-DUMPTY-PROBLEM

**Kann man die Welt reparieren? Und wenn ja,
wie? Die wichtigsten *Ideen* bislang**

Der französische Filmregisseur Jean-Luc Godard hat eine charmante Idee, um der griechischen Staatswirtschaft wieder auf die Beine zu helfen: Wann immer man sich beim Sprechen und Diskutieren bei Ideen der alten Griechen bediene, solle man umgehend zehn Euro nach Athen überweisen. Allein schon ein Copyright auf die Begriffe Demokratie oder Logik würde das Bruttosozialprodukt Griechenlands auf einen Schlag sanieren. Mit Besonnenheit, σωφροσύνη, könnte man wahrscheinlich nicht ganz so viel verdienen, und das, obwohl die *Sophrosyne* ja eigentlich die zentrale und auch mit Abstand schönste Idee der Antike ist. Daher ist sie auch das Kernanliegen des griechischen Theaters. Da ist's immer das Gleiche. Immer betritt eine Figur die Bühne, die sich heldenhaft die Welt Untertan macht, Punkt, Punkt,

Punkt – nur um am Ende zu stürzen. Getragen ist diese recht durchsichtige Mensch-treib-es-nicht-zu-weit-Moral jedoch von einem geheimnisvollen Raunen voller Hochachtung vor den schier unendlichen Fähigkeiten des Menschen. Hier stellen Sie sich bitte den Chor in Sophokles' «Antigone» vor, wie er im Hintergrund summt: *«Ungeheuer ist viel und nichts ungeheurer als der Mensch ...* (er bestellt den Acker, rund um die Uhr und so weiter) ... *Mit List bezwingt er, was haust auf Höhen und schweift im Freien ... Treibt's zum Bösen ihn bald und bald zum Guten.»*

Der Mensch vermag das Allergroßartigste. Und das Allerniederträchtigste. Beides. Seine Möglichkeiten sind so immens, dass die Fähigkeit, sich selbst zu beschränken und nicht alles zu tun, was man tun kann, die wohl eleganteste Form von Freiheit ist. *Sophrosyne* eben, die besonnene Selbstzügelung. Sich die Welt untertan machen, wie der Chor singt – und doch dabei das rechte Maß finden ... Ja, wenn das ginge. Wenn man die Moral von allen Geschichten des Homer zusammenfassen müsste, liefe es auf diesen einen Satz hinaus: *Reiß di zam*, wie der Bayer sagt, zügele dich! Das Gute, das Tugendhafte ist für Homer übrigens nicht nur moralisch richtig – es ist vor allem die schönere Option. Überall dort, wo sich der Mensch selbst zurücknimmt, so der Kern des *Sophrosyne-Gedankens*, herrscht Harmonie. Die Treue, die Tapferkeit, die Aufrichtigkeit, die Gerechtigkeit – all diese Dinge strahlen vor Schönheit und Harmonie. Verrat, Diebstahl, Untreue und alles, was einzig auf den

eigenen Vorteil aus ist und nicht diese Selbstzurück-
nahme kennt, ist nach Homer vor allem einfach nur
hässlich. Der Mensch hat die freie Wahl zwischen
dem Guten und dem Bösen, dem Hässlichen und dem
Schönen.

Zwar sind Homer und die Antike ein bequemer Ausgangspunkt, um sich einen Überblick über unsere Geistesgeschichte zu verschaffen, aber das wäre ein bisschen
zu bequem. Man muss früher anfangen, wenn man über
die Geschichte der Ideen spricht.

HAT IRGENDJEMAND 'NE IDEE?

Was ist das überhaupt, eine Idee? Das Wort, ἰδέα (idéa),
bedeutet zunächst Bild oder Abbild. Die erste Idee ist
erst einmal die Idee selbst, das Bild im Kopf. Schon um
das simpelste Werkzeug zu machen, einen Faustkeil,
braucht man eine Idee – nämlich die, wie es am Ende
aussehen soll. Man braucht Bilder im Kopf, um zu denken. Auch unsere jagenden und sammelnden Vorfahren hatten Bilder im Kopf, als sie Spuren eines Wildes
sahen. Sie sahen das nahe Beutetier vor ihrem geistigen
Auge. Sie lernten, Spuren zu lesen und zu deuten. Und
wer Bilder von Wildtieren an Wände malte, verfolgte
damit sicher auch eine Idee. Zum Beispiel die, dadurch
sein Jagdglück – und das des Stammes – bannen zu können.

Eine recht frühe Idee des Menschen muss auch die Vorstellung gewesen sein, dass es einzelne Menschen gibt, die in besonderem Kontakt zum Übernatürlichen stehen und Jagderfolg und Gesundheit der Gemeinschaft beeinflussen können. Später war es nicht mehr nur der Jagderfolg, sondern die Ernte, für die man auf Vermittlung angewiesen zu sein geglaubt hatte. Die ersten Anführer der Menschheitsgeschichte waren vermutlich Schamanen. Da kann man jetzt sagen, dass sich die Geistbegabtesten und Charismatischsten durchsetzten. Oder dass die besseren Aufschneider, die Bullshiter, an die Macht kamen. Das eine schließt das andere ja nicht aus. Jedenfalls bilden in den frühesten gesellschaftlichen Gefügen die Zauberer die erste Schicht, die Krieger, die Stärkeren, bildeten die Schicht unmittelbar darunter. Die hatten wiederum eigene Anführer. Später kam es natürlich zu Konflikten, wer wirklich das Sagen hat. Mit zunehmender Spezialisierung haben alle frühen menschlichen Kulturen starke Hierarchien entwickelt. Auch Ameisen und Bienen haben Hierarchien, ebenso wie Affen natürlich, aber nur Menschen sind fähig, sich Hierarchien *auszudenken* und sich dann entlang gemeinsamer Absprachen auch zu organisieren. Die Hierarchien, die wir geschaffen haben, sind also auch eine menschliche Idee – eine, ohne die sich, schon aus organisatorischen Gründen, keine Hochkulturen hätten entwickeln können.

Oder ist Hierarchie keine Idee, sondern etwas, das wir vorfinden? Ist sie naturgegeben? Gottgegeben? Und was ist mit Freiheit? Bis das, was wir Freiheit nennen, zum ersten Mal besungen wurde, vergingen viele zigtausend Jahre menschlicher Kulturgeschichte. Die größte Zeit der Geschichte ist der Mensch unfrei. Unfrei zu sein war das Normalste auf der Welt. Dass Menschen anderen Menschen gehören konnten, wurde zum Beispiel jahrtausendelang gar nicht hinterfragt (ironischerweise sogar bis ins 18. Jahrhundert im eigentlich freiheitlichen Nordamerika). Die Idee, dass man frei sein kann, galt die längste Zeit der Menschheitsgeschichte hindurch als absurd. In den altorientalischen Sprachen gab es nicht einmal ein Wort für Freiheit. Das erste Mal, dass der Begriff *menschheitsgeschichtlich* aufpoppt, war in der sogenannten Bronzezeit, als zwischen dem 16. und 12. Jahrhundert v. Chr. semitische Nomadenvölker auf sich aufmerksam machten, indem sie gegen die Knechtschaft des mächtigen Ägyptens aufbegehrten. Irgendwann um 1400 vor unserer Zeitrechnung muss es zu Aufständen und Völkerbewegungen gekommen sein, jedenfalls kondensierte sich das historisch nicht mehr genau Rekonstruierbare auf eine gewaltige Erzählung, die im 7. und 6. Jahrhundert vor unserer Zeitrechnung in der hebräischen Tora aufgeschrieben wurde. Die Erzählung, die bis dahin über Generationen nur mündlich weitergegeben worden war, entfaltete eine so gewaltige Wirkung, dass sie heute als Gründungsmythos der jüdisch-christlich-islamischen Welt und damit der modernen Welt gilt: Die Rede ist von der Geschichte des Exodus.

Das Revolutionäre, das menschheitsgeschichtlich

Neue an der Exodus-Geschichte, an der Rebellion der Juden gegen die Ägypter und ihrer legendären Flucht ins Heilige Land, ist nicht nur, dass es sich um den ersten dokumentierten massenhaften Widerstand gegen Knechtschaft – also die erste Freiheitsbewegung – handelt. Dabei ist es auch nebensächlich, ob es «den» einen Exodus gab oder ob sich mehrere Aufstände und Flüchtlingsbewegungen in der Geschichte von Moses allegorisch verdichteten. Die Geschichte hatte eine so gewaltige Wirkung, dass sie menschheitsgeschichtlich die Wende vom Polytheismus zum Monotheismus markiert. Im Kern handelt es sich bei dem Exodus-Bericht, wie der in den Büchern Mose beschrieben wird, um die Kunde eines Bündnisses. Ein Bündnis geht nicht ohne Treue – und Treue setzt Freiheit voraus, sonst ist Treue wertlos. «Glaube» heißt im Alten Testament dasselbe wie Treue und Vertrauen. Der Glaube ist, dass Gott mit den Kindern Israels ein Bündnis schließt, um sie aus der Knechtschaft zu befreien. Es ist gleichsam eine Rechtsbeziehung mit Gott. Damit ist der nun nicht mehr, wie in den polytheistischen Religionen, unpersönlich, willkürlich, unberechenbar, sondern der eine konkrete Ansprechpartner, der einen Personenverband – in dem Fall die Juden – auf ihrem Weg begleitet. Mit diesem Monotheismus der Treue ist der erste Schritt zur Entzauberung der Welt getan. Es ist der erste Schritt weg vom Glauben an Magie und irrationale Mächte, die willkürlich Leben und Tod bringen und durch Opfergaben besänftigt werden müssen, hin zu einem vernunftbetonten Denken.

Die Exodus-Erzählung erklärt die Welt nicht mehr als Ort des Chaos und der Macht des Stärkeren, sondern interpretiert Geschichte moralisch und entlang sittlicher Gesetzmäßigkeiten.

Zwar kommt auch der jüdische Monotheismus nicht aus dem Nichts – die Traditionslinie fängt bei altpersischen Religionen an und führt über den ägyptischen Herrscher Echnaton zum Judentum –, aber bei Echnatons monotheistischem Umsturz ging es um Wahrheit und nicht um Treue. Das revolutionär Neue, das mit der Exodus-Erzählung zum Ausdruck kommt, ist im Kern die Frage, ob Gott etwas mit uns vorhat – und wenn ja, was. Die alten Perser oder Ägypter haben sich diese Frage nie gestellt. Sie verstanden sich als Menschen, die mit allen anderen Lebewesen, inklusive der Gottheiten, aus der Weltentstehung hervorgegangen sind, wobei die Gottheiten nichts anderes im Sinn haben, als die Welt in Gang zu halten. Die Menschen können die Götter durch ihre Riten dabei ein bisschen unterstützen, Ziel ist nicht Weltveränderung, sondern ängstliche Bewahrung des Status quo. Der Exodus-Mythos hingegen erzählt eine ganz andere Geschichte. Er erzählt von einer Welt, in der Gott ein Volk aus seiner Knechtschaft befreit und mit ihnen ein gemeinsames Projekt verfolgt: die Verwirklichung einer gerechten Gesellschaft. Die Geschichte, die nun ein Projekt ist, hat plötzlich eine Richtung und ein Ziel – und die Menschen haben eine entscheidende Rolle darin.

Durch das Buch Exodus – und die darauf ruhenden monotheistischen Weltreligionen – manifestiert sich (für alle gläubigen Juden ein für alle Mal, für Christen und Muslime erstmals) ein Gott, der aus seiner Verborgenheit heraustritt und seinem Willen dem Menschen kundtut, offenbart. Deshalb nennt man Judentum, Christentum und Islam auch Offenbarungsreligionen. Die Offenbarungsreligionen mit ihrer Weltverbesserungsethik sind quasi die Urahnen sämtlicher menschlicher Ideologien oder -ismen. Ohne das Judentum, das Christentum und den Islam ist zum Beispiel das Projekt des Marxismus nicht zu verstehen. Der Mensch, der antritt, eine gerechte Welt zu schaffen – damit ist die geistesgeschichtlich vielleicht wichtigste Wegscheidung der Menschheitsgeschichte getan. Zunächst war JHWH, wie er sich Moses und Abraham offenbarte, nur der Gott der Juden – aber vom Bündnis mit einigen Menschen hin zu einem, das *alle* Menschen angeht, ist es nur ein kleiner Schritt. Der nächste Schritt, die Missionierung der Welt, ist ebenso logisch. Die erstaunlichste Karriere machte die Gemeinschaft der Nazaräer: Aus einer kleinen jüdischen Sekte wurde das Christentum, die größte Religion der Welt (rund ein Drittel der Weltbevölkerung sind Christen). Beachtlich ist aber auch der Erfolg einer anderen, dem Judentum nahe verwandten Religion: des Islams. Hier lohnt es sich, genauer hinzusehen.

Reiz und zugleich Verhängnis des Islams ist: Es handelt sich nicht nur um ein religiöses, sondern vor allem auch um ein gesellschaftliches Projekt. Er gehört in ein Kapitel über Ideengeschichte, weil der Islam die erste große Utopie der Menschheitsgeschichte war.

Es geht im Islam nicht nur um persönliche Frömmigkeit. Es geht vor allem um die Herstellung eines gerechten, gottgefälligen gesellschaftlichen Miteinanders auf Erden. Das ist zugleich der zentrale Unterschied zu den beiden anderen großen abrahamitischen Religionen. Nach muslimischer Sicht hat Gott eine genaue Vorstellung davon, wie die menschliche Gesellschaft aussehen soll. Durch die Propheten – aus muslimischer Sicht ist Mohammed der letzte und entscheidende – hat Gott uns immer wieder an die Hand genommen, weil wir alleine aufgeschmissen, ohne gelegentliche Anleitung verloren wären. Nach islamischer Überzeugung liebt Gott uns so sehr, dass es sein Wille ist, dass wir bereits auf Erden ein glückliches und richtiges Leben führen und nicht erst im Paradies. Zum Islam gehört der Glauben an die Möglichkeit einer friedlichen und harmonischen Welt. Diese nennt er «Haus des Friedens» (Dār al-Islām, دار الإسلام). Daher ist auch eine Trennung von Religion und Staat abwegig für den Islam. Es handelt sich um ein Projekt, das alle Bereiche des Lebens umfasst, natürlich auch Belange der Wirtschaft und der Politik. Das ist auch der Grund, warum sich der Islam so schwer mit einer pluralistischen

Gesellschaft in Einklang bringen lässt. Darauf ist er nicht ausgerichtet. Unter dem Dach des Islams, im «Haus des Friedens», ist ein friedliches und pluralistisches Miteinander denkbar, aber außerhalb dieses Zeltes nicht. Ein Konzept für den Islam als gleichberechtigter Teil einer pluralistischen Gesellschaft oder gar unter dem Dach einer anderen Kultur existiert nicht. Es handelt sich also um mehr als eine Religion, der Islam ist eine religiöse Utopie. Und das macht ihn aus christlicher und jüdischer Sicht letztlich auch so fremd. Aus deren Sicht nämlich sind Utopien gefährlich, weil es als anmaßend gilt, wenn der Mensch aus eigener Kraft versucht, ein Paradies auf Erden zu errichten. Für Juden und Christen hat das irdische Dasein seit Adam und Eva einen Knacks, der aus eigener Kraft allein nicht reparabel ist. Ein bisschen wie Humpty Dumpty – der Eierkopf aus dem englischen Kinderreim, der von der Mauer fiel und zu Bruch ging und auch nicht durch die Hilfe von «all the kings horses and all the kings men» wieder hinzukriegen war – braucht der Mensch nach jüdisch-christlicher Sicht Gott, um endgültig heil zu werden. Wir müssen zwar an der Reparatur der Welt arbeiten, aber das sind ausdrücklich immer nur vorläufige Behelfsmaßnahmen. Alles Handeln Gottes in der Geschichte ist sowohl nach jüdisch-christlicher als auch muslimischer Sicht letztlich auf das Heil des Menschen ausgerichtet, aber nach der Genesis- und Exodus-Erzählung – und somit für Juden und für Christen gültig – sabotieren wir Menschen durch unseren Hochmut immer wieder Gottes Plan. Perfektion erwarten Juden und

Christen nur am Ende aller Zeiten. Für den frommen Leser des Koran wiederum muss der Gedanke, die Welt könne einen Knacks haben, gotteslästerlich klingen. Wo für das Christentum im Makel, im Schmerz ein tieferes Geheimnis liegt, trachtet der Islam nach einer Welt ohne jeglichen Makel. Im Christentum können explizit auch Sünder Träger des Heils werden: Altes und Neues Testament sind voller Mörder, die Gnade finden, vom Betrüger Jakob über den Mörder und Frauenverführer König David bis hin zum ersten Papst, Petrus, der ein Verräter war.

Die Annahme des Menschen inklusive seiner Brüche – das aufzuzeigen ist der Sinn der Aufzählung von Jesu Stammbaum voller Mörder und Huren in der Bibel. Der Islam hingegen ist auf irdische Perfektion ausgerichtet. Das Christentum ist ausdrücklich anti-puristisch, vom Islam gibt es keine «puritanische Auslegung», der Islam ist im Kern puritanisch. Aber nicht, um uns zu drangsalieren, sondern damit es uns gutgeht.

Das Angenehme an Büchern wie dem, das Sie gerade in der Hand halten, ist, dass sie einem das gute Gefühl vermitteln, die gesamte Menschheit habe eine einzige Geschichte. Wenn man sich mit dem Islam beschäftigt, wirft man einen Blick auf einen völlig anderen Weltentwurf. Es droht die Erkenntnis, dass es mindestens zwei große, konkurrierende Menschheitserzählungen gibt. Die Geschichte des Islams wird in unseren Breiten viel zu wenig erzählt. Es ist eine ziemlich schöne, aber auch sehr traurige Geschichte. Es ist eine Geschichte um einen Kaufmann, der in seinem vierzigsten Lebensjahr in eine

Lebenskrise gerät, in die Wüste geht, um wieder zu sich zu kommen, und dort eine Bekehrungserfahrung macht, die sein ganzes Leben – und damit langfristig das Leben eines Viertels der Menschheit – verändert. Es ist eine Geschichte von Treue und Verrat eines wahrscheinlich erleuchteten Mannes, der mit der Vielgötterei auf der Arabischen Halbinsel Schluss macht und der von dort aus ein Weltreich schafft – und zwar mit dem festen Willen, für universale Gerechtigkeit und Frieden zu sorgen. Der Urtraum des Islams ist als Utopie der marxistischen Idee eigentlich sehr nahe und ähnlich sympathisch: eine vollkommen gerechte, egalitäre, wohltätige Gesellschaft. Eine, die übrigens durchaus Raum für nichtkonforme, abgekapselte Parallelgesellschaften innerhalb der eigenen bot. In dem Kalifat, das Mohammeds unmittelbare Nachfolger in Blitzgeschwindigkeit im ganzen Mittelmeerraum errichteten, ging es Juden und Christen – mit Abstrichen – gut. Mit Christen stand Mohammed zeitlebens in freundlichem Kontakt. Ein Vetter der ersten Frau Mohammeds war Christ. Auch mit Juden hatte Mohammed engen Umgang. Die Köpfung von vierhundert bis neunhundert Juden des Banu-Quraiza-Stammes im Jahr 627 in Medina zeigt zwar, dass da noch ein paar Dinge ungeklärt sind beim Thema Gewalt und Islam, aber sie belegt nicht, wie oft behauptet, eine Feindschaft Mohammeds gegen Juden an sich. Die berüchtigte Hinrichtungsorgie war nicht gegen Juden per se gerichtet, sondern gegen den Stamm der Banu Quraiza, die Medina – so sah es jedenfalls Mohammed – verraten hatten.

Es gab auch keine Erzfeindschaft zwischen den Brüdern Isaak und Ismael, den mythischen Stammvätern der Juden und der Araber. Die Mütter der beiden hassten sich, das ist verbrieft, aber dass Ismael und Isaak sich nicht mochten, steht nirgendwo in der Bibel; ebenso wenig in den apokryphen Mythen, die nicht Eingang in die Bibel gefunden haben.

Relativ viele Glaubenspraktiken hat der Islam in abgewandelter Form von den Juden übernommen (rituelle Beschneidungen und Waschungen, die Aufteilung in reine und unreine Speisen, Fasten). Die Minderheiten, insbesondere Christen oder Juden, konnten sich im frühen Kalifat und auch im späteren Osmanischen Reich weitgehend ungehindert entfalten, mit eigener Gerichtsbarkeit, mit eigenen Tempeln und Kirchen – die jüdische Kultur konnte an Orten wie Kairo regelrecht aufblühen (was unter christlicher Herrschaft unmöglich war). Die ersten Kalifen, die unmittelbaren Nachfolger Mohammeds, müssen noch dazu im Großen und Ganzen sehr umgängliche, bescheidene und sympathische Menschen gewesen sein. Der Erste von ihnen, Abu Bakr, war ein erfolgreicher Kaufmann, hatte sein Vermögen für wohltätige Zwecke gespendet und lebte so bescheiden, dass er manchmal die Kuh seines Nachbarn melkte, um sich etwas dazuzuverdienen. Omar, zweiter Kalif, muss der beeindruckendste unter Mohammeds Nachfolgern gewesen sein: ein gerechter und gütiger Herrscher wie aus dem Märchenbuch. Tamim Ansary beschreibt ihn in «Die unbekannte Mitte der Welt» als eine Mischung aus Paulus,

Karl Marx, Lorenzo de Medici und Napoleon. Nachdem er in Jerusalem einmarschiert war (638 n. Chr.), erklärte er dem verdutzten Volk: «Lebt und betet weiter nach euren Sitten!», und schützte die Kirchen und Pilger.

Wo also begann die Geschichte zwischen den abrahamitischen Religionen schiefzulaufen? Die Kreuzzüge waren es nicht. Auch wenn das eine ziemlich verbreitete Ansicht ist. Zwei Monate nach den Terroranschlägen vom 11. September 2001 sagte Bill Clinton vor einem Auditorium der Georgetown University, dass «diejenigen von uns, deren Vorfahren aus europäischen Ländern kamen, nicht ohne Schuld sind». Die Britin Karen Armstrong, ehemalige katholische Nonne, Religionswissenschaftlerin und Verfasserin populärer religiöser Schriften, behauptet sogar, die Kreuzzüge seien «ein unmittelbarer Grund für den Konflikt im heutigen Nahen Osten». Dabei interessierten sich Muslime vor dem 19. Jahrhundert überhaupt nicht für die Kreuzzüge. Aus europäischer Sicht waren die Kreuzzüge im 12. und 13. Jahrhundert sicher einschneidend – hohe Kosten, der Verlust ganzer Generationen nachwachsender Eliten, Kontakt mit einer völlig neuen, auch geistig bereichernden Welt –, für die orientalische Welt aber waren sie eine Randerscheinung. Die Kreuzfahrerstaaten lagen an der äußersten westlichen Peripherie des Orients. In den tatsächlichen Zentren der arabischen Welt – in Kairo und Bagdad und erst recht auf der Arabischen Halbinsel – bekam man davon überhaupt nichts mit. Die Chronisten der arabischen Hochkultur nahmen die Überfälle eher als Anrennen eines primitiven, ungebildeten, nichtmuslimischen und daher unkultivierten Volkes wahr. Für die Araber kamen die Angriffe auf die von ihnen verhassten Türken nicht einmal ungelegen. Erst als im 19. Jahrhundert das türkisch geführte Osmanische Reich zum «kranken Mann am Bosporus» wurde, gegenüber dem Westen in Rückstand geriet und schließlich zerfiel, erinnerte man sich hier an das Thema Kreuzzüge und die angeblich aufgestaute Wut gegen den Westen, weil Ressentiments schon immer ein probates Mittel waren, eigenes Versagen zu kaschieren.

Der Bruch der Beziehung zwischen Orient und Okzident war wohl eher ein schleichender. Ab dem 13. Jahrhundert ging es kulturell bergab mit der arabischen Welt. Woran das lag, kann niemand so genau erklären. Manche bezeichnen dies als eines der größten Rätsel der Menschheitsgeschichte. Jahrhundertelang hatte die arabisch-islamische Welt die Nase weit vorn. Im 7. und 8. Jahrhundert, zu einer Zeit, in der unsereins noch – das Klischee stimmt wirklich – tief in den Wäldern nach Wildschweinen jagte, gab es in islamisch geprägten Städten schon breite Boulevards, planierte Straßen, Bewässerungssysteme und Häfen sowie von Aufsehern geleitete Shoppingzentren (Basare): ein Bauboom, der mit dem heutigen in den Golfstaaten durchaus vergleichbar ist. Befeuert wurde er durch das freizügige Gewähren von Krediten – natürlich am liebsten an Leute, die man gut kannte. Mit der Zeit der großzügigen Kredite begann aber auch die Zeit der Günstlingswirtschaft. Eine gängige These ist, dass der Abstieg der islamischen Kultur bereits in der Zeit des vierten Kalifen (656–661) angelegt war, als der Rückfall in altes Clandenken begann. Es folgten noch viele große und gerechte Herrscher, doch die ersten vier Oberhäupter des Islamischen Reichs werden bis heute von Muslimen die «Rechtgeleiteten Kalifen» genannt. Wahrscheinlich haben die unmittelbaren Gefolgsleute Mohammeds tatsächlich versucht, eine gerechte, egalitäre und friedliche Gesellschaft zu schaffen. Vielleicht mussten sie gerade deshalb scheitern.

Araber behaupten gerne, dass der Niedergang des glanzvollen Orients viel damit zu tun habe, dass die Araber mit ihrem Hang zu Großmut, Ritterlichkeit und Leben-und-leben-Lassen den raueren Türken, den Osmanen, das Heft des Handelns überlassen hatten. Da könnte was dran sein. Schon die romantisch verklärte Dynastie der Abbasiden, mit denen man das Bagdad von *Tausendundeiner Nacht*, das Goldene Zeitalter des Islams, assoziiert, hatte die Angewohnheit, Sklaven aus fernen Ländern, vor allem Türken und Slawen, zu ihren persönlichen Elitesoldaten und Elitebeamten zu machen. Aus einem einfachen Grund: Sie trauten ihren Untertanen nicht. So entstand eine neue Eliteschicht, der die Untertanen misstrauten und die im Gegenzug ihren Untertanen wiederum erst recht nicht vertrauten. Die Gesellschaft zersplitterte zunehmend – zugunsten der einzigen Loyalität, über die seit Generationen Verlass war: des eigenen Clans. Durch den Sturm der Mongolen, die mordend und plündernd die islamische Welt eroberten und dann selber Muslime wurden, wurde die Stimmung dann noch einmal «ein Stück weit» rauer, wie man in Gruppentherapiedeutsch sagen muss. Die Osmanen, die bis vor kurzem die islamische Welt beherrschten, stammten ursprünglich von Nomaden aus Zentralasien ab, die vor den Mongolen geflohen waren. Diese Neuankömmlinge trauten ihren arabischen und persischen Untertanen erst recht nicht. Und vice versa. Die Idee des Staates und des gesellschaftlichen Miteinanders hat in der arabischen Welt keine Tradition. Egal, wo man heute in der arabischen Welt hinsieht, in keinem einzigen Staat gibt es eine funktionierende Zivilgesellschaft oder so etwas wie Gemeinschaftsgefühl. Fast überall herrschen Diktatoren, die ihre jeweiligen Clans versorgen oder bestenfalls autoritär paternalistische Monarchen sind. Egal, ob unter den Osmanen, in der Kolonialzeit, in der Zeit der Unabhängigkeit, im Zeitalter des Nationalismus oder nach dem Arabischen Frühling, fast überall in der arabischen Welt ersticken die Menschen an Unterdrückung, Ungerechtigkeit, Vettern- und Misswirtschaft und müssen ihre Kinder in einer Welt groß werden lassen, die von immer wiederkehrenden Zyklen ethnischer und sektiererischer Gewalt heimgesucht wird. Nach der Suezkrise 1956, die das Ende des Kolonialismus markierte, erwachte in der arabischen Welt kurz noch einmal Optimismus. In Ägypten, Algerien und Tunesien, in Syrien, in Jemen regierten nationalistische und progressive Regierungen. «Gebt mir fünf Jahre», sagte 1949 Husni az-Za'im, als er mit einem von der CIA unterstützten Staatsstreich an die Macht kam, «und ich mache aus Syrien eine zweite

Schweiz.» Es ist fast schon zynisch, so etwas heute zu zitieren.

Die Araber haben mit ihrer postkolonialen Freiheit wenig Ansehnliches angestellt. Und das, obwohl über die Jahrzehnte Milliardengelder in nie zuvor gesehenen Mengen in die arabische Welt flossen. Aus dem Kapital, das aus dem Westen seit der Unabhängigkeit von Osmanen und Kolonialstaaten in die Ölfelder, Stahlhütten, Autobahnen, Flughäfen in die arabische Welt geflossen sind, plus der natürlichen Bodenschätze der Länder, hätte man mehrere schweizerische Eidgenossenschaften hinkriegen müssen. Aber gleichgültig, ob Militärdiktatur, erbliche Monarchie, eines der typisch arabischen Mitteldinger oder sogenannten sozialistischen Staaten (Gaddafi nannte sein Land tatsächlich so, er redete auch die Beduinen mit «Arbeiter und Genossen» an), überall war Fortschritt gleichbedeutend mit Verfestigung der Autokratie, Nepotismus, Vetternwirtschaft, Gewaltherrschaft. Es gibt kaum einen Ort in der islamischen Welt, an dem man das gute Gefühl haben darf, jederzeit den Schutz eines Rechtsstaates genießen zu können. Seit Jahrzehnten stimmen die Menschen zu Millionen mit den Füßen ab, ob sie lieber in der arabischen Welt oder nicht doch lieber im Westen leben wollen. Allen voran die arabischen Eliten, die ihre Häuser an der Côte d'Azur und ihre Bankdepots in Genf haben.

Eine der attraktivsten Ideen überhaupt ist die Idee Europa. Das Wort Europa, das sei allen besorgten Bürgern ins Stammbuch geschrieben, ist orientalisch. Es kommt aus dem Nahen Osten. Erstmals taucht es in einer Geschichte auf, in der ein liebestoller Gott namens Zeus an ein Riesenweib aus dem Osten ranwill. Die Frau, auf die er scharf ist, trägt besagten Namen, Europa, und ist die Tochter eines Königs, etwa aus der Gegend des heutigen Libanon. Zeus entführt sie und schwängert sie. So weit ist es die Geschichte einer sexuell motivierten Straftat. Aber sie hat ein Happy End. Aus dem Kind der beiden wird ein König, der gerecht ist und mit Bedacht regiert. Die Geschichte ist erfunden und wahrscheinlich dennoch auf einer sehr tiefen Ebene wahr. Unsere Geschichte fängt mit ziemlich viel Gewalt an, aber dann kriegt Europa doch irgendwie die Kurve, schafft Zivilisation, Recht, all die Dinge, die unsere Gegend hier so attraktiv machen. Es scheint so, als ob der Westen eine Antwort auf etwas gefunden hat, wonach die Menschen im Osten vergeblich gesucht haben. Womit wir wieder bei den Utopien und unserem eigentlichen Thema sind: den Ideen für eine bessere Welt.

Im Osten machte man sich auf, das Paradies auf Erden zu finden. Im Westen musste man irgendwann – nach einigen sehr blutigen Experimenten – einsehen, dass es dies nicht geben kann, dass einem nichts anderes übrig bleibt, als immer nur das Unperfekte ein wenig auszubessern. Alles Bestehende dabei immer wieder neu in Frage zu stellen, weil man der tiefen Überzeugung ist, dass das Paradies nicht menschlich machbar, nicht erreichbar und daher niemand im Vollbesitz der absoluten Wahrheit ist – das ist der Urgedanke von Demokratie und Pluralismus.

Weil der Islam an die Möglichkeit einer perfekten Gesellschaft glaubt, *musste* er auf der Einheit von Religion und Staatlichkeit bestehen. Und weil das Abendland an die Möglichkeit weltlicher Perfektion ausdrücklich nicht glaubt, ist es nur folgerichtig, dass hier Kirche und Staat getrennte Wege gegangen sind – und die Demokratie zum einzigen Mittel wurde, der Ratlosigkeit und der widerstreitenden Ansichten Herr zu werden. Auch hier weiß man, etwa seit Platon, dass Demokratie nicht das Allheilmittel ist (es spielt Demagogen in die Hände und so weiter), aber spätestens seit Churchill weiß man eben auch, dass es unter den miserablen noch die am wenigsten miserable Regierungsform ist. Deswegen ist – so missbraucht der Begriff auch ist und so schäbig vieles war, was sich demokratisch nannte – Demokratie nach der Freiheit vielleicht die schönste und zugleich demütigste menschliche Idee. Weil sie von der Einsicht ausgeht, nicht die letzte Wahrheit gelüftet zu haben und nicht immer alles besser wissen zu können als die anderen.

Diese Mentalität des Alles-immer-in-Frage-Stellens ist laut Sir Karl Popper, dem wichtigsten liberalen Denker des 20. Jahrhunderts, unser spezifisch europäisches

Wesensmerkmal und zugleich der zentrale Wettbewerbsvorteil des freien Westens gegenüber dem geistig viel mehr in sich ruhenden Orient. Für Popper ist das Typische am Abendland die ständige innere Unruhe. Er erklärt dies geographisch. Er spricht von dem engen Raum des zerklüfteten eurasischen Landzipfels, in dem die verschiedensten Kulturen wie in einem Flaschenhals aufeinanderprallen. Der enge Raum, behauptet Popper, schuf eine besondere Atmosphäre, eine Mentalität der geistigen Regheit. Popper sagt, der Europäer sei von früh an darin geschult worden, alles immer wieder neu in Frage zu stellen. Der Geist, der dadurch entstand, ist für ihn das Erfolgsgeheimnis der westlichen Zivilisation. In einem seiner Aufsätze fragt er ganz offen: Ist unsere Kultur die beste? Und beantwortet das mit einem emphatischen: «Sie ist die beste, weil sie die verbesserungsfähigste ist.» Erst der Zwang, die eigenen Vorstellungen immer wieder zu korrigieren und zu justieren, und die Einsicht, dass es nicht den einen Weg zur Wahrheit gibt, macht das Abendland, macht Europa heute zu einem so attraktiven Ort.

Ging dem Orient jener Moment der Unruhe ab, der den Westen so wach hielt? Waren es paradoxerweise vielleicht sogar die größten Katastrophen, die Reihe an Vertreibungen und Völkerwanderungen, Pestepidemien und Religionskriege, die uns dazu zwangen, immer wieder alles neu zu denken, nach neuen Möglichkeiten des Nebeneinanders und Miteinanders sich widersprechender Weltideen zu fahnden und nach verbindlichen und verlässlichen Regeln zu suchen? Die Reibung zwischen Papst und Kaiser, zwischen Kirche und Staat war ein ganz entscheidender Moment der Unruhe, der dem Orient ebenfalls fehlte.

Der Geist, den das Abendland ausmacht, hat natürlich auch dunkle Seiten. Der «Kulturimperialismus» zum Beispiel. Aus dem Bewusstsein, die verbesserungswilligste und somit zivilisierteste Kultur zu sein, leitet sich der Anspruch ab, die eigene Kultur zu verbreiten. Ist ja zum Wohle aller. Die Römer taten das mit bestem Gewissen, und wir tun es seit gut fünfhundert Jahren auch ziemlich ungehemmt – und klopfen uns dabei auf die Schulter. Einst taten wir dies mit dem Anspruch, die einzig wahre Religion zu verbreiten, heute tun wir es im Namen der Menschenrechte und des Wohlstands.

Da ist er wieder, der alles in Frage stellende Geist. In China oder Katar stellt man sich solche Fragen nicht. Das ist die zweite Schwäche dieses für uns Europäer typischen Geistes: die potenziell selbstzersetzende Kraft. Wer nie irgendwelche endgültigen Wahrheiten akzeptiert, glaubt der am Ende vielleicht an gar nichts mehr? Was gilt dann überhaupt noch? Ist es am Ende eine Schwäche des Westens, dass er keine tragende, einheitliche Idee hat? Ein Popper würde jetzt sagen: «Unser Stolz sollte es sein, dass wir nicht *eine* einheitliche Idee haben, sondern *viele* Ideen.» (Lustig übrigens, dass das von ihm kommt, er soll im persönlichen Umgang sehr herrisch gewesen sein ... Egal.) Ein Ratzinger würde dem entgegenhalten, dass das Nebeneinander verschiedener Ideen nur dann praktikabel ist, wenn es ein paar Grundsätze gibt, die nicht verhandelbar sind, wenn es ein paar Konstanten gibt, die nicht durch Mehrheitsentscheidung aushebelbar sind. Eine der positiven Folgen der Multikulturalität unserer Tage könnte sein, dass sie uns zwingt, uns über die *core-essentials*, die nicht verhandelbaren Bestandteile, unserer Kultur Gedanken zu machen. Allerdings wird das zunehmend schwerer in einer Welt, in der alles gleichberechtigt nebeneinandersteht, in der es egal ist, ob du an sogenannte jüdisch-christliche Werte glaubst oder daran, dass ein böser Herrscher namens Xenu vor 75 Millionen Jahren seine Subjekte in Vulkanen abgesetzt und mit Wasserstoffbomben in die Luft gesprengt hat (wie Scientologen das tun).

Den Liberalismus eines Popper zu Ende zu denken, kann auch zu einem kompletten Relativismus aller Wahrheiten führen und somit dazu, dass absolut gar nichts mehr gilt. An die Stelle von religiösen und liberalen Dogmen könnte eines Tages dann das wissenschaftliche Dogma treten, wonach alles erlaubt ist, solange es nur dem Menschen nützt. Ganz nach Kant, dem König der Aufklärung, der den Menschen zum einzigen Gesetzgeber seiner Moral macht. Die Ironie wird sein, dass der völlig von Regeln und ethischen Zwangsjacken befreite Mensch zur Bedrohung für sich selbst wird. Vielleicht ist *Sophrosyne*, die Selbstzügelung, also wirklich keine schlechte Idee ...

Hier nun die Liste mit den prägendsten Ideen der Menschheit:

① **Idee.** Die wichtigste Idee ist erst einmal die Idee selbst. Man braucht Bilder im Kopf, um zu denken. Sich eine Vorstellung von etwas machen zu können, egal ob Faustkeil, Boot oder Mondrakete, und sie mit dieser Idee im Kopf dann auch umzusetzen – das ist das eigentlich Überraschende am Menschen.

② **Zeit.** Es gab Kulturen, da war die Zeit eine Geheimwissenschaft. Es gab geheime Kalender. Dann gab es Kulturen, in denen der Stand der Sonne das Tagwerk bestimmte. Als im 18. Jahrhundert in Großbritannien der Kutschfahrdienst eingerichtet wurde, gab es überall im Land noch unterschiedliche Zeiten: In London zwölf Uhr, konnte es in Liverpool halb elf sein. Da es keine Telefone und kein Radio gab, spielte das auch keine Rolle. Erst mit der industriellen Revolution wurde Zeit verbindlich. Heute gibt es sogar die Weltzeit. Ein Beweis dafür, dass sie menschengemacht und eine einflussreiche Idee ist.

③ **Freiheit.** Die persönliche Freiheit, entscheiden zu können, zum Beispiel über Gutes und Böses, macht uns erst zu vernunftbegabten Wesen, ist also keine Idee, sondern eine vorgefundene Gegebenheit. Die politische Freiheit hingegen ist sehr wohl eine Idee – und zwar eine relativ junge. In den ersten Jahrtausenden der Menschheitsgeschichte war Unfreiheit der Normalfall.

④ **Geld.** Ist Geld eine Erfindung? Muscheln und später Computerbuchungen einen Wert zuzuschreiben, ist Produkt unserer kollektiven Phantasie. Es ist so, weil wir uns darauf geeinigt haben, dass es so ist. Ein Geniestreich menschlichen Erfindungsgeistes. Selbst IS-Terroristen oder Antikapitalisten partizipieren an dieser kollektiven Phantasie. A dollar is a dollar.

⑤ **Höflichkeit.** An verschiedensten Orten kam im frühen Mittelalter die Idee auf, sich durch besonderes Verhalten, sittlich und kulturell, gesellschaftlich abheben zu können und Prestige zu erlangen. In Japan gab es die Samurais, im Orient sufistische Orden, in Europa entstand die *courtoisie*. Marx behauptete ja, Geld – das Kapital – sei der Motor der Weltgeschichte. In Wahrheit war die treibende Kraft des zivilisatorischen Prozesses die Sehnsucht nach Prestige, nicht Geld. Ein Abramowitsch kann noch so viele Superjachten haben, erst wenn er in London ein Palais hat, Kunst sammelt und bei Lord Rothschild zum Lunch eingeladen wurde, ist er am Ziel.

⑥ **Staat.** Staaten sind – ähnlich wie die *courtoisie* eine Idee des frühen Mittelalters – das Produkt kollektiver Vorstellungskraft. Was gestern Ungarn hieß, kann ein paar Jahre später Kroatien heißen oder umgekehrt. Und noch ein paar Jahre später haben alle dann den gleichen EU-Pass und leben in Amsterdam. Ich habe eine Nachbarin in Berlin – sie ist keine achtzig Jahre alt –, die im sogenannten Deutschen Reich gelebt hat, in der DDR und in der Bundesrepublik, also in drei komplett verschiedenen Staaten – und das, ohne je die Stadt verlassen zu haben.

⑦ **Egalitarismus.** Sehr nah verwandt mit der Menschenwürde, also eigentlich eine uralte Idee (siehe oben). Seltsamerweise dauerte es bis weit in die Moderne, dass wir als Menschen alle gleiche Rechte hatten. Ein landesweites Wahlrecht für Frauen gibt es in Amerika erst seit 1920 und in der Schweiz sogar erst seit 1971.

⑧ **Fortschritt.** Der Glaube an Fortschritt ist eine der gewaltigsten Ideen der Menschheit. Obwohl unser Fortschrittsglaube immer wieder erschüttert wurde, glauben wir weiterhin, dass wir die Dinge so hinkriegen, dass alles besser wird. Bisher haben wir die Dinge tatsächlich erstaunlich gut hingekriegt. Wir haben unsere Lebenserwartung verdreifacht, die Säuglingssterblichkeit und die Zahl tödlicher Krankheiten reduziert und die Lebensqualität von immer mehr Menschen trotz einer explosiv ansteigenden Weltbevölkerung verbessert.

⑨ **Glück.** Eine sehr moderne Idee. Es gab eine Zeit, da nahm man für sich gar nicht in Anspruch, ein sorgloses Leben zu führen. Heute gilt Glück als Grundrecht und als herstellbar – durch Reise, Konsum, notfalls durch Psychopharmaka.

(10) **Das Warum.** Die Tatsache, dass der Mensch die Frage nach dem Warum der Dinge stellen kann, und die Vorstellung, dass es darauf überhaupt eine Antwort geben könnte, ist die gewaltigste menschliche Idee. Und vielleicht die am Ende wichtigste überhaupt. Selbst der alte Nörgler Friedrich Nietzsche sagte: «Wer ein Warum zum Leben hat, erträgt jedes Wie.»

«Kunst gibt nicht das Sichtbare wieder, sondern Kunst macht sichtbar.»

PAUL KLEE

Kapitel sechs

ODER KANN DAS WEG?

**Man kann Geschichte auch ganz anders erzählen.
Mit der *Kunst* zum Beispiel!**

In einem ziemlich abgegriffenen, alten Buch*, das mir vor langer Zeit in einem Wiener Musikantiquariat in den Schoß gefallen ist, habe ich den Satz gefunden: «Durch die Geschichte lernt man die Taten und Schicksale der Völker kennen, durch ihre Lieder sieht man ihnen ins Herz.» Während ich dies in meine Tastatur tippe, Sennheiser-Kopfhörer tragend, höre ich «Rattle that Lock», ein Solo-Album von David Gilmour. Die Saiten von Gilmours Gitarre (die «Black Strat» ist die einzige Gitarre der Welt, über die ein eigenes Buch geschrieben wurde) berühren einen, ob man will oder nicht. Das Gleiche trifft auf Chet Bakers Trompete zu. Oder auf von

---

* Bernhard Kothe und Rudolph Freiherr Procházka, «Abriß der Allgemeinen Musikgeschichte», Verlag von F. E. C. Leuckart, Leipzig 1909.

Yevgeni Kissin oder Daniel Barenboims angeschlagene Klaviersaiten.

Wenn man sich vergewissern will, dass der Mensch etwas Besonderes, dass die anthropozentrische Weltsicht also doch berechtigt ist, dass es logisch ist, die Weltgeschichte aus Menschensicht zu erzählen, dass wir doch irgendwie einzigartig, weil beseelt sind, dass wir zu Recht im Mittelpunkt des Geschehens stehen, dann muss man auf unsere Kunst schauen. Musik ist die übersinnlichste aller Künste. Man sagt, dass Gorbatschow, am Abend bevor er im Kreml richtungsweisende Reformen anstieß, mit seiner Frau Raissa in einem Mahler-Konzert gewesen war und mit Tränen in den Augen nach Hause gegangen sei. Musik ist wahrscheinlich sogar die ursprünglichste aller Kunstformen, sie war womöglich der erste Dolmetscher, das erste Ventil der Gefühle. Um die Ursprünge der Musik ranken sich Mythen und Legenden. Als sicher gilt, dass die Entstehung der Musik etwas mit dem menschlichen Urbedürfnis zu tun hat, an etwas Höheres zu glauben. Und mit der Fähigkeit, sich selbst als ein leidendes, aber hoffnungsgetriebenes Wesen wahrzunehmen.

Wer heute in die Berliner Philharmonie oder die New Yorker Carnegie Hall geht, um ein philharmonisches Konzert zu hören, tut dies im Bewusstsein, an Hochkultur teilzuhaben. Das ist lustig, denn bis zur Mitte des 19. Jahrhunderts galt Musik als vergleichsweise minderwertige Kunst. Musik war okay, wenn sie vokal war, wenn sie dafür verwendet wurde, Worte zu transportieren. Die

Kunst, so lautete die klassische Auffassung, hatte gefälligst «mimetisch» zu sein, also das reale Leben nachzuahmen oder wenigstens Bezug zur Wirklichkeit zu haben. Kunst durfte Wirklichkeit bei Bedarf idealisieren, aber der Bezug zur Realität war unabdinglich für Kunst, um von irgendeinem geistigen Wert zu sein. Musik ohne Worte war nach klassischer Auffassung bedeutungslos. Uninteressante Klanggebilde. Als im Paris des 18. Jahrhunderts Sonaten populär wurden, die im Gegensatz zu Opern und Vokalmusik keine Handlung oder Erklärung lieferten, giftete selbst ein hochsensibler aufklärerischer Schriftsteller wie Bernard le Bovier de Fontenelle: «Sonate, que me veux-tu?» Sonate, *wat willste*?! Selbst ein Stendhal, der Rossini mit einer fast körperlichen Leidenschaft liebte, verachtete symphonische Musik, zum Beispiel die Musik eines Beethoven. Die Anerkennung der Musik als eine der großen Künste ist eine Errungenschaft der deutschen Romantik, wie Isaiah Berlin in seinen berühmten Vorlesungen* über die Wurzeln der Romantik dargelegt hat. Die Deutschen schlugen im 19. Jahrhundert nämlich ganz andere Töne an. Schopenhauer schrieb, stellvertretend für eigentlich alle Denker und Künstler der deutschen Romantik: «Der Komponist offenbart das innerste Wesen der Welt und spricht die tiefste Weisheit aus, in einer Sprache, die seine Vernunft

---

* Die legendären Mellon-Lectures von Isaiah Berlin in Washington, D.C. (1965 in der National Gallery of Art völlig frei und ohne Textvorlage gehalten), sind teilweise auf YouTube streambar und in mehreren Sprachen als Buch erschienen; auf Deutsch, übersetzt von Burkhardt Wolf, im Berlin Verlag (2004).

nicht versteht.» In Deutschland, mit seiner Neigung zu Innerlichkeit und Irrationalität, nahm man Musik ernst. Die sachlich-aufgeklärten Franzosen waren da skeptischer.

Aus deutscher Sicht mag Musik also als die wahrste, die intensivste und damit auch als interessanteste der Künste gelten, dennoch müssen wir sie hier aussparen. Wir wollen hier eine schweinsgalopppartige Reise durch die Kunstgeschichte unternehmen, und da ist es ratsam, sich auf die bildenden Künste zu konzentrieren. Und da am besten auf die Malerei. Und da am besten auf die europäische Malerei der letzten tausend Jahre. Eine sehr radikale Einschränkung. Geht aber leider nicht anders. Wenn wir bei den Höhlenmalereien in der Dordogne anfangen, sitzen wir morgen noch hier. Es muss genügen, uns die Entwicklung der Kunst in der Kultur anzusehen, in der wir heute leben.

ALS DER MENSCH ANFING, SICH WICHTIG ZU NEHMEN ...

Erste Station unserer Reise: der Domschatz von Aachen. Hier, hinter dickem Vitrinenglas, sieht man das Lotharkreuz, gefertigt um das Jahr 1000 in einer Kölner Goldschmiedewerkstatt. So dunkel kann das Mittelalter nicht gewesen sein, wenn man sich dieses Kunstwerk ansieht. Die Vorderseite des Lotharkreuzes, voller Edelsteine, ist ein Statement irdischer Macht. Das Zentrum des Kreu-

zes zeigt das Profil des römischen Kaisers Augustus –
obwohl das römische Kaiserreich längst untergegangen
ist. In Europa regieren Kaiser, die sich zwar römisch nennen, aber deutsch sind. Augustus hat also eine Art Ca-
meo-Auftritt. Augustus steht stellvertretend für das römische Kaiserreich, auf das sich das «Heilige Römische
Reich deutscher Nation» beruft. Die Vorderseite des
Kreuzes ist eine Machtdemonstration. Die Rückseite,
«die andere Seite», erzählt aber von einer anderen Wahrheit. Sie ist schmucklos und hat keine ornamentalen Ver-
zierungen. Auf glattem Grund ist hier ein sterbender,
leidender Mensch abgebildet: Jesus Christus. Das Ganze
wirkt beunruhigend plastisch. Der Körper hängt leicht
abgewinkelt an den Armen, das Haupt ist auf die Brust
gesunken, links und rechts verhüllen Sonne und Mond
trauernd sein Gesicht. Die Darstellung ist so echt, dass
einem die Vorderseite mit ihrer Pracht und dem lorbeer-
gekrönten Augustus ziemlich weltlich, fast dekadent erscheint.

Wir sind heute dermaßen an Kruzifixe gewöhnt, dass
wir den Schock in jener relativ späten Epoche der europäischen Geschichte, der vom Kreuz ausgeht, gar nicht
mehr nachempfinden können. Die früheste christliche
Kunst kennt noch keine Abbildung ihres Gründers am
Kreuz. Die frühe christliche Kunst zeigt vor allem hoff-
nungsfrohe Szenen: die Auferstehung, die Himmelfahrt,
die Darstellung von Heilungen und Wundern. Kreuzes-
darstellungen findet man in den ersten Kirchen fast gar
nicht, und wenn, dann an unscheinbaren Orten, wie etwa

an der Pforte der Santa-Sabina-Basilika in Rom aus dem 5. Jahrhundert. Erst im 9. Jahrhundert tauchen plötzlich überall in Europa, vor allem auf oder in prunkvollen Büchern, Kreuzigungsdarstellungen auf. Erst etwas stilisiert und ohne viel menschliche Regung auszustrahlen, ab Mitte des 9. Jahrhunderts aber von immer intensiverer, menschlicher Intensität. Das angeblich so dunkle 10. Jahrhundert war die Zeit, in der für das Christentum das Kreuz – mit dem real leidenden Christus – zum zentralen Symbol wurde. Erst rückblickend ist zu erahnen, welche Aufwertung des Menschen selbst durch so eine Darstellung ausgeht. In dem Moment, in dem die Kunst sich dem leidenden Menschen zuwendet, beginnt sie den Menschen ernst zu nehmen. Der Mensch nahm sich das Recht, sich als lust- und furchtgetriebenes Wesen mit Ängsten und Hoffnungen wahrzunehmen und seine Gefühle und Sehnsüchte auszudrücken.

Zunächst blickte die bildende Kunst in Europa nur auf einen einzigen Menschen: Jesus Christus. Und dann auf einen zweiten: Maria, seine Mutter. Aber sie stehen stellvertretend für viele. Es sind erste Schritte des Menschen, sich selbst ernst zu nehmen. Wer sehen will, wie das aussieht, muss in den Domschatz von Köln, Regensburg oder Aachen gehen, sich die Evangeliare und Gebetbücher des 9. und 10. Jahrhunderts ansehen. Glücklicherweise sind in den seltensten Fällen die Schlangen sehr lang.

Zweite Station: Assisi in Norditalien. San-Francesco-Basilika. Sie ist von oben bis unten von Giotto bemalt, dem neben Fra Angelico wichtigsten Künstler der frühen Renaissance. Das Interessante an Giottos Malerei ist nicht, dass sie «schön» ist. Das Besondere ist nicht einmal, dass er der Erste war, der wirklich reale Gesichter malte, der Stoffe malte, wie sie fielen, mit Faltenwurf, der Landschaften abbildete. Das Besondere ist, was das damals bedeutete und im Kopf der Leute auslöste und was für eine Befreiung es war. Das Auftauchen von Perspektive, die Abbildung von Realität bedeutete ein völlig neues menschliches Selbstbewusstsein! Das Neue in der Renaissance war vor allem, dass Künstler nun keine anonymen Handwerker mehr waren, sondern zu Maler-Stars wurden. Die Beschäftigung mit der europäischen Geschichte anhand der bildenden Kunst ist deshalb so lohnend, weil man hier die Wandlung des Selbstbildes so einfach ablesen kann. Erst kommt die Aufwertung des Menschen mit Abbildung des leidenden Jesus. Dann folgt die Aufwertung der Frau durch die Abbildung Marias. Im 14. Jahrhundert fängt der Künstler an, sich selbst zu verwirklichen. Im 15. und 16. Jahrhundert emanzipiert sich die Kunst nicht mehr nur von religiösen Themen, sondern auch von der Kirche. Die große Zeit der Wissenschaft und der technischen Innovationen beginnt. Jetzt wertet sich der Mensch so weit auf, dass er sich nicht mehr bloß als Geschöpf sieht, sondern selber schöpfen will.

Dritte Station. Die *Stanza della Segnatura* im Apostolischen Palast im Vatikan. Papst Julius II. hat sich wenige Jahre nach Amtsantritt 1503 mal eben vom größten Künstler seines Zeitalters, Raffael, seine Rückzugsräume mit Wandbildern versehen lassen. Ein anderer Künstler, Michelangelo, malte derweil die Decke der Sixtinischen Kapelle aus. Eine gute Zeit? Na ja. Martin Luther nannte Julius II. einen «Blutsäufer», der Kosename der Römer für ihn lautete *«il terribile»*, der Schreckliche. Er war ruhmsüchtig und egoman, er wollte mit seiner Prunksucht vor allem seinen Vorgänger, den Borgia-Papst Alexander VI., übertrumpfen. Er war ein Scheusal. Aber eines, ohne das es so manches bemerkenswertes Kunstwerk nicht gäbe. Für den Neubau des Petersdoms engagierte er Donato Bramante, für sein eigenes Grabmal Michelangelo. Er war jähzornig und maßlos, er ließ Plätze vergrößern, Straßen neu anlegen, ganze Stadtteile dafür abreißen. Seinem Architekten Bramante, Spitzname *maestro rovinante* (Meister der Zerstörung), ließ er in seiner künstlerischen Gestaltung freie Hand. Man muss sich mal vorstellen, ein Architekt würde sich das heute erlauben. Gegen den stürmischen Protest der Bevölkerung (Stuttgart 21 war nichts dagegen!) und gegen den Willen aller Kardinäle ließ der Papst seinen Meisterarchitekten Bramante machen. Große schöpferische Leistungen, auch das lohnt sich zu erwähnen, gehen bisweilen mit Zerstörung einher.

Die Wandbilder, die Raffael für Julius II. schuf, sollte man sich genauer ansehen, sie stellen einen Wendepunkt in der Kunstgeschichte dar. Sie zeigen die Emanzipation der Kunst vom rein religiösen Zweck hin zu einer Kunst, die Menschen ins Zentrum des Universums stellt. Die mittelalterlich-religiöse und die neuzeitlich-rationalistische Welt – hier begegnen sie sich sprichwörtlich auf Augenhöhe. Die *Stanza della Signatura* war nicht nur der Rückzugsraum, es war die Privatbibliothek des Papstes. Das Wandbild, das uns hier interessiert, ist «Die Schule von Athen», eines von vier großen Fresken in der Privatbibliothek. Julius verfügte über zweihundertzwanzig Bücher. Wir wissen das so genau, weil uns eine Inventurliste vorliegt. Die Bücher waren in vier Themengebiete aufgeteilt: Theologie, Philosophie, Recht und Dichtung. Die Bücher standen fein säuberlich in Regalen unterhalb der Fresken, die das Themengebiet bildlich darstellten. Für das Fresko oberhalb des Philosophie-Regals inszenierte Raffael mit seiner Phantasiedarstellung der «Schule von Athen» eine Art Toga-Party aller großen Philosophen, die je gelebt haben. Es sind knapp sechzig Menschen, sie bilden eine Geistesgeschichte ab, die von den frühen Persern bis ins antike Athen reicht. Sogar ein muslimischer Gelehrter ist zu sehen und eine Frau. Im Zentrum stehen Platon und Aristoteles und diskutieren. Platon zeigt mit einem Finger in die Höhe, Aristoteles deutet mit seiner Hand eher nach unten. Wenn man sagte, es sei «bahnbrechend», dass diese beiden Superstars der griechischen Philosophie plötzlich überlebensgroß mitten im Vatikan prangten, wäre das noch untertrieben. Wenige hundert Jahre zuvor hatten Christen bestens Gewissens noch alte heidnische Tempel und Bibliotheken mit heidnischen Schriften zerstört, nur in einzelnen, einsamen Klöstern wurden Originalmanuskripte griechischer Philosophen versteckt und studiert. Plötzlich hingen die Griechen hier mitten im Vatikan, wie BRAVO-Starschnitte, für alle zu bestaunen.

Um die geistige Atmosphäre der Zeit zu erahnen, muss man wissen, dass damals kirchliche Gelehrte wie Marsilio Ficino (1433–1499) hoch im Kurs standen, die mit der Übersetzung und Kommentierung antiker heidnischer Texte Furore machten. Ficino war vor allem für seine Theorie des «Goldenen Fadens» populär. Seine zentrale These war, dass sich durch alle Zeitalter hinweg ein Faden geistiger und ethischer Überlieferung spanne, der von den alten Chaldäern in Mesopotamien und Ägypten über Abraham und die Philosophen des antiken Griechenlands bis hin zum Christentum, also in die damalige Jetztzeit, reiche. Ficino sprach geheimnisvoll von sechs großen Stationen, was insofern relevant ist, als dass die Sechs in der Numerologie als perfekte Zahl steht, auf die – quasi als Krönung – die Sieben folgt, die für Christus steht. Was nicht weniger aussagen soll, als dass sich die letzte gültige Wahrheit erst durch diesen Schritt erschließt. Ficino sieht die gesamte menschliche Geistesgeschichte unter Einbeziehung alles Dagewesenen als die eine große, gemeinschaftliche Suche nach philosophischer und religiöser Wahrheit an – die mit dem Christentum ihren Höhepunkt erreicht. Am 1. Januar des Jahres 1508, in dem Jahr also, als Raffael den Auftrag für die Fresken im Apostolischen Palast bekam, hielt ein römischer Geistlicher die Morgenpredigt in der päpstlichen Kapelle, der seinen Ficino offenbar genau gelesen hatte. Er sprach in höchsten Tönen von der Weisheit der alten Griechen, er schwärmte vom Gymnasion, dem Ort der körperlichen und intellektuellen Erziehung für die Jugend Athens, von der berühmten Akadémeia, der Philosophenschule Platons (die vom christlichen Kaiser Justinian im 6. Jahrhundert geschlossen wurde!). Er ging sogar so weit, dass er den Vatikan als Fortsetzung ebenjener Philosophenschule bezeichnete. Durch die Eroberung Konstantinopels durch die Muslime, das Ende von Byzanz, sei nun Rom das letzte Refugium antiker Denktradition. «Jetzt, da das Byzanz nicht mehr da ist», sagte er sinngemäß, «muss der Vatikan das neue Athen sein, wir sind es, die die griechische Kultur jetzt bewahren müssen.»

Tatsächlich waren, nachdem Konstantinopel 1453 an die Osmanen gefallen war, Tausende alte Manuskripte nach Rom gerettet worden, die geistigen Zentren Europas erreichte eine nie gesehene Welle antiken Gedankenguts. Als Raffael seine Fresken malte, bestand in Rom der Ehrgeiz darin, die philosophischen Weisheiten der heidnischen Antike aufzusaugen und mit dem geistigen Erbe des Christentums in Einklang zu bringen. Was Raffael mit der «Schule von Athen» schuf, war aber nicht ein Kniefall des Christentums vor dem Heidentum der Antike, das zuvor von christlichen Eiferern noch bekämpft worden war. Genau vis-à-vis des Bücherregals mit philosophischen Werken standen in der Privatbibliothek des Papstes ja die Bücher über Theologie – und darüber bildete Raffael die großen Gelehrten der Kirche ab. Genau gegenüber der «Schule von Athen» malte Raffael den «Disput über das Sakrament». Genau genommen, war es sogar andersherum. Erst hatte Raffael das kirchliche Motiv gemalt und anschließend das Motiv mit den heidnischen Geistesgrößen. Im «Disput über das Sakrament» sieht man Christus auf einem Thron schwebend, umgeben von der Jungfrau Maria, Johannes dem Täufer, biblischen Figuren wie Jakob und Moses, darunter ein Altar mit dem Allerheiligsten Altarsakrament (der zum Leib Christi gewandelten Hostie) in einer Monstranz, drum herum die größten Lehrer der Kirchengeschichte, darunter die Heiligen Augustinus, Ambrosius, Thomas von Aquin, der heilige Bonaventura ... Die «Schule von Athen» und das «Altarsakrament» stehen sich in einer Art Dialog gegenüber. Die *Stanza della Signatura* macht etwas sichtbar, das weltverändernd wirkte: die Begegnung von christlichem und antikem Denken.

Man spricht von der Renaissance gerne als Geburts-stunde der Moderne. Hauptverantwortlich dafür ist der alte Schwärmer Jacob Burckhardt. Dass wir überhaupt den Begriff Renaissance verwenden und nicht, wie es sich für ein angeblich italienisches Phänomen gehören würde, *rinascità*, haben wir diesem Basler zu verdanken. Er hatte ihn von einem französischen Historiker über-nommen.* In seinem Werk «Die Kultur der Renaissance in Italien», das 1860 erstmals erschienen ist und seitdem unzählige Auflagen erlebt hat, behauptete Burckhardt, bis zum glorreichen Quattrocento, 15. Jahrhundert, sei das menschliche Bewusstsein «träumend oder halb-wach» unter einem Schleier gefangen gewesen: «Der Schleier war gewoben aus Glauben, Kindesbefangenheit und Wahn.» Erst durch die Befreiung durch die mensch-liche Vernunft und die Abwendung vom Religiösen habe sich der Mensch zu seiner eigentlichen Bestimmung, zu wahrer Erkenntnis, durchringen können. Dem Kollektiv-geist des Mittelalters setzt er das Erwachen des Individu-ums in der Renaissance entgegen.

Viele Historiker haben sich an dieser boulevardesk zugespitzten Gegenüberstellung Burckhardts gesto-ßen. Der große niederländische Kulturhistoriker Johan Huizinga, der 1920 eine Studie über die Geschichte des

---

* In Jules Michelets Kulturgeschichte Frankreichs («*Histoire de France*», 1855) war der Begriff erstmals aufgetaucht.

Renaissancebegriffs verfasste, bemerkte über Burckhardts Renaissance-Schwärmerei zum Beispiel spitz:
«Starrend in den grellen Sonnenschein des italienischen
Quattrocento hatte er zu mangelhaft wahrnehmen können, was außerhalb lag. Der Schleier, den er über den
Geist des Mittelalters gebreitet sah, war zum Teil durch
einen Fehler seiner eigenen Kamera verursacht. Er hatte
den Gegensatz zwischen dem spätmittelalterlichen Leben in Italien und demjenigen außerhalb dieses Landes
allzu groß gesehen.» War nicht das Individuum schon
in den Kreuzigungsdarstellungen des 9. Jahrhunderts,
die wir heute Karolingische Renaissance nennen, entdeckt worden? Und außerdem: Dieses Aufwachen, von
dem Burckhardt schwärmt, gab es das – wenn es das so
drastisch denn überhaupt gab – nicht auch außerhalb Italiens, wie Huizinga aus niederländischer Sicht zu Recht
bemerkte?

Wir stoßen auf ein Problem, das jede rückschauende
Geschichtsbetrachtung trifft – das der nachträglichen
Kategorisierung. Der Begriff Renaissance ist ein Label.
Ein sehr dienliches und praktisches Label, aber eben ein
Label, ein Etikett, das wir auf eine riesige Zeitspanne
pappen, die irgendwann um 1300 beginnt und irgendwann um 1600 herum endet – so genau will sich da niemand festlegen. Das Problem ist auch, dass man sich bei
der Etikettierung all der Entwicklungen in diesen etwa
dreihundert Jahren aufpassen muss, nicht auf die angebe-
rische und zum Teil auch aufschneiderische Rhetorik der
Zeit reinzufallen. Vermutlich blickten viele Humanisten

damals tatsächlich auf vergangene Epochen als Zeit des Aberglaubens und der Barbarei zurück – aber das heißt noch lange nicht, dass wir ihnen beipflichten müssen. Auch muss die Begeisterung für die Renaissance nicht mit der Geringschätzung der Gotik einhergehen.

Gerade die Künstlerfürsten der Renaissance, das muss man immer im Hinterkopf haben, waren Großmeister der Selbstdarstellung. Alles war neu! Tabula rasa! Neustart! Wir lieben solche einfachen, greifbaren Formeln und lassen uns gerne davon blenden. Raffael war nicht nur Herrscher über eine große Werkstatt voller Künstler, die unter seinem Label arbeiteten, sondern auch über eine Armee von PR-Leuten, die er dafür bezahlte, seinen Ruhm in die Welt zu tragen. Wenn er einen Auftrag annahm, ob es die Stanzen im Vatikan oder die Privaträume des Bankiers Chigi in der Villa Farnesina waren, darf man sich keinen konzentriert in Abgeschiedenheit werkelnden Künstler vorstellen. Das Ganze hatte eher die Dynamik einer heutigen Hollywood-Blockbuster-Produktion mit Raffael als Steven Spielberg – als Produzent, Regisseur und Impresario eine riesige Schule von Künstlern dirigierend. Das ist jedenfalls etwas, wofür die Renaissance als Wegscheide unumstritten ist: Der Status des Künstlers, weg vom Handwerker, hin zum Superstar, geschah hier. Obwohl. Schon der Bildhauer Giovanni Pisano (1250–1315) hatte einst in Pisa Porträts von sich selbst in seinen Kunstwerken untergebracht, Ähnliches hatten sogar, heimlich, bereits gotische Steinmetz-Genies vor ihm gemacht. Auch die Meister der Steinmetze aus Reims und Cluny reisten einst wie Stars durch Europa, um an Kirchen zu arbeiten, wenn auch nicht ganz so umjubelt wie die Troubadoure-Michael-Jacksons der Zeit. Wo fängt die Renaissance an? Wenn man humanistisches Selbstbewusstsein mit künstlerischem Exhibitionismus und Angeberei definiert, dann gab es auch das schon früher. Eines war aber tatsächlich neu: Die Künstler verabschiedeten sich endgültig von rein religiösen Motiven. In der Villa Farnesina hielt sich Raffael, der im Vatikan noch züchtig die Kirchenväter gemalt hatte, nicht mehr mit religiösen Motiven auf und zeigte stattdessen die neuen Pin-up-Stars: Amor und Psyche, griechische Götter. Und Botticelli wagte sich erstmals daran, Sex in die Kunst zu bringen. Seine Venus ist die erste Irina Shayk, jede Pore atmet Sex. Sie ist übrigens blitzeblank untenrum. Waxing anno 1500? Man orientierte sich an den antiken Statuen, und auf denen waren keine Schamhaare zu erkennen.

Das Trara der südländischen PR-Profis hat die Geschichtsschreibung dazu verleitet, beim Thema Renaissance hauptsächlich auf Italien zu starren. Auch das geht auf Burckhardts Kappe. Zum Teil ist das aber auch verständlich. Wenn wir als Renaissance die Wiederentdeckung der klassischen Antike bezeichnen, hilft es natürlich, sich in einer Gegend umzusehen, wo viele Überreste dieser Kultur reichlich vorhanden sind. Geschichtsschreibung geht dorthin, wo die Quellen sprudeln. Ein Problem der nördlichen Renaissance ist, dass viele der schönsten Kunstwerke aus den Niederlanden zum Beispiel den Bildersturm der Reformation nicht überlebt haben. Jan van Eyck († 1441) und Rogier van der Weyden († 1464) waren genauso bedeutend wie Raffael oder Michelangelo, aber von ihnen ist schlicht weniger überliefert. Antwerpen war zu der Zeit als Wirtschaftsmetropole ebenso wichtig wie Florenz, aber da nördliche Menschen nicht so laut sind wie Italiener, wurde schon damals weniger Bohei um ihre Künstler gemacht, sodass es weniger gibt, worüber Historiker sich heute beugen können.

Aber es stimmt schon, Norditalien war außergewöhnlich: außerordentlich früh von einem Netz wirtschaftlich und kulturell agiler Städte bevorteilt, außergewöhnlich früh mit einem funktionierenden Bankwesen ausgestattet, außergewöhnlich viele Menschen, die reich genug waren, um sich mit Prestige belohnen zu wollen. Das funktionierte über das Mäzenatentum, die Förderung der Künste. Also blühten hier die Künste auf einzigartige Weise. Was auch neu war, im Norden wie im Süden: Es war nicht mehr nur die Kirche, die Geld für Kunst in die Hand nahm, es waren auch reiche Privatleute, die ihr Geld mit Handel gemacht hatten. Aus einer Krämerfamilie wie den Medici konnten Päpste und französische Königinnen werden. Schon in früheren Epochen hatten sich künstlerische Moden – etwa zur Zeit der Gotik – buschfeuerartig verbreitet. Aber Prestige als Brandbeschleuniger der Kunst erhielt in der Renaissance eine völlig neue Dynamik. Der Grund: Durch Handel und Kreditwesen drängte eine neue Elite nach oben, die darauf bedacht war, ihren Status zu demonstrieren und sich möglichst gegenseitig auszustechen. Und das geschah freundlicherweise durch Pracht und durch Schönheit.

Es gibt noch einen gern unterschlagenen Grund, warum die Renaissance eine italienische Schlagseite hat: Im 15. und 16. Jahrhundert war es in ganz Europa «in», italienische Künstler zu beschäftigen. Künstler, die wenigstens schon einmal Italien bereist hatten, wurden als «hot shit» gehandelt. Ein König wie Matthias Corvinus von Ungarn (1443–1490, sein eigentlicher Name war Hunyadi, aber man gab sich eben lateinische Namen), hätte sich einen Hof ohne Künstler aus Norditalien gar nicht vorstellen können. Der Ruhm Italiens ermöglichte also auch einer Menge zweitklassiger Künstler, die in der Heimat nicht reüssierten, auszuschwärmen und im Ausland tätig zu werden …

UND WAS IST MODERNE KUNST?

Ab dem Moment, in dem sich der Künstler aus den ikonographischen Formvorgaben der Kirche befreite, ab dem Moment, als er anfing, sich als Künstlerpersönlichkeit zu begreifen, die eigene Ideen umsetzen wollte, wurde vom bloßen Handwerker zum genialen Regisseur, der die Botschaft der Kirche mit *seinen* Mitteln darzustellen und mit *seinen* persönlichen Einfällen zu würzen entschlossen war. Das geschieht bereits seit der späten

Gotik, kommt aber in der Renaissance richtig in Fahrt. Daher ist die vierte Station unserer Reise … nicht das Museum of Modern Art in New York, sondern wieder die San-Francesco-Basilika in Assisi. Die moderne Kunst beginnt mit der offen ausgelebten künstlerischen Freiheit, die sich ein Giotto um das Jahr 1290 herum erlaubte. Mit Giotto war die Tür zur künstlerischen Freiheit geöffnet. Der nächste, logische Schritt war, dass Künstler anfingen, das zu malen, was sie persönlich als Realität wahrnahmen. Im nächsten Schritt wurde die Kunst dann «malerisch», man ließ bewusst Pinselstriche stehen. Einer der Ersten, die das zaghaft wagten, war Tintoretto († 1635). Rembrandt konnte später schon mutiger sein, und das zunächst auch nur bei Selbstporträts oder bei Porträts ihm verständnisvoll zugetaner Gönner. In den 1770er Jahren, als der Klassizismus wieder in Mode kam, wurde er dafür als «Kleckser» verhöhnt.

Irgendwann fing man an, mit der Wahrnehmung zu spielen. Die Impressionisten im 19. Jahrhundert malten das Sehen selbst – und wurden zunächst dafür verhöhnt. Die Expressionisten malten nicht mehr, was sie sahen, sondern das, was sie fühlten. Als der todunglückliche Edvard Munch 1910 die letzte Version seines «Skrik» gefertigt und sein Innerstes nach außen gekehrt hatte, als Picasso und Braque aus mehreren Perspektiven gleichzeitig gemalt und Alltagsmaterialien in ihre Bilder integriert hatten (das einzig Logische im industriellen Zeitalter), als Malewitsch 1915 sein «Schwarzes Quadrat» und Mondrian ein paar Jahre später seine geometrischen

Muster präsentiert hatten, war der natürliche Endpunkt erreicht, den die Futuristen und Dadaisten konstatierten. Es blieb nur noch, Gegenstände aus der industriellen Massenproduktion zu Kunst zu erklären. Als Duchamps Pissoir im Museum landete, war das an Radikalität nicht mehr zu überbieten. Was nun folgte, bestand im Wesentlichen aus Wiederholungen. Darunter gab es natürlich noch das eine oder andere große Meisterwerk.

Ein Beuys, der die Theorie selbst, den intellektuellen Beipackzettel, zur Kunst machte, die abstrakten Expressionisten der Nachkriegsjahrzehnte, die Verherrlichung der Alltagskultur bei Warhol, die Graffiti-Kunst von Keith Haring und Jean-Michel Basquiat, die apokalyptischen Visionen von Anselm Kiefer, Videoinstallation, Happenings, echte Penner, Exkremente – all das waren gewaltige, abschließende Kommentare zum Ende der Kunstgeschichte. Irgendwann, möchte man meinen, ist ja auch alles gesagt.

Wenn man also einem Außerirdischen die Geistesgeschichte unserer Welt anhand von nur zehn Bildern begreifbar machen dürfte, was müsste man ihm zeigen? Hier zehn Vorschläge (darunter eine Ausnahme):

① **Die ersten Höhlenmalereien (um 40 000 v. Chr.)** … waren wahrscheinlich Teil eines Opferkultes.

② **Der Apollo in Belvedere (4. Jh. v. Chr.)** … steht stellvertretend für die antike Kunst.

③ **Ein keltischer Zeremonienhelm (3. Jh. v. Chr.)** ... muss hier stellvertretend für die Kunst eines der vielen von der Globalisierung verdrängten, längst verschwundenen Völker stehen.

④ **Die Kathedrale Notre-Dame von Reims (Baubeginn 1211)** ... ist wahrscheinlich das vollkommenste gotische Bauwerk schlechthin und steht daher stellvertretend für die christliche Kunst des Mittelalters.

⑤ **«Die Schule von Athen» von Raffael (1510–1511)** ... steht stellvertretend für die Loslösung von der christlichen Kunst.

⑥ **Die «Nackte Maja» von Goya (ca. 1800)** ... muss schon aus erotischen Gründen in diese Liste. Das erste natürliche, unverhohlen erotische Frauenbildnis der modernen Kunstgeschichte.

⑦ **Die Sonnenblumen von Vincent van Gogh (1888)** ... sind ideal, um Impressionismus (Eindrücke malen!) und Expressionismus (Eigenes ausdrücken!) an ihrem Scheitelpunkt zusammenzufassen.

⑧ **Das «Schwarze Quadrat» (1915) von Kasimir Malewitsch** ... war als Urbild gedacht, als Äquivalent zum aus dem Nichts entstehenden Etwas, wurde aber zum Symbol für den Anfang vom Ende der Kunst.

⑨ Mit **Andy Warhols «Campbell's Tomato Juice Box» (1964)**, … einer tatsächlich im Supermarkt erworbenen Kiste mit Tomatensaft, die Warhol 1964 erstmals in der Galerie Castelli ausstellte, trat der Künstler (wieder?) komplett hinter das Objekt zurück. Kunst ist jetzt Massenware.

⑩ **Terrence Malicks Film «The Tree of Life» (2011).** Über Kunst zu reden, ohne die darstellerische Kunst erwähnt zu haben, ist absurd. Daher hier, stellvertretend für alle großen Bühnenstücke und Filmepen, dieses eine zeitgenössische Werk des total durchgeknallten Kino-Genies aus Illinois (USA).

«Alles in allem hat die Erfindung der Maschinen die Teilung der Arbeit innerhalb der Gesellschaft gesteigert, das Werk des Arbeiters innerhalb der Werkstatt vereinfacht, das Kapital konzentriert und die Menschen zerstückelt.»

KARL MARX

Kapitel sieben

VON ADAM ZU APPLE

Die tollsten *Erfindungen* ... die uns nur leider nie glücklich gemacht haben

Über Erfindungen zu schreiben ist im wörtlichen Sinn scheiße. Wenn man ernsthaft über die wichtigsten technischen Errungenschaften des Menschen sprechen will, muss man nämlich zunächst einmal über Verdauung reden. Die mit Abstand wichtigste Entdeckung des Menschen war die Technik, Feuer zu bändigen. Das erlaubte unseren frühesten Vorfahren, von Rohkost auf leichtverdauliches Fleisch umzusteigen, dadurch wurden unsere Därme über Generationen immer kürzer, weniger Zeit und Energie wurde auf die Verdauung verwendet, dafür stand mehr Energie für das Wachstum unserer Hirne zur Verfügung. Ohne die Schlüsseltechnologie der Feuerbändigung, da haben die Griechen mit ihrem Prometheus-Mythos schon recht, wären wir niemals zu dem geworden, was wir sind. Wann genau das geschah, ist nicht ganz klar, wir wissen nur, dass vor etwa 300 000 Jahren Feuer vielerorts bereits zum Alltag gehört hat. Zuallererst wahrscheinlich im heutigen Südfrankreich, Franzosen schätzen eben eine warme Mahlzeit. Das katapultierte den Menschen nach vorn. Der letzte große Innovationsschub – der Speer zur Verteidigung vor wildem Tier – lag da schon lange zurück, mindestens 100 000 Jahre.

Nach der Bändigung des Feuers gab es Waffen nicht mehr nur zur Verteidigung vor wilden Tieren, sondern zur Jagd auf selbige. Es gab Messer und immer neue, anspruchsvollere Werkzeuge. Von etwa 30 000 v. Chr. an kommen die Innovationen in schnellerem Takt: Pfeil und Bogen, Hightech-Waffen, 2000 Jahre später die Lampe, der Topf, das Fischernetz. Ab etwa 10 000 v. Chr., ab der landwirtschaftlichen Revolution, explodiert die Zahl der Innovationen, sie folgen einander nun in rasendem Tempo, zwischen der Verbreitung des Pflugs (ab etwa 4500 v. Chr.), des Rads (ab etwa 4000 v. Chr.) und des Jochs (um 3500 v. Chr.) liegen nur noch wenige Jahrhunderte. Die Abstände zwischen den bahnbrechenden technologischen Durchbrüchen werden immer kürzer. Man kann sich den Takt des Fortschritts wie eine Art Tonsignal vorstellen: Jeder bahnbrechende technologische Fortschritt ist ein Ton. Erst sind die Abstände zwischen den Tönen endlos lang, allmählich werden die Abstände immer kleiner, bis sie plötzlich in schnellerem Takt kommen. Ein bisschen wie bei einem Parksensor, nur eben über Millionen Jahre hinweg. Erst alle Millionen Jahre ein Ton, dann alle 500 000 Jahre, dann alle 10 000 Jahre, alle tausend, alle hundert und so weiter. Bis es kaum noch Abstände zwischen den Tönen gibt – Dampfmaschine 1769, mechanischer Webstuhl 1786, Batterie 1799 – und schließlich die Signale im Stakkato kommen: Computer 1941, Atomreaktor 1942. Irgendwann wird das Tonsignal durchgängig sein. Was das bedeutet, ist eine Frage, die derzeit unter amerikanischen Intellektuellen heiß diskutiert wird. Populär ist die Theorie, dass dies der Moment der sogenannten technologischen Singularität sein wird.

Ray Kurzweil, der Hausphilosoph von Google – er trägt dort den offiziellen Titel «Director of Engineering» –, glaubt fest daran. Er ist überzeugt, dass uns im Moment der Technologischen Singularität die Maschinen überholen werden. Nicht mehr wir beherrschen dann unsere Technologien, sondern sie beherrschen uns. Kurzweil behauptet, errechnet zu haben, dass der durchgehende Ton im Jahr 2050 erreicht sein wird. Ab dann werde es künstliche Intelligenzen geben, die selbst in der Lage sind, neue Superintelligenzen zu schaffen, die wiederum neue, noch überlegenere Superintelligenzen schaffen. Computerprogramme, die selbständig hinzulernen und ohne Anweisung eigene Verbindungen und Module herstellen, gehören derzeit zu den Forschungsgebieten im Silicon Valley, in die am meisten Geld investiert wird. Google kauft seit 2010 im Zweimonatsrhythmus Robotik- und Artificial-Intelligence-Firmen. 2015 brachte die amerikanische Investmentbank Merrill Lynch eine interne dreihundert Seiten lange Studie heraus, die Robotik als Schlüsseltechnologie der Zukunft identifizierte. Die Expertenstudie lässt keinen Zweifel daran, dass die Robotik zu den großen technologischen Revolutionen der Neuzeit gehört, in einer Reihe mit Dampfmaschine, Massenproduktion und Elektronik. In den meisten Industrieländern, prognostiziert die Studie, werden bis zum Jahr 2040 etwa die Hälfte aller heute noch existierenden Jobs in der Industrie durch Roboter ersetzt werden. In manchen Industrien werde das aber noch sehr viel schneller gehen, etwa in der Werkzeug-, Automobil- und Nahrungsmittelindustrie. Auf lange Sicht, sagt Timotheus Höttges, der Chef der Deutschen Telekom, «werden alle physischen Arbeiten komplett durch Maschinen erledigt werden».

Der britische Wirtschaftswissenschaftler John Maynard Keynes sagte bereits 1930 voraus, dass in einhundert Jahren die wöchentliche Arbeitszeit auf fünfzehn Stunden reduziert sein würde, der Rest wäre Freizeit. Was er nicht ahnte: Die Weltbevölkerung steigt rasant an, derzeit alle zwölf Jahre um eine Milliarde. Gleichzeitig werden aber immer weniger Menschen gebraucht. Unsere westliche Gesellschaft, die über die letzten Jahrhunderte immer sozial gerechter wurde, wird also zwangsläufig mit neuen Dimensionen der zu Ernährenden umgehen oder neue Ungleichheiten ertragen müssen. Medizinische Fortschritte drohen die Spaltung in Arm und Reich weiter zu verschärfen, sie tun es eigentlich heute schon. Es ist ein großer Unterschied, ob man an einer ernsten Krankheit in der Ukraine leidet oder in Deutschland mit Komplett-Versicherung oder in Amerika als Multimillionär. Die jüngsten Fortschritte in der Medizin und der Gentechnik werden diesen Trend noch weiter verstärken.

Der Mensch manipuliert seine Umwelt seit mindestens zehntausend Jahren mit unfassbarem und rasant ansteigendem Geschick. Wir sind nicht nur in der Lage, Krankheiten auszuradieren, erstmals in unserer Geschichte können wir sogar beim Akt des Schöpfens konkret mitmischen. Das bestimmende Credo im Silicon Valley, dem Kreativzentrum der technologischen Welt, lautet: «Alles, was technisch möglich ist, ist gut.» Yuval Harari spricht davon, dass wir drauf und dran sind, die Begrenzungen des Homo sapiens sapiens hinter uns zu lassen und uns in ein völlig neues Wesen zu verwandeln. Er sagt: «Vielleicht wird es eines Tages Wesen geben, die auf uns mit der gleichen Arroganz blicken werden, wie wir einst auf die Neandertaler geschaut haben.» Von einem Mensch 2.0 spricht auch der Google-Prophet Ray Kurzweil. Die *next frontier*, nach der genetischen Optimierung des Menschen ist eine Entwicklung hin zum Cyborg. Cyborgs sind Wesen, die durch biochemische, physiologische oder elektronische Modifikationen verändert sind. Streng betrachtet, umgeben uns Cyborgs bereits heute: Menschen mit Roboterhänden etwa oder modernen Hörimplantaten. Die US-Navy experimentiert mit neuronalen Implantaten in Tieren. Die Idee ist, eines Tages das Verhalten von Tieren steuern zu können, Cyborg-Haie zur Unterwasserkriegsführung etwa. Google X investiert Milliarden in Nanotechnologie. Die Anwendungsgebiete sind sowohl aus militärischen als auch medizinischen Gründen sehr interessant. Denkbar sind zum Beispiel Nanopartikel, die man in einer Tablette schluckt und die dann im Blut Krebszellen aufspüren, weit bevor sich Tumore bilden. Das Projekt, das die «Scientific Community», wie sich die Gilde der Wissenschaftler stolz nennt, um Kurzweil & Co.* am meisten elektrisiert, ist der Traum von der Schnittstelle zwischen Gehirn und Computer. Es ist bereits möglich, dass Computer elektrische Signale des menschlichen Gehirns lesen und verarbeiten und so zum Beispiel Roboterhände steuern. Der nächste Schritt wird es sein, Gehirne miteinander zu vernetzen. Man wird Gehirne auf Festplatten runterladen und diese an Laptops anschließen können. Harari fragt: «Was passiert mit dem menschlichen Gedächtnis, dem menschlichen Bewusstsein und der menschlichen Identität, wenn das Gehirn unmittelbaren Zugang zum grenzenlosen kollektiven Gedächtnis der Menschheit hat? Ein solcher Cyborg wäre kein Mensch mehr und nicht einmal mehr ein Organismus. Er wäre etwas völlig Neues.»

Unsere Väter konnten noch Aussagen über die Zukunft machen, die auch für uns galten. Wenn ich meinen Vater

---

* Die Truppe trifft sich übrigens auf der Debatten-Plattform http://edge.org/ und hinterlässt dort ihre jüngsten Aufsätze und Diskussionsbeiträge.

als Zehnjähriger fragte, in welcher Welt ich mit fünfzig leben würde, konnte er mir noch eine ziemlich gute Prognose geben, auch wenn Handys und Taschencomputer sicher nicht auf seinem Radar waren. Aber wenn mich meine Söhne fragen, wie die Welt in vierzig Jahren aussehen wird, weiß ich nur, dass sie komplett anders sein wird als heute. «Erstens kommt alles anders und zweitens, als man denkt», sagt meine Mutter. Nie war das zutreffender als heute. Als Max Planck 1874 Physik studieren wollte, riet man ihm ab. In der Physik galt alles Wesentliche als erforscht. Dann studierte er doch Physik und stellte alles auf den Kopf, was je gelehrt wurde. Seitdem wissen wir, dass in den Atomen selbst ganz andere Naturgesetze herrschen als in unserer sichtbaren Welt. Und dann kam Einstein und krempelte noch mal alles um. Seither wissen wir, dass sich Räume krümmen und dehnen, alle bekannten Zeitgesetze sind außer Kraft gesetzt. Die Geschwindigkeit, mit der die Welt in den vergangenen fünfzig Jahren durch technischen Fortschritt verändert wurde, ist beängstigend und ermutigend zugleich. Zwischen Albert Einsteins Entdeckung, dass sich Masse in Energie umwandeln lässt, und der Einäscherung Hiroshimas und Nagasakis vergingen gerade mal vierzig Jahre. Man möchte sich kaum vorstellen, wie bei der explodierenden Geschwindigkeit des Fortschritts die Welt in fünfzig Jahren aussehen wird.

Der Mensch ist inzwischen tief in die Geheimnisse der Natur eingedrungen. Als Schlüsseldatum gilt die Entschlüsselung des menschlichen Erbgutes im Jahr 2003. Kaum zehn Jahre später existierte bereits eine Technologie, CRISPR-Methode genannt, mit der man in jedem drittklassigen Labor präzise Sequenzen der DNA ansteuern kann, um dort zielsicher ein bestimmtes Gen auszuschalten. Seither können, ohne großen und teuren technologischen Aufwand, Erbkrankheiten ausgeschaltet und tierische Ersatzteillager für menschliche Organe geschaffen werden. Es hat eine Epoche begonnen, in der der Mensch die biologischen Gegebenheiten seiner Welt mitbestimmt. Es gibt sogar einen Fachausdruck für dieses Zeitalter: das Anthropozän – das Zeitalter des Menschen. Demnach leben wir nicht mehr im Holozän, das vor etwa 12 000 Jahren begann, als das Klima der Erde erwärmte und uns so eine gemütliche Zeit auf diesem Planeten ermöglichte, sondern in einem neuen Zeitalter, in dem der Mensch die Sache mit der Natur selbst in die Hand nimmt. Das beschränkt sich nicht nur auf die Biologie. Es gibt – Stichwort Geo-Engineering – bereits Modelle, wie man die klimatischen Prozesse der Erde manipulieren kann, um die aufgeheizte Erdatmosphäre abzukühlen.

Das hört sich wie eine großartige Leistung an. Manche erfasst das geradezu mit Euphorie. Dennoch sollten wir uns auf unsere Herrschaft über die Natur nicht zu viel einbilden. Die Spuren, die wir auf der Erde hinterlassen – Entwaldung, globale Erwärmung, die Auslöschung der Arten und vieles mehr –, sind ja «Nebenprodukte unserer Dominanz», wie es der in Berlin lebende englische Philosoph Stephen Cave nennt, der sich ebenfalls in die Anthropozän-Debatte* eingeschaltet hat. «Das Anthropozän ist Beweis unserer Überlegenheit und zugleich unseres Scheiterns», sagt er. Cave hat auch eine Antwort auf die interessanteste Frage in diesem Zusammenhang: Woher rührt der Erfindungsgeist, der uns überhaupt so weit gebracht hat? Im Kern, sagt Stephen Cave in seinem Buch «Unsterblich», geht es um die ewige Sehnsucht des Menschen, den Tod zu besiegen. Das sei die Triebkraft der gesamten menschlichen Zivilisation. Der menschliche Überlebenskampf, schreibt Cave, werde oft für etwas Mystisches oder Metaphysisches gehalten, dabei sei es das Natürlichste auf der Welt: «Der gewaltigste Berg erduldet die Erosion ebenso passiv wie das kleinste Sandkorn am Meeresstrand. Aber selbst der winzigste Organismus kämpft mit allem, was er hat, gegen den Ansturm der Elemente und der Feinde (…) Jede Katze, jeder Baum und jeder Mistkäfer, denen wir begegnen, existieren nur, weil ihre Vorfahren die Besten waren, wenn es darum ging, sich selbst und seine Nachkommen zu erhalten. (…) Die apathische Maus, die keine Anstrengung unternähme, um sich vor Schlangen und Eulen zu ver-

* Stephen Cave: «The age of Anthropocene. Masters of the Earth», Financial Times, London, 13. Dezember 2014.

stecken, würde rasch gefressen, und mit ihr stürben auch ihre Gene.» Cave beschreibt den Menschen letztlich als geniales, ein wenig überbegabtes Tier. Das erinnert an den großen Atheisten und Evolutionsbiologen Richard Dawkins, der uns recht unsentimental als «Überlebensmaschinen» bezeichnet. Mit «uns» meint Dawkins aber nicht nur Menschen, sondern auch Tiere, Pflanzen, Bakterien und Viren, alle Organismen, einschließlich der Erde selbst. Wird der Mensch es also schaffen, sich dank seiner technischen Finesse unsterblich zu machen? Unwahrscheinlich. Aber viele seiner Bemühungen scheinen darauf hinauszulaufen.

DAS LABOR EUROPA

Der Forschergeist ist etwas zutiefst Menschliches und existiert seit dunkelster Frühgeschichte. Die ersten Hochkulturen, in denen sich Erfinder nützlich machen konnten, lagen in China und zwischen Euphrat und Tigris. Als Geburtsstätte der modernen Wissenschaft gilt das alte Griechenland. Die Römer galten als grandiose Nutzer neuester Technologien, und die Mauren des frühen Mittelalters waren, was Hightech, Straßenbeleuchtung, Kanalisation, Hoch- und Tiefbau anging, ebenfalls sogenannte «early adopters». Woran lag es aber, dass ausgerechnet Europa eine derart explosive Dynamik entfaltete? Weizenzucht mag eine Erfindung des Orients sein, die Nutzbarmachung auch minderer Böden, die Dreifelderwirtschaft und die Industrialisierung von Landwirtschaft geschahen in Europa. Erfunden wurde das Geld von den Phöniziern. Systematisiert wurde der Gebrauch in Europa. Erfunden wurde das Bankwesen in Mesopotamien, auch Muslime des 12. Jahrhunderts kannten systematische Leihgeschäfte, die ersten großen Bankhäuser aber standen in Norditalien. Schießpulver ist eine Erfindung der Chinesen, aber die gebrauchten das hauptsächlich für Feuerwerke. Sprengmaterial, das bunt ist und knallt, zum systematischen, geradezu industriellen Töten zu nutzen, darauf mussten Europäer kommen. Warum geht man in Europa allem doppelt und dreifach auf den Grund und perfektioniert und industrialisiert alles, was einem in die Hände gelangt?

Karl Jaspers hat da ja eine originelle These: Die Geisteshaltung, alles aufbohren und untersuchen zu müssen, ist für ihn tief in der christlichen Mentalität des Mittelalters angelegt. Normalerweise assoziiert man immer das antike Griechenland mit dem typisch europäischen Erfinder- und Forschergeist. Doch sosehr die alten Athener mit Mathematik, Geometrie, Astronomie, Medizin und anderen Naturwissenschaften glänzten, war das alles, wie man schon bei Finley nachlesen kann, für die versnobten Griechen eher vergnüglicher Selbstzweck und aristokratisches Hobby. Wenn ein antiker griechischer Denker wissenschaftlicher Arbeit nachging, dann, weil er eine edle Beschäftigung zur Muße suchte – nicht aus ernsthaftem Interesse, dieses Wissen auch praktisch anzuwenden. Platon zeigt auf dem Fresko der «Schule von Athen» aus gutem Grund in die Wolken. Es geht ihm um Ideale und hochtrabende Ideen, nicht um den Dreck und Staub der Realität. Im christlichen Mittelalter hingegen sei Forschung ein quasireligiöser Akt gewesen. Tatsächlich waren die Klöster des Mittelalters, nach dem Zerfall des alten Römischen Reiches, Oasen der Bildung und Wissenschaft. Karl Jaspers schreibt: «Das Ethos der biblischen Religion fordert Wahrhaftigkeit um jeden Preis (…) Erkennen ist wie ein Nachdenken der Gedanken Gottes. Und Gott ist – nach Luthers Wort – als Schöpfung auch im Darm einer Laus gegenwärtig (…) Gott mit seinem unbedingten Wahrheitsanspruch will nicht durch Illusion ergriffen werden.»

Das Bild von der Wissenschaftsfeindlichkeit des christlichen Mittelalters wird schnell als Klischee entlarvt, wenn man auf die großen Gelehrten der Zeit schaut, Albertus Magnus zum Beispiel, der Lehrer des heiligen Thomas von Aquin. Der schwäbische Kleinadelige wurde um 1200 geboren, machte Karriere in der Kirche, kam an die Universität von Paris, lehrte dort die Logiklehre des Aristoteles und gründete später die Klosterschule von Köln, aus der die Universität der Stadt hervorging. Oder auf Forscher wie Roger Bacon, ein Zeitgenosse von Albertus Magnus und Thomas von Aquin, ebenfalls Kirchenmann, ein Franziskanermönch in Oxford. Er war das größte Forschergenie seiner Zeit und gilt als der Erfinder empirischer Methodik. Er benannte vier Dinge, die dem Menschen Wissen versperren: 1. zu viel Respekt vor Autorität, 2. Gewohnheit, 3. Abhängigkeit von der Meinung anderer und 4. Unbelehrbarkeit. Er war radikaler Christ, liebäugelte sogar mit Mystik, aber dank seiner Methodenlehre gilt er als erster Wissenschaftler der Neuzeit. Er war ein Aufklärer, Jahrhunderte bevor der Begriff von Atheisten gekapert wurde. Roger Bacon war ein Schüler von Robert Grosseteste, der aus allerärmlichsten Verhältnissen stammte, zum englischen Bischof aufstieg und als Erforscher von Naturphänomenen wie Optik, Klima und Zeit und als Meister der aristotelischen Logik berühmt wurde.

Aus dem «Antasten Gottes», wie Jaspers es nennt, wurde in der Aufklärung, als sich Europa vom Ballast der religiösen Tabus zu lösen begann, die direkte Herausforderung Gottes. Bis man ihn schließlich ganz beiseitelassen konnte und sich in die Position des Schöpfers versetzte. Ein Thema, das die Menschen seit jeher in ihren Mythen und Erzählungen ausgeleuchtet haben.

DIE SACHE MIT DER WELTFORMEL

Der Rückgriff auf halb historische, mündlich überlieferte und legendenhafte Geschichten ist für den Verfasser eines Geschichtsbuchs kein Notausgang. Es ist eben manchmal schlicht so, dass in Legenden verdichtet mehr Wahrheit steckt als in akkuraten Faktenansammlungen.

Die älteste überlieferte Dichtung der Welt ist das babylonische Gilgamesch-Epos. Es geht darin um den fähigsten Menschen der Welt, einen König, der alles besitzt und jeden Feind besiegt. Eines Tages stirbt sein bester Freund. Da beschließt er, den Tod zu besiegen. Er geht bis ans Ende der Welt, kämpft mit Riesen und Skorpionenmenschen, es gelingt ihm tatsächlich, die Pflanze der ewigen Jugend zu ergattern. Doch am Ende der Geschichte wird sie ihm gestohlen. Von einer Schlange. Er muss in seine Heimatstadt Uruk zurück, wo eine Wirtin ihm in der Bar die Leviten liest und ihm klarmacht, dass er das Leben im Hier und Jetzt genießen soll und gefälligst den Tod zu akzeptieren hat, statt rumzujammern. Gilgamesch wäre schon früher auf diese Erkenntnis gekommen und hätte sich all die Abenteuer sparen können, wenn er gleich in die Bar zu der Schankwirtin gegangen wäre … Aber ohne all die Abenteuer wäre auch seine Geschichte nur halb so gut. Die Geschichte von Adam und Eva geht bekanntlich nicht so gut aus. Da wird unser Drang, allwissend und gottgleich zu sein, streng bestraft. Und wenn die Geschichte von Prometheus stimmt, dann war die Strafe für den Mann, der uns das Feuer und den Fortschritt auf die Erde brachte, auch ziemlich heftig: an einen Felsen im Kaukasus gekettet, und jeden Tag pickt ein Adler an seiner Leber.

Dostojewski hat sich auch einmal an das Thema gewagt. Ihn beschäftigte die Frage, warum der Mensch so versessen darauf ist, die Natur zu beherrschen. Im berühmten Monolog des Großinquisitors in seinem Roman «Die Brüder Karamasow». Die Szene spielt am Höhepunkt der spanischen Inquisition: Die Scheiterhaufen in Sevilla glühen, als Jesus Christus plötzlich beschließt, auf die Erde zurückzukommen. Dostojewski lässt Christus – er wird sofort erkannt – durch die Straßen Sevillas gehen … und von den Wachen des Bischofs, des Großinquisitors, festnehmen. Christus wird in den Kerker geworfen. Nachts öffnet sich die Kerkertür, der Großinquisitor stellt seinen Kerzenleuchter ab und fängt an, auf Jesus einzureden. Der Kirchenmann legt es Gott zur Last, dass er eine Welt geschaffen hat, in der Leid herrscht. Gott hat sich ja geweigert, dem Menschen ein irdisches Paradies zu bescheren. Was bleibt dem Menschen dann anderes übrig, als die Sache selbst in die Hand zu nehmen? Für Fjodor Dostojewski ist der Wissensdurst des Menschen ein Akt der Auflehnung gegen die mangelhafte Schöpfung Gottes. Bevor der Großinquisitor seinem Gefangenen eröffnet, dass er ihn am nächsten Tag hinrichten lassen wird, beschreibt er Jesus eine Zivilisation der Zukunft, in der die Wissenschaft alles neu machen wird: «An der Stelle deines Tempels wird man ein neues Gebäude errichten, man wird erneut den schrecklichen Turm von Babylon errichten.» Wie könnte so ein Tempel heute aussehen? Vielleicht wie ein Gentechnik-Labor?

Mein Freund Yuval Harari hält den 1818 erschienenen Roman «Frankenstein» von Mary Shelley für die bedeutungsvollste Erzählung unserer Zeit. Der exakte Original-Titel lautete übrigens «Frankenstein or: The Modern Prometheus». Wie bei der Prometheus-Sage geht es um die Herausforderung der Götter, um die Frage, ob der Mensch Teil der Natur ist oder ihr Herr. In der griechischen Mythologie ist Prometheus ein Held, auch wenn er für sein Heldentum bitter leiden muss. Mary Shelley stellt den Wissens- und Schaffensdrang des Menschen als Fluch dar, ihre Romanfigur Victor Frankenstein, der es bereut, ein Monster erschaffen zu haben, ist alles andere als ein Held. Irgendwann jagt Victor Frankenstein sein Geschöpf durch halb Europa, um es zu töten. Am Ende stirbt er selbst. Die letzte Szene spielt auf hoher See. Das Monster findet seinen Schöpfer tot vor, verzweifelt im Moment seines Sieges, und stürzt sich in die dunklen Fluten des Meeres.

Vielleicht sollte man statt so einer düsteren Geschichte lieber Friedrich Dürrenmatt das letzte Wort lassen. In seinem Theaterstück «Die Physiker» (1962) entdeckt ein Professor Möbius die Weltformel und lässt sich in eine Nervenklinik einliefern, damit sie nicht in falsche Hände gerät. In der geschlossenen Abteilung trifft er auf Newton und Einstein, die ihm die Formel stehlen wollen. Am Ende verzichten sie gemeinsam darauf und vernichten sie. Wenn das für Sie ein Happy End ist, bitte weiterlesen. Wenn nicht, dann bitte die Fußnote beachten.[*]

Hier nun die überfällige Auflistung der wichtigsten Erfindungen der Menschheit. Ich habe bewusst Erfindungen, Entdeckungen und technische Innovationen

---

[*] PS: Die Chefärztin hat Möbius' Aufzeichnungen zuvor kopiert.

zusammengewürfelt, wir wollen da bitte nicht zu haar-spalterisch sein:

① **Der Faustkeil.** Vor ca. 1,75 Millionen Jahren tauch-ten erstmals simple Steinwerkzeuge auf. Sie wurden hauptsächlich verwendet, um Knochen zu knacken. Dem folgte lange nichts. Der frühe Mensch war sehr ge-nügsam.

② **Die Bändigung des Feuers.** Wann und wo einem Homo sapiens es zum ersten Mal gelang, Feuer zu ma-chen, ist ungewiss. Vor circa 300 000 Jahren aber scheint Feuer bereits zum Alltag gehört zu haben. Kein Wun-der, dass dies in der Mythologie ein so großes Thema ist (google Prometheus!).

③ **Das Boot.** Vor circa 45 000 Jahren wagten sich zum ersten Mal Menschen auf das Meer – eigentlich ein unfassbar mutiger Schritt, es muss sich wie das Betre-ten einer vierten Dimension angefühlt haben. Wieder hatten wir die Natur ausgetrickst. Segel gibt es ab etwa 3000 v. Chr., Kompasse seit 475 v. Chr.

④ **Die Weizenzucht.** Die landwirtschaftliche Revo-lution (vor ca. 12 000 Jahren) sorgte für eine Innova-tionsexplosion. Mit der systematischen Landwirtschaft betritt ein wichtiger Akteur die Weltbühne: Zeit. Jägern und Sammlern war die Uhrzeit egal, für Bauern wurden Tages- und Jahreszeiten lebenswichtig.

⑤ **Das Schießpulver.** Um das Jahr 800 verwendete man in China schon Schießpulver, hauptsächlich zum Spaß, für Feuerwerke. Später auch für Minen. Die Idee, die Technik für Waffen zu gebrauchen, hatten erstmals Europäer, fast sechshundert Jahre später. Es veränderte die Kriegsführung für immer.

⑥ **Der Buchdruck.** Vor der Erfindung des Buchdrucks waren Schreiber (und Leser) ein sehr spezieller Menschenschlag. Man näherte sich dem Geschriebenen mit größter Ehrfurcht. Nach der Verselbständigung der Lettern in Europa ab 1450 konnte und durfte bald jeder schreiben, inklusive Hater und Trolle.

⑦ **Die Dampfmaschine.** Ab 1769 schränkt begrenzte Muskelkraft die Wirtschaft nicht mehr ein. Zunächst profitiert die Textilindustrie. Großbritannien wird zur Werkstatt der Welt. 1825 verwendet ein britischer Ingenieur die Technik, um Kohle aus einem Bergwerk zu transportieren. Die erste Dampflokomotive fährt ab, fünf Jahre später existiert die erste Zugverbindung zwischen Liverpool und Manchester. Es entstehen immer raffiniertere Methoden, wie die Atomkraft, um eine Form der Energie in eine andere zu übersetzen.

⑧ **Die Schrift.** Die allererste Schrift (ca. 8000 v. Chr.) war dazu da, Behälter so zu markieren, dass man erkennen konnte, was darin war. In den frühen Hochkulturen (ab etwa 4000 v. Chr.) wurde Schrift immer mehr zu

einer der Priesterelite und hohen Hofbeamten vorbe-
haltenen Geheimwissenschaft. «Schrift für alle» gibt
es erst, seitdem es phonetische Alphabete gibt (ab ca.
1000 v. Chr.). Alphabet-basierte Schriften sind dank
ihrer Einfachheit (maximal fünfundzwanzig Schriftzei-
chen) von jedem erlernbar.

⑨ **Die Coca-Cola.** 1894 wird Coca-Cola erstmals in
Flaschen abgefüllt. Man könnte an dieser Stelle ebenso
gut Henry Fords T-Modell von 1908 nennen. Das für alle
verfügbare Konsumgut ist der Beginn einer Weltrevolu-
tion. Produziert wird nicht mehr für kleine Eliten, sondern immer mehr und für alle.

⑩ **Der Computer.** Der Computer verdankt seine Existenz dem Militär. Schon 1833 baute der britische Mathematiker Charles Babbage seine «Analytical Engine»,
um das Berechnen nautischer Tabellen zu erleichtern.
Die erste Generation elektronischer Computer wird
von Amerikanern, Ende des Zweiten Weltkriegs, für den
US-Generalstab entwickelt. Computertechnik ließ uns
das menschliche Erbgut entschlüsseln, das All erobern
und erlaubte uns die komplette digitale Vernetzung.

«Es gibt Ungeheuer, aber die sind zu wenig, als dass sie wirklich gefährlich werden können. Wer gefährlicher ist, das sind die normalen Menschen.»

PRIMO LEVI,
SCHRIFTSTELLER UND HOLOCAUST-ÜBERLEBENDER

Kapitel acht

DIE MONSTER AG

**Über das *Böse* in der Geschichte –
und warum wir so fasziniert davon sind**

Ein Abend im April 1889 im Innviertel Oberösterreichs. Eine Frau bangt um das Leben ihres gerade entbundenen Kindes. Der besorgte Arzt beugt sich über die von Weinkrämpfen geschüttelte junge Frau. Drei Kinder hat sie bereits verloren. Gustav, Ida und Otto sind im Kleinkindalter gestorben. Innerhalb von nur zwei Monaten. Bei zweien war es Diphtherie; das dritte Kind verstarb bereits als Säugling. Die Frau hat fürchterliche Angst vor ihrem Mann. «Wissen Sie, was er nach der Geburt von Otto sagte?», fragt sie den Doktor. «Er kam ins Zimmer, sah auf Otto und sagte: ‹Warum müssen alle meine Kinder solche Schwächlinge sein?›» Nach einer Weile kommt der Mann herein, nach Alkohol stinkend, mit Kaiser-Franz-Joseph-Bart. «Der ist ja noch kleiner, als Otto war», raunzt er. Er wird vom Arzt zurechtgewiesen, die Frau bricht erneut in Tränen aus. «Ich habe monatelang jeden Tag gebetet, dass dieser hier überlebt», sagt sie heulend. Ihr Mann schimpft: «Hör auf zu weinen!»

Die Pointe dieser Geschichte – sie ist von Roald Dahl – ist, dass das Neugeborene überlebt und es sich bei dem Kleinen um einen Jungen namens Adolf handelt. Das erfährt der Leser aber erst ganz zum Schluss. Er soll über sich erschrecken, weil er bis zuletzt mit einem Baby mitzittert, das einmal als Adolf Hitler Millionen Menschen den Tod bringen sollte. Die Erzählung Roald Dahls ist zwar fiktiv, aber insofern realistisch, als dass Alois Hitler senior, unehelicher Sohn der Anna Maria Schicklgruber, tatsächlich ein gewalttätiger Alkoholiker und Tyrann gewesen sein soll. Aber so sicher kann man sich da nicht sein. Adolf Hitler hat systematisch über seine Familie und seine Abstammung gelogen und versucht, Spuren zu verwischen, deshalb ist es nicht ganz leicht, seine Kindheit zu rekonstruieren. In seiner komplett verlogenen Autobiographie «Mein Kampf» beschreibt er seine Eltern nur schemenhaft. Seinen Vater nennt er zum Beispiel einen simplen «Postoffizial». Er tut das, um seiner eigenen Erzählung vom einsam-eisigen Aufstieg von ganz unten mehr Glaubwürdigkeit zu verleihen. Aber Hitlers Abgleiten in prekäre Verhältnisse, sein Schicksal als erfolgloser, arbeitsloser Maler in Wien, war selbst gewählt. In der Schule war er ein Komplettversager. Hitler war bereits als Teenager arbeitsscheu – um sein eigenes Vokabular zu verwenden. Hitlers Vater hingegen hatte es für jemanden aus dem damals rückständigen Waldviertel Niederösterreichs relativ weit gebracht. Der Senior war ein in Linz angesehener und hochbezahlter Zollbeamter. Als er starb, standen in der Lokalpresse ihn ehrende Nachrufe. Das passte natürlich nicht in Hitlers Legende vom einsamen Kampf des Mannes von ganz unten gegen das Kartell der Bourgeoisie. Seine Mutter passte schon eher in das von Hitler selbst gemachte Bild seiner einfachen Kindheit. Sie stammte tatsächlich aus dem Lumpenproletariat und war Magd gewesen. Bevor sie den Zollbeamten Alois Hitler heiratete, hatte sie für ihn das Haus geputzt. Für ihn war es bereits die dritte Ehe. Um den Vater von Hitlers Mutter ranken sich wilde Gerüchte. Als Reichskanzler verbat sich Hitler alle Veröffentlichungen über seine Familie und sein Privatleben. Als ihm 1942 berichtet wurde, dass sich im Dorf Spital, wo sein Großvater herstammte, eine Gedenktafel für ihn finde, bekam Hitler einen seiner berühmten Wutanfälle.

Hitlers jüngere Schwester Paula starb erst 1960 mit vierundsechzig Jahren in Berchtesgaden. Umsorgt, so seltsam es klingen mag, von einer Exfreundin Hitlers, die er vor vielen Jahren verlassen hatte, die ihn aber offenbar dennoch so verehrte, dass «Mizzy» Reiter sich nach dem Krieg um Paula kümmerte. Die Verhörprotokolle der US-Army mit Paula Hitler sind in den National Archives von Washington, D. C., einsehbar. Als amerikanische Truppen sie 1945 festnahmen, mussten sie Paula nach mehreren ausführlichen Befragungen bald wieder freilassen. Sie hatte die meiste Zeit auf dem Obersalzberg gelebt, aber man konnte ihr weder persönliche Vergehen nachweisen, noch war sie Parteimitglied gewesen. Unmittelbar nach dem Krieg arbeitete sie in einer Kunsthandlung in Wien, zuletzt lebte Paula als Fürsorgeempfängerin in einer Sechzehn-Quadratmeter-Wohnung in Berchtesgaden. Über Hitlers Verwandtschaft weiß man nur wenig. Es gibt genau ein Buch über seine Familie, zwei Zeitschrifteninterviews aus den fünfziger Jahren und einen Dokumentarfilm. Adolf Hitlers letzte Verwandte leben in Großbritannien und Amerika. Irgendwie scheut man sich, da genauer hinzusehen. Die Vorstellung, dass Menschen unter uns leben, die unmittelbar mit Hitler verwandt sind, löst einen seltsamen Schauder aus.

Warum schreckt und fasziniert Hitler so? Weil Hitler als das Böse schlechthin gilt, als Personifizierung eines monsterhaften, primitiven Etwas, als so unheimlich, dass die Vorstellung als unmöglich erscheint, dass es Menschen aus Fleisch und Blut gibt, die ihm nah verwandt sind und vielleicht seine Gesichtszüge tragen. Auf YouTube kann man Aufnahmen von Hitlers Stimme hören, nicht nur Parteitagsreden, auch solche im gemäßigten Tonfall. Fast unheimlich ist, dass man die Stimme eines ganz normalen Menschen hört, wo man die unverkennbare Diktion des Monsters und Psychopathen erwartet.

Tausende Male wurde versucht, den Menschheitsverbre-
cher Hitler zu erklären. Viele haben sich daran die Finger
verbrannt. Auschwitz ist zum deutschen, zum jüdischen,
zum europäischen, zum globalen Trauma geworden.
Die systematische Entwürdigung menschlichen Lebens
nahm unter Hitler Dimensionen an, die sich letztlich aller intellektuellen Fassbarkeit entziehen. Tausende Male
ist Hitler analysiert worden, befriedigend ist keiner der
Deutungsversuche. Am ehrlichsten ist da sein berühmter Biograph Joachim Fest, der zugab, dass die meisten
Erklärungsversuche mehr über die Verfasser verraten als
über Hitler selbst und letztlich alle nur die Ohnmacht
der Vernunft bezeugen, mit einer Erscheinung wie Hitler
zurechtzukommen. Um es mit Churchill zu sagen: Hitler
ist ein Geheimnis, eingehüllt in das Dunkel eines Rät-
sels. Aber muss man dann, wie schon gefordert, jegliche
historische Darstellung unterlassen, und kann man sich
darauf berufen, dass das Unbegreifliche nun mal nicht
begreiflich zu machen ist? Das kann ja auch nicht die
Antwort sein. So etwas würde Hitler aus der Geschichte
aussperren, wie mein Freund und Kollege, der Historiker Ralf Georg Reuth, sagt: «Damit würde man jedes
Grundprinzip der Geschichtswissenschaften außer Kraft
setzen.»

   Gerade im angelsächsischen Raum überbietet man
sich seit bald drei Generationen an Deutungen der Person Hitler. Eine interessante These stammt zum Bei-

spiel von A. J. P. Taylor, der meinte, antimodernistisch-irrational-gewaltverherrlichendes Gedankengut habe es Anfang des 20. Jahrhunderts überall gegeben, auch in England, aber nur die Deutschen würden eben alles so verdammt ernst nehmen. Wäre Hitler als Brite zur Welt gekommen, wäre alles nicht so schlimm geworden: «William Blake schrieb ähnliches Zeug wie Nietzsche, aber kein Gladstone oder Neville Chamberlain fühlte sich nach der Lektüre bemüßigt, sich selbst und die Welt in Brand zu setzen.» Natürlich zählte auch die Analyse der häuslichen Tyrannei und der angeblichen Züchtigungslust des Vaters zu den Erklärungsversuchen des Menschen Adolf Hitler. Zur Sexualität Hitlers gehen die Meinungen auseinander, vielfach wurde über eine schwere, aus der Kindheit rührende Störung spekuliert. Gerüchte über Hitlers Kryptorchismus gab es schon zu Lebzeiten zuhauf, englische Soldaten sangen: «Hitler Has Only Got One Ball / The Other Is At The Albert Hall.» Vor ein paar Jahren machte die These die Runde, Hitler sei verklemmt-homosexuell gewesen. «Verklemmt» trifft wahrscheinlich auf die gesamte Generation zu, aber ob Männer, die sich bei zehn Grad minus im Schützengraben aneinander wärmen, schwul sind, sollen Fachleute entscheiden. Ein in den zwanziger Jahren mit Hitler Vertrauter, der 1975 in München gestorbene Kunsthandel-Erbe Ernst Hanfstaengl, beschreibt ihn in seinem Abrechnungsbuch ebenfalls als verklemmt – und als Asexuellen: «Ich war zum festen Glauben gekommen, dass er impotent sei, der unterdrückte, masturbierende Typ.» Leni Riefenstahl und auch Eva Braun hatten da aber dezidiert andere Erfahrungen gemacht. In ihren – definitiv nicht für die Öffentlichkeit bestimmten – Aufzeichnungen (jetzt in den National Archives in Washington) klagt Eva Braun, Hitler denke «immer nur an das Eine» und könne bisweilen «nicht genug kriegen». Zu seiner ersten großen Liebe, der eingangs erwähnten Maria («Mizzy»), Tochter eines Sozialdemokraten in Berchtesgaden, nahm Hitler Jahre später, als er längst mit Eva Braun liiert war, wieder Kontakt auf. Hitler war, wie er «Mizzy» durch Mittelsmänner wissen ließ, an einer Affäre ohne Verpflichtungen interessiert. Sie lehnte ab. Als ihr späterer, dritter Mann im Krieg fiel, ließ Hitler «Mizzy» ein Beileidstelegramm und einhundert rote Rosen schicken.

Tut das überhaupt etwas zur Sache? Tut es. Sämtliche Versuche, in Hitler das Anormale, das Absonderliche, das Außergewöhnliche zu sehen, dienen ausschließlich unserer Selbstvergewisserung. Wäre Hitler nicht anormal, käme er uns gefährlich nahe. Aber auch das gehört zur Pointe der Geschichte von Roald Dahl: Hitler ist zunächst ein Baby und nicht, wie wir das lieber hätten, irgendetwas Fremdes, das irgendwo aus den tiefsten Gedärmen der Erde stammt, die Verkörperung des Bösen oder ein Außerirdischer – er ist schlicht ein Mensch wie wir. Das ist doch der eigentliche Horror!

Bevor wir an dieser, zugegeben, etwas sensiblen Stelle weiterbohren, zunächst ein Blick auf eine andere Figur der Weltgeschichte, die Hitler in vielen Wesensmerkmalen erstaunlich ähnlich erscheint, in der Geschichtsschreibung aber sehr viel besser wegkommt.

NAPOLEON, DAS PROTO-SCHEUSAL

Bereits Ende des 19. Jahrhunderts gab es so viele Napoleon-Bücher, dass ein beflissener Italiener namens Albert Lumbroso beim Versuch, diese zu katalogisieren, verrückt geworden ist – und zwar bereits beim Buchstaben B. Abgesehen von ein paar Ausreißern – legendär ist Jacob Burckhardt, der Napoleon als ruchlosen Hochstapler schildert –, war die Rezeption Napoleons weitgehend positiv. Hegel glaubte, in ihm seinen Weltgeist persönlich erblickt zu haben, und selbst Goethe war von ihm beeindruckt. Verblüffend ist allerdings: Napoleon wird für Wesensmerkmale verehrt, für die Hitler verachtet wird.

Eines der wiederkehrenden Motive der Napoleon-Verehrungsliteratur ist zum Beispiel dessen angeblich «unbändiger Wille». Auch wird allgemein Napoleons Fähigkeit gepriesen, das Unmögliche möglich gemacht zu haben. Aber sind das nicht auch Eigenschaften, die den Sohn des Linzer Zollbeamten auszeichneten? Auch sah sich Napoleon, genau wie Hitler, als vom Schicksal erwählte Person. Er war ein von sich selbst und seiner Rolle in der Geschichte besessener Egomane. Auch das Obsessive, die Allmachtsphantasien verbinden sie. Und: Beide waren fähig, aus reinem Stolz Zigtausende Leben junger Menschen auf einen Schlag zu opfern. Als Napoleon im Frühjahr 1812 mit sechshunderttausend Mann Richtung Russland aufbrach – ein ähnlich wahnwitziger Feldzug wie Hitlers Unternehmen Barbarossa –, behauptete er stolz, bis zum Herbst wieder zurück zu sein. In Russland bat ihn die Generalität, die Pferde sicherheitshalber mit winterfähigen Stollen beschlagen zu lassen, falls sich der Rückmarsch verzögere. Napoleon weigerte sich. Mehr als fünfhunderttausend junge Europäer in Napoleons Grande Armée starben im Dezember 1812. Nicht, weil sie auf dem Schlachtfeld fielen. Sie erfroren und verhungerten, weil Napoleon sich aus Stolz geweigert hatte, sie wintertüchtig auszustatten. «Aber dafür sind die jungen Leute doch da!», soll Hitler gesagt haben, als ihm seine Generäle wieder einmal von einer komplett sinnlosen Durchhalteschlacht abrieten, die zu gewaltigen Verlusten führte. Der Satz könnte auch von Napoleon sein.

Eigentlich ist Napoleon der Prototyp des modernen Diktators. An die Macht gekommen durch den ersten Militärputsch der Moderne, war er auch der Erste, der systematisch Propaganda und Selbstinszenierung nutzte. Er war auch der Erste, der Justiz, Polizei und Kirche konsequent als Stützpfeiler seiner Diktatur einsetzte. Und er ist das erste Staatsoberhaupt der Moderne, das auf seine eigenen Bürger schießen ließ. Auch die offene Verachtung, die Napoleon gegenüber dem eigenen Volk hegte, erinnert an Hitler. Liest man sich die berühmten Auslassungen Hitlers in den «Tischgesprächen» durch – von seinem hündisch ergebenen Vertrauten Martin Bormann angefertigte Abschriften von Ausführungen, die er spätabends in Gesellschaft seiner treuesten Lakaien und Sekretärinnen vortrug –, sieht man einen Mann vor sich, dessen Hassobjekt die ganze Welt und letztlich auch Deutschland und die Deutschen war. Hitler traute den Deutschen nichts zu. Und er traute ihnen auch nicht über den Weg. Er hatte eine imaginäre, von der SS gezüchtete Elite vor Augen, für die real existierenden Deutschen hatte er nur Verachtung über. In den «Tischgesprächen» lässt er sich an einer Stelle sogar zu Phantasien hinreißen, welche Bevölkerungsgruppen er in welcher Reihenfolge hinrichten lassen würde, sollte es irgendwann zu Aufständen kommen. Bis zuletzt glaubten sowohl Napoleon als auch Hitler an ihren Endsieg. Noch im Exil auf St. Helena empfand Napoleon sein Waterloo nicht als Waterloo und schrieb in seine Memoiren, er habe nach der Schlacht südlich von Brüssel mit den Alliierten unter General Wellington Mitgefühl gehabt. Besonders für die Bevölkerung Londons müsse die Nachricht vom Untergang ihrer Armee fürchterlich gewesen sein. Dass es *seine* Armee gewesen war, die gegen deutsch-niederländisch-englische Truppen untergegangen war, wollte er bis zuletzt nicht wahrhaben – auch hier entspricht er dem Klischee des realitätsblinden Tyrannen.

Um sich ein Bild vom Monstrum Napoleon zu machen, ist es wahrscheinlich am besten, man schnappt sich aus den Türmen der Napoleon-Schilderung die Betrachtungen eines Mannes heraus, der Napoleon wirklich gut kannte: Clemens Fürst von Metternich, Diplomat und Außenminister im Dienste Österreich-Ungarns. «Von allen Sterblichen des Auslandes hat keiner den Imperator so oft gesehen und so nüchtern beobachtet wie Metternich», heißt es anerkennend bei Jacob Burckhardt. Metternich selbst schrieb: «Ich habe ihn in den Augenblicken seines größten Glanzes erlebt und studiert, aber auch in jenen seines Niedergangs.» Er ist eine einzigartig gute Quelle. Metternich spricht von Napoleon voller Respekt. Ihn beeindruckte dessen «außerordentliche Scharfheit und die große Einfachheit seines Denkens». Er erzählt: «Das Gespräch mit ihm hatte für mich stets einen schwer zu beschreibenden Charme. Er griff das Wesentliche heraus, ließ unnütze Floskeln beiseite. (...) Er schwätzte nicht, er sprach; sein Ideenreichtum und seine Beredsamkeit erlaubten ihm, gewandt das Wort zu ergreifen, und eine seiner üblichen Wendungen war: ‹Ich verstehe, was Sie wollen; Sie wünschen, zu diesem oder jenem Ziel zu gelangen, also kommen wir zum Kern der Sache.› Nichtsdestoweniger hörte er den Bemerkungen oder Erwiderungen zu, die vorgebracht wurden. Er nahm sie auf, erörterte oder widerlegte sie, ohne vom Ton oder von der Höflichkeit einer geschäftlichen Besprechung abzuweichen, und ich empfand nie die geringste Verlegenheit, ihm das zu sagen, was ich für die Wahrheit hielt, selbst wenn sie nicht angetan war, ihm zu gefallen. (...) In der Praxis wie im Reden ging er unbeirrbar auf sein Ziel los, ohne sich bei Überlegungen aufzuhalten, die er als nebensächlich betrachtete und deren Bedeutung er vielleicht allzu oft unterschätzte. Er wählte am liebsten die geradeste Linie, die zum beabsichtigten Objekt führte, und verfolgte sie bis zum Ende, solange ihn nichts dazu brachte, von ihr abzuweichen. Er war jedoch nicht der Sklave seiner Pläne, sondern wusste sie aufzugeben oder abzuändern, wenn sich seine Ansicht ändern sollte oder neue Kombinationen ihm erlaubten, sein Ziel auf anderen Wegen besser zu erreichen.»

Bis hierher hört sich der Mann ein wenig wie Angela Merkel oder Kai Diekmann an.

Doch dann geht es weiter. Metternich erzählt, dass Napoleon sich für ein einzigartiges Wesen hielt, das dazu geschaffen sei, die Welt zu beherrschen. Er spricht von Napoleons Verachtung für die Wissenschaften. Erstaunlich eigentlich für einen Mann, den die Aufklärung nach oben gespült hat. Dann erzählt er über Napoleons seltsame Verachtung für sein eigenes Volk. Die Franzosen waren für Napoleon unerzogene Kinder («Sie laufen allem nach, sie sind zu lenken durch Eitelkeit und müssen wie Kinder immer nur ein Spielzeug haben»), und Paris verglich er mit einer Oper, bei der das Publikum belogen werden will. Metternich schreibt über seine Gehässigkeit im Umgang mit Frauen, mit Untergebenen, eigentlich mit fast allen. Er beschreibt seinen Hang zu Jähzorn und zur Gewalttätigkeit. Am Höhepunkt seiner Macht durften selbst Napoleons engste Verwandte sich ihm nur in gebückter Haltung nähern. Metternich beschreibt ihn als jemanden, der sich unablässig nur mit der eigenen Machtausbreitung beschäftigt, der in individuellen

Fällen zwar Mitleid hat empfinden können, den das Leid der Masse aber vollkommen unberührt ließ. Napoleon war kein Hitler: Systematischen Völkermord kann man ihm nicht unterstellen. Aber den Wahnsinn, zu dem der Mensch fähig ist, hat auch er uns ziemlich drastisch vor Augen geführt.

DAS HISTORISCHE BÖSE AUS FORENSISCHER SICHT

Ist es überhaupt statthaft, Napoleon und Hitler miteinander zu vergleichen? Ein seriöser Historiker würde das nie tun. Vergleiche sind letztlich immer Quatsch. Aber konfrontiert mit dem Ausmaß von Hitlers Vernichtungsvermögen, besteht die Gefahr nicht darin, ihn durch Vergleiche zu verharmlosen: Die viel größere Gefahr ist es, im Hitlerismus das völlig Außergewöhnliche, das Einzigartige zu sehen. Hitler als einmaligen Ausrutscher der Weltgeschichte zu betrachten – sagt ein Joachim Fest, sagt eine Hannah Arendt, sagt ein Golo Mann –, ist, so verführerisch es ist, eine gigantische Selbsttäuschung. Sie führt geradewegs in die trügerische Sicherheit, persönlich oder als Gesellschaft für immer vor jederlei menschen- und lebensverachtenden Irrungen gefeit zu sein. Die Sehnsucht, das Böse von sich wegzuschieben, ist sehr verständlich und urmenschlich. Unsere Ahnen haben das getan, indem sie sich Stellvertreter-Riten ausdachten, Sündenböcke zum Beispiel. Oder indem sie Hexen verfolgten. Eine moderne Version dieser Technik, alles Böse von sich zu weisen, ist unsere Geneigtheit, das Böse mit dem Etikett «krank» zu versehen. Wenn ein besonders schockierendes Verbrechen geschieht, bezeichnen wir den Täter schnell als «irre». Damit ist er erst einmal sicher auf Abstand gehalten. Was unser Selbstvergewisserungsmechanismus dabei geflissentlich außer Acht lässt: dass die Gefängnisse voller Menschen wie du und ich sind und dass die allermeisten Tötungsdelikte von geistig völlig Gesunden verübt werden, meist im Affekt.

Das Verlangen, das Böse auf Kranke abzuschieben, hat einen sehr hässlichen Stammbaum. Im 19. Jahrhundert waren die Thesen des Turiner Arztes Cesare Lombroso beliebt, der durch italienische Gefängnisse reiste, Schädelvermessungen vornahm und fest an biologische Ursachen für Gewalttätigkeit glaubte. Lombrosos Typisierung von Verbrechern anhand äußerer Körpermerkmale diente später den Nazis als Vorlage für ihre rassenbiologischen Theorien. 1968 jubelte die wissenschaftliche Gemeinde kurz auf, als man bei einem amerikanischen Serienmörder namens Richard Speck ein zusätzliches Y-Chromosom entdeckte. Später stellte sich heraus, dass die Hoffnung, ein «Mörder-Chromosom» entdeckt zu haben, verfrüht war. Einer der berühmtesten forensischen Psychiater, der österreichische Professor Reinhard Haller, der unter anderem auch mit dem Fall des Sexualstraftäters Josef Fritzl befasst war, sagt: «Wir können das Böse nicht auf Hirnstrukturen zurückführen. Es bedarf dazu gar nichts weiter als allein des Menschen. Es bedarf dazu nichts weiter als jeden von uns.» Dass das Böse aber in jedem von uns stecke, drückt sich, sagt Haller, ja schon in unserer Alltagssprache aus. Wir sagen: «Du wirst mich noch kennenlernen!», und meinen damit, dass es Anteile von uns gibt, die wir normalerweise zurückhalten, die wir aus zivilisatorischen, erzieherischen und auch eigennützigen Gründen nicht ausleben.

Das legendäre Milgram-Experiment zeigt zum Beispiel, wie wenig Probleme stinknormale Menschen damit haben, grausam zu sein – wenn es die Versuchsanordnung verlangt, es also sozial und aus streng wissenschaftlichen Gründen erwünscht ist. Studenten wurden aufgefordert, sich in einen Kontrollraum zu begeben und dort hinter einer Glasscheibe zu beobachten, wie andere Probanden an einem Tisch sitzen und ein Buchstabenrätsel zu lösen versuchen. Bei Fehlern sollten die Studenten den Probanden mittels eines kleinen Schalthebels Stromstöße zufügen: bei kleinen Fehlern leichte, bei größeren Fehlern stärkere Stromstöße – mit steigender Tendenz, bis hin zu sehr schmerzhaften Stromstößen. Die Elektroschocks wurden natürlich nur simuliert, und der Schmerz der Probanden war gespielt, aber das wussten die Studenten nicht, die die eigentlichen Versuchsobjekte dieses Experiments waren. Zwei Drittel fügten sich den Anordnungen und waren bereit, Gewalt gegenüber Menschen auszuüben, die ihnen nichts getan hatten. Die Aggression war schließlich angeordnet und allgemein gewünscht.

In Schweden wurden geistig behinderte Menschen noch bis 1975 zwangssterilisiert, in den Niederlanden gab es relativ leidenschaftslose Debatten darüber, ob man mit dem Geld, das für lebenserhaltende Maßnahmen für hochbetagte Krankenhauspatienten ausgegeben wird, nicht auch jungen Familien den Traum vom Eigenheim ermöglichen könnte. In Fertilitätskliniken werden beim sogenannten Screening täglich Embryonen aussortiert, deren Erbgut auf gesundheitliche Probleme oder Risiken deutet. Jährlich werden Hunderttausende völlig gesunde Embryos in der Forschung entsorgt. Die Diskussion um eine Unterscheidung zwischen lebenswertem und lebensunwertem Leben ist also weder exklusiv nationalsozialistisch, noch ist sie ausgestanden. Auch galten Rassenunterschiede in der westlichen Welt weit über die Nazizeit hinaus als wissenschaftlich. In den Vereinigten Staaten war die «Überlegenheit der weißen Rasse» bis in die 1960er Jahre unumstritten: Die Verhaftung von Rosa Parks, die sich weigerte, im Bus einem Weißen Platz zu machen, geschah 1955. Aufgehoben wurde die Rassentrennung erst 1964 nach der Ermordung Kennedys von dessen Nachfolger Lyndon B. Johnson. In Australien gab es die «White Australia»-Politik, mit der die Einwanderung Nichtweißer eingeschränkt wurde, bis 1973.

Als in den ersten Wochen nach Hitlers Machtergreifung im Januar 1933 Görings Polizeitruppen Zeitungsredaktionen stürmten und Verhaftungen aussprachen, schritten die deutschen Gerichte pflichtgetreu ein und ordneten Freilassungen von Verhafteten an, die ohne ordentliches Urteil festgehalten wurden. Als dann aber ab dem 28. Februar 1933 Notverordnungen galten und ab 24. März 1933 im Parlament das Ermächtigungsgesetz verabschiedet worden war, genügte das, um sämtliche rechtsethische Instinkte auszuschalten. Grausamkeit war nun, ganz ähnlich wie beim Milgram-Experiment, politisch, juristisch und gesellschaftlich autorisiert. Was blieb einem preußischen Ministerialdirektor oder einem Polizeileutnant in Berlin anderes übrig, als das zu tun, was man immer getan hatte – dem zu gehorchen, der das Recht bestimmt? Aus forensischer Sicht, sagt Professor Haller, gebe es auf die Frage «Wer war Hitler, wer war Himmler, Heydrich, Mengele, wer waren all diese Tausenden, die als Folterknechte tätig waren, die all diese systematischen Grausamkeiten verübten haben?» leider nur eine Antwort: Es waren Jedermänner. Andrzej Szczypiorski, ein Überlebender des Konzentrationslagers Sachsenhausen, hat es einmal so formuliert: «Ich habe im KZ Menschen kennengelernt, die arbeitsam und opferbereit andere Menschen umbrachten, uneigennützig, pflichtbewusst, und pünktlich ihren Nächsten denunzierten, diese redlich und fleißig folterten und dabei eine vorbildliche Sauberkeit und Sorgfalt an den Tag legten.» Ein Hitler, ein Napoleon, ein Jan van Leiden, ein Idi Amin, ein Pol Pot sind nicht das Abnorme. Sie sind nicht die Ausnahme. Die Ausnahme sind Menschen, die, wenn es darauf ankommt, die Würde des Menschen gegen das Einverständnis aller verteidigen.

Deshalb an dieser Stelle lieber keine Top Ten. Nur wir selbst. Der Homo sapiens. Stattdessen, um unsere Freude an der Aussonderung von Sündenböcken zu unterlaufen, fünf Scheusale, die so schlimm wahrscheinlich gar nicht waren – und fünf Helden, die nicht ganz so sauber sind, wie viele annehmen.

ANGEBLICHE BÖSEWICHTE

① **Attila (? – 453).** «Kleine, gelbe Menschen mit Schlitzaugen und Narben im Gesicht», so beschreibt der große Gombrich die Reiterhorden aus den Steppen Asiens. Die Hunnen haben im 5. Jahrhundert keinen guten Ruf, gelten als Inbegriff der Rohheit. Ihr König Attila schmort bei Dante im siebten Kreis der Hölle. Das ist ungerecht. Attila war äußerst kultiviert, hatte immer Leute im Gefolge, die Latein sprachen. Er versuchte, die Kultur der eroberten Gebiete zu verstehen. Er heiratete eine germanische Prinzessin, starb nur leider in der Hochzeitsnacht. In Ungarn wird er sehr verehrt.

② **Richard III. (1452 – 1485).** Gilt seit Shakespeare als Inbegriff des Tyrannen. Tatsächlich war Englands Richard III. ein eher unauffälliger König. Sein schlechter Ruf ist das Resultat gezielten *Spindoctorings*. Die Tudors hatten sich gegen das Haus Plantagenet im Kampf um die englische Krone durchgesetzt und warfen nach ihrer Machtübernahme die Propagandamaschine an, damit die Plantagenet-Epoche möglichst düster dargestellt wird. Als Shakespeare 1593 sein Drama schrieb, war Richard III. bereits hundert Jahre tot – das negative Richard-Bild hatte sich verselbständigt. Shakespeare griff das auf und zementierte Richards schlechten Ruf für alle Ewigkeit.

③ **Niccolò Machiavelli (1469 – 1527).** Machiavellismus ist ein Synonym für skrupellose Machtpolitik. Das ist eigentlich absurd, weil Machiavelli selbst gar kein Machiavellist war. Niccolò Machiavelli ist als philosophischer Denker sogar einer der Gründerväter der modernen Demokratie. Er war der Erste, der als politischer Theoretiker Widerspruch und Konflikt als heilsam für eine Gesellschaft bezeichnete, darf also als Erfinder des Pluralismus im politischen Diskurs gelten.

④ **Hernán Cortés (1485 – 1547).** Die spanische Eroberung Mexikos (1519 – 1521) gilt als dunkler Fleck auf Europas Weste. Millionen Einwohner starben, die meisten durch aus Europa eingeschleppte Krankheiten. Aber: Cortés gilt zu Unrecht als übler Konquistador. Er bereitete den Menschenopfern ein Ende, beendete zum Jubel vieler indigener Stämme die Vorherrschaft der Azteken, gilt vielen sogar als Vater des modernen Mexikos.

⑤ **Wladimir Iljitsch Lenin (1870 – 1924).** Bei Stefan Zweig heißt es: Millionen Geschosse sind in Kriegen abgefeuert worden, aber kein Geschoss war wirkungsvoller als der versiegelte Zug aus der Schweiz quer durch Deutschland, um Lenin nach St. Petersburg zu bringen. Lenin sprengte die Ordnung der Welt, er ist der Begründer des ersten totalitären Terror-Regimes des 20. Jahrhunderts. Aber die Massenmorde, die «Säuberungswellen», kamen erst durch Stalin, *nach* Lenins Tod 1924. Lenin war (was von der sowjetischen Geschichtsschreibung grundsätzlich unterschlagen wurde) adeliger Abstammung und ein eher feinsinniger Typ. Stalin fand er grob und ordinär. Er hat vergeblich versucht, dessen Aufstieg zu verhindern.

HELDEN MIT MAKELN

(1) **Johanna von Orléans (1412–1431).** Johanna war eine Heilige. Und die Begründerin des fanatischen Nationalismus in Europa. Sie stellte sich auf den Standpunkt, dass wer sich mit Frankreich anlegt, damit Gott selbst herausfordert. Was für ein unfassbarer Hochmut! Es sind schon Menschen für geringere Häresien auf dem Scheiterhaufen gelandet.

(2) **Friedrich der Große (1712–1786).** Ein Philosophenkönig im Sinne Platons, stimmt. Erste Amtshandlung als junger König, achtundzwanzig Jahre alt: Folterverbot, Abschaffung der Leibeigenschaft, Rechte für Minderheiten. Im gleichen Jahr (1740) aber marschierte er ins benachbarte Schlesien ein, erklärte dem befreundeten Österreich ohne jede Provokation den Krieg. Er unter-

nahm nicht einmal den Versuch, das philosophisch zu rechtfertigen. So wurde er zum Begründer einer neuen deutschen Außenpolitik. Voltaire brach nach dem Einmarsch in Schlesien mit ihm.

③ **Mahatma Gandhi (1869–1948).** Er wurde zwölfmal für den Friedensnobelpreis nominiert, zuletzt in seinem Todesjahr 1948. Bekommen hat er ihn nie. Hätte er den Preis verdient gehabt? Auf jeden Fall! Aber grüne Aktivisten wie Arundhati Roy stören sich zum Beispiel an Gandhis offenkundigem Konservatismus. Er sah etwa das indische Kastensystem als alte und ehrwürdige Tradition. In Israel hat Gandhi auch nicht viele Freunde, er vertrat die historisch nicht haltbare Position, dass Palästina allein den Arabern gehöre.

④ **Claus Schenk Graf von Stauffenberg (1907–1944).** Warum steht in Berlin kein Stauffenberg-Denkmal? Weil man den versuchten Tyrannenmord ehren, den Mann Stauffenberg aber nicht glorifizieren will. Seine persönlichen Ansichten passen nicht in die moderne Bundesrepublik und sind allenfalls in manchen Regionen Brandenburgs mehrheitsfähig. Stauffenberg hatte nach dem Putsch vom 20. Juli 1944 garantiert ein straffer regiertes Land im Auge als die heutige Bundesrepublik.

⑤ **Michail Gorbatschow (1931–).** Im Westen gefeiert, in Russland gehasst. Beides wird ihm nicht gerecht. Grund, ihn zu schmähen, haben aber die Ukrainer: Weil er sich 1986 scheute, öffentlich das Desaster von Tschernobyl einzuräumen, nahm er den Tod von Zehntausenden Menschen in Kauf. Achtzehn Tage wartete er, ehe er nach dem Reaktorunfall die Bevölkerung warnte. Selbst die «Prawda» kritisierte damals seine Informationspolitik.

«A sprach iz a dialekt mit an armee un flot.»

MAX WEINREICH, LINGUIST

«Die Ethik aber, wenn sie überhaupt etwas
ist, ist übernatürlich; und unsere Worte drü-
cken nur Tatsachen aus: Wie eine Teetasse,
und wenn ich einen ganzen Krug über sie
leerte, nur eine Teetasse voll Wasser fasst.»

LUDWIG WITTGENSTEIN

Kapitel neun

DIE UNSICHTBARE ARMEE

Worte, **die die Welt verändert haben**

Es gibt eine Geschichte über den persischen König Dareios I., die aufhorchen lässt. Sie spielt Mitte des ersten Jahrtausends vor Christus. Dareios I., der berühmte
Großkönig, lässt Boten zu Oroites, dem Fürsten eines
kleinen Nachbarreichs, schicken. Der Bote wird vor-
gelassen. Er überreicht dem Sekretär des Fürsten eine
Papyrusrolle mit dem königlichen Siegel, und dieser
beginnt, laut zu lesen, während der Fürst, umgeben von
seinen Bodyguards, geduldig zuhört. Sein Sekretär liest:
«Perser! Großkönig Dareios verbietet euch, Oroites

zu beschützen.» Daraufhin lassen die Bodyguards ihre Speere fallen. Der Bote gibt dem Sekretär ein weiteres Schriftstück. Darin steht: «Perser! Großkönig Dareios gebietet euch, Oroites zu töten!» Daraufhin ziehen die Bodyguards ihre Dolche und ermorden ihren Herrn.

Ob die Geschichte stimmt oder nicht, spielt keine große Rolle. Sie stammt aus der Feder des griechischen Geschichtsschreibers Herodot, und dem kam es nicht auf Akkuratesse an, sondern darauf, uns eine Moral mitzugeben. Hier: Unterschätzt mir nicht die Macht des Wortes, besonders des geschriebenen! Bemerkenswert ist noch etwas ganz anderes, scheinbar Nebensächliches: Alle Beteiligten sind darauf angewiesen, dass der Sekretär ihnen *vorliest*. Im ersten Jahrtausend vor Christus musste man offenbar weder als Fürst noch als Botschafter oder Offizier lesen können. Fürs Lesen hatte man seine Leute, dafür gab es Fachmänner. Wie genau das mit den Buchstaben und denen sich daraus ergebenden Worten funktioniert, war eine Frage der Mechanik, hinter die man nicht so genau blickte, ähnlich wie man heute miteinander telefonieren kann, ohne im Einzelnen zu durchschauen, wie das mit der Satellitentechnik und der Übertragung der Stimme via Satellit im Weltall funktioniert.

In den meisten Geschichtsbüchern wird die Erfindung der Schrift als Wendepunkt der kulturellen Entwicklung des Menschen bezeichnet. Verständlich. In den frühen Städten ließ sich ab einer gewissen Größe der Verwaltungs- und Versorgungsaufwand ohne Schrift nicht mehr bewerkstelligen. Schreiben war aber zuallererst Erbsen-zählerei, Dichter und Denker mussten noch lange warten, bis Lautzeichen und Alphabet es erlaubten, nicht nur Konkretes, sondern auch Gedachtes in Geschriebenes zu verwandeln. Aber auch dann bedeutet Schreiben nichts anderes, als Worte zu bannen. Man muss also auf die Kraft der Worte selbst schauen, um würdigen zu können, welche Kraft vom geschriebenen Wort ausging, und zu verstehen, warum Hochkulturen ihren Aufstieg der Erfindung der Schrift verdanken. Das eigentliche Wunder ist das Sprechen. Also das Wort. So behelfsmäßig wir es auch oft verwenden. Das meinte übrigens auch Ludwig Wittgenstein, der die Aussagekraft der Sprache bekanntlich skeptisch beurteilte. Sosehr er darauf bestand, dass man die wesentlichen Dinge nicht benennen kann, so faszinierte ihn doch die Tatsache, dass man immerhin *das* benennen kann. Wie er überhaupt staunend vor der Existenz der Welt stand. In seiner berühmten Vorlesung über Ethik, die er 1930 in Cambridge hielt, sagte er:

«Es drängte mich, gegen die Grenzen der Sprache anzurennen, und dies ist, glaube ich, der Trieb aller Menschen, die je versucht haben, über Ethik oder Religion zu schreiben oder zu reden. Dieses Anrennen gegen die Wände unseres Käfigs ist völlig und absolut aussichtslos. Soweit die Ethik aus dem Wunsch hervorgeht, etwas über den letztlichen Sinn des Lebens, das absolut Gute, das absolut Wertvolle zu sagen, kann sie keine Wissenschaft sein. Durch das, was sie sagt, wird unser Wissen in keinem Sinne vermehrt. Doch es ist ein Zeugnis eines

Drangs im menschlichen Bewußtsein, das ich für mein Teil nicht anders als hochachten kann und um keinen Preis lächerlich machen würde.»

Wo fängt Sprechen an? Laute auszustoßen, das wohlige Brummen zum Beispiel, das wir bis heute von uns geben, wenn man uns krault oder gut massiert, zu drohen, zu warnen, «Vorsicht Tiger!» zu rufen oder wie unsere Vorfahren auf ein Tier oder eine Pflanze zu zeigen ist noch kein Sprechen im eigentlichen Sinne. Interessant wird es, wenn wir beginnen, Dinge zu benennen, die sich *nicht* vor unserer Nase befinden. Ab dem Moment, in dem unsere Vorfahren Abwesendes benannten, schalteten sie evolutionstechnisch den Turbo an. Sobald man mit der Sprache Dinge benennt, die man sich nur vorstellt, kann man sich auf gemeinsame Realitäten einigen – und somit neue Realitäten schaffen.

Der Kulturphilosoph Thomas Macho, der in Berlin jahrelang mein Nachbar war, vertritt die interessante These, dass das zunehmende Sesshaftwerden, dieser sich über Tausende Jahre hinziehende Prozess, ab dem 12. Jahrtausend vor unserer Zeitrechnung unsere Fähigkeit begünstigte, Abwesendes zu benennen. Damit müssen die Sprachfertigkeit des Menschen und seine Vorstellungskraft Sprünge gemacht haben. Der nicht mehr nomadische Mensch, der nicht länger vom Hügel zum Fluss und vom Fluss in die Ödnis und von dort in die Steppe wandert, ersetzt nach Macho die horizontale Wanderbewegung durch eine vertikale: Er beginnt, sich

Wanderungen im übertragenen Sinne zu erzählen. Der Mensch fragt sich, woher er kommt – und ob er etwa aus einem Reich der Ahnen, der Toten, der noch Ungeborenen stammt. Er wandert wieder, nur diesmal im transzendentalen Sinne. Wenn wir auf Figuren aus Ton mit dicken, schwangeren Bäuchen stoßen, ist das vermutlich nicht nur ein Hinweis auf Fruchtbarkeitsrituale unserer Ahnen, sondern auch darauf, dass sie sich bewusst zu machen versuchten, wo ihre Ursprünge liegen. Es geschieht etwas völlig Neues, wenn man darüber plötzlich nicht mehr nur im räumlichen Sinne nachdenkt. «Bis heute», so Thomas Macho, «definieren wir durch diesen vertikalen Eintritt in die Welt bei unserer Geburt unsere Identität. Diese beiden Fragen ‹Wo bin ich auf die Welt gekommen?› und ‹Wann bin ich auf die Welt gekommen?› – das steht in jeder Geburtsurkunde, in jedem Reisepass, das ist die Mindestinformation, die auch im simpelsten und provisorischen Papier eines Staatenlosen oder Flüchtlings notiert ist. Die Frage meines vertikalen Eintritts in die Welt statt der Frage, wo ich mich auf der Welt horizontal bewege, entscheidet über meine Identität, über die Familie, über die Gruppe, der ich zugehöre.»

Die Frage, woher wir im transzendentalen Sinne kommen, gehört zu den allerersten Dingen, die man nicht mehr mit direkter, plumper Face-to-Face-Kommunikation und einem Vokabular, das sich nur auf sichtbare Dinge bezieht, abhandeln kann. Vorfahren, die sich solche Fragen stellten, brauchten eine Sprache, die fähig war, das Unsichtbare vor dem geistigen Auge sichtbar zu machen. Und sie brauchten bald Mittlerfiguren, Prometheus-Ikonen, Zauberer, Weissager, Priester, Grenzgänger wie König Gilgamesch, die zwischen den Welten – denen «da oben» im Himmel und uns «da unten» auf Erden – vermitteln konnten. Dabei spielte vermutlich schon bei unseren Ahnen so etwas wie Charisma die entscheidende Rolle, aber auch der ein oder andere Rausch könnte geholfen haben. In «Warum die Menschen sesshaft wurden» behauptet der bayerische Evolutionsbiologe Josef H. Reichholf, die Entdeckung der Gärung sei ein entscheidender Faktor für das Erfolgsmodell Sesshaftigkeit gewesen. Um diese systematisch zu betreiben – zum Beispiel, um eine frühe Form des Biers zu brauen –, musste man das Herumziehen aufgeben und sich niederlassen. Ein regelmäßiger gepflegter Rausch war sicher ein gutes Argument dafür, sesshaft zu werden.

Über die Wirkung des Wortes auf unseren Geist und über die Macht des Wortes, Vorstellungen Realität werden zu lassen, haben sich schon viele kluge Leute Gedanken gemacht. Der von mir schon mehrfach zitierte israelische Universalhistoriker Yuval Harari erklärt den Aufstieg des Menschen allein durch diese eine Fähigkeit, durch Worte Realitäten zu schaffen. Dazu gehören für ihn Götter, die Schrift, das Geld, Nationen, Aktiengesellschaften, die Nato, die EU und so ziemlich alles, was wir als gegeben hinnehmen. Unsere gesamte Zivilisation mit ihren Gesetzen und Konventionen, ihren Verträgen und wechselseitigen Abhängigkeiten, ist für Harari das Resultat jener kollektiven Vorstellungskraft, die wir der Sprache verdanken.

Nun wäre das jetzt eigentlich die Stelle, an der man über die Geschichte der Sprachen sprechen müsste. Allein das Hebräische wäre ein eigenes Kapitel wert. Eine Kunstsprache, geschaffen, um Identität zu stiften. Eine Sprache, die das Wort selbst zum Heiligtum erklärt hat. Ein einmaliger Vorgang. Dadurch wurde der Gang der Geschichte, der Wille Gottes, das Ziel der Geschichte nachlesbar, begreifbar, nachvollziehbar. Ein Riesenschritt weg vom Wunder- und hin zum Vernunftdenken. Man müsste, wenn man die Geschichte der Sprachen erzählt, darauf eingehen, wie Sprachen entstanden sind und wie sie sich verbreitet haben. In Frankreich zum Beispiel sprach außerhalb von Paris lange Zeit kaum jemand Französisch. Auf dem Land, draußen in den Provinzen, sprach man Bretonisch, Gaskognisch, diverse gallo- und rätoromanische Sprachen sowie spanische, deutsche und englische Dialekte. Es waren wiederholte vehemente Eingriffe des Staates – zuletzt Ende des 19. Jahrhunderts – notwendig, um Hochfranzösisch landesweit zu verbreiten und lokale Sprachen zum Verdruss der Traditionalisten, so gut es geht, aus dem offiziellen Sprachgebrauch zu verbannen. Das ist es, was Max Weinreich, der große Erforscher der jiddischen Sprache, meinte, als er auf Jiddisch schrieb: «A sprach iz a dialekt mit an armee un flot», eine Sprache ist ein Dialekt mit einer Armee und einer Flotte. Manchmal sind gezielte Anstrengungen nötig, manchmal sogar Armeen, um eine Sprache durchzusetzen.

Wenn das einmal erreicht ist, hat man ein ziemlich schlagkräftiges Kollektiv vor sich. Nur lohnt es sich, in

Erinnerung zu rufen, dass eine gemeinsame Sprache die Voraussetzung dafür ist, viele Menschen mit Worten erreichen zu können. Die frühen Nationalstaaten wurden erst durch eine gemeinsame Sprache möglich. Wie der amerikanische Politikwissenschaftler Benedict Anderson in «Imagined Communities» erklärt, wäre der Aufstieg des Nationalismus im 19. Jahrhundert ohne das Entstehen sprachlich einheitlicher Massenmedien undenkbar gewesen. Ohne die hätten sich regional zerstreute Völkergruppen nie als zusammenhängende, kulturell distinktive Gemeinschaft betrachtet. Ist es die Angst vor dem Verlust solcher konstruierter Kollektividentitäten oder die Angst vor dem Verlust tatsächlich distinktiver kultureller Eigenheiten, die zum Beispiel viele Europäer in Zeiten der Globalisierung beunruhigt? Besonders stellt sich die Frage, wie es sich auf uns auswirkt, wenn Sprache als identitätsstiftendes Moment ausfällt, weil in der digitalisierten Welt alle mehr oder weniger oberflächlich die gleiche Sprache sprechen. Lösen sich Kollektive auf? Bilden sich neue? Wird eine global verständliche Sprache dazu führen, dass sich Ideen von Freiheit und Menschenwürde global verbreiten werden? Oder werden sich vor allem Desinformationen und Gedankenmüll verbreiten? Ein Land wie China versucht, das Internet gegen die Welt da draußen abzuschotten, aber Nullen und Einsen – mehr braucht ein Computer nicht, um Informationen zu transportieren – sind wie eine unsichtbare Armee, die sich durch nichts aufhalten lässt.

Die Sprengkraft der Sprache ist eine große Konstante der Menschheitserzählung. Statt darauf nun theoretisch herumzukauen, hier zwei sehr konkrete Beispiele. Beide stammen von Luther. Das eine vom Original aus Wittenberg, das andere von Martin Luther King, dessen prophetische «I have a dream»-Rede neben der Bergpredigt wohl die berühmteste Rede der Menschheitsgeschichte ist.

Zunächst zu Martin Luthers Auftritt auf dem Reichstag zu Worms am 18. April 1521. Das Setting: Luther hatte mit der Kirche gebrochen. Wenige Monate zuvor war er, nachdem er eine Bannandrohungsbulle aus Rom erhalten hatte, mit seinen Anhängern vor die Tore Wittenbergs gezogen und hatte dort Bücher mit kirchenrechtlichen Schriften und die Bulle selbst verbrannt. Öffentlich. Die Kirche verlangte vom Kaiser, den unbotmäßigen – und inzwischen ziemlich populären – Augustinermönch sofort zu verhaften und die Acht über ihn zu verhängen. Doch der Kaiser war ein Frischling auf dem Thron und wollte so eine Entscheidung nur mit Rückendeckung der Territorialfürsten und der Reichsstände treffen. Also lud er Luther zum Reichstag nach Worms. Luther war es allerdings ausdrücklich untersagt, sich zu rechtfertigen oder das Konzil in theologische Debatten zu verwickeln. Er war dazu angehalten, genau zwei Fragen zu beantworten. Erstens: ob die Bücher, die unter seinem Namen erschienen waren, tatsächlich von ihm selbst verfasst worden seien. Zweitens: ob er dazu bereit sei, deren Inhalt zu widerrufen.

Luther reiste nach Worms, obwohl er damit rechnen musste, auf dem Weg verhaftet zu werden. Der böhmische Reformator Jan Hus war 1415 mit der Zusicherung freien Geleits zum Konzil nach Konstanz gereist, unterwegs verhaftet und auf dem Scheiterhaufen verbrannt worden. Luther aber kam wohlbehalten in Worms an. Um die Vehemenz zu verstehen, mit der er die Tradition herausforderte, ist es hilfreich, ihn mit Egon Friedell als «Übergangsmenschen» zu begreifen: «Gerade die eigentümliche Legierung aus Altem und Neuem ist (...) der Stoff, aus dem die großen Erneuerer, die Reformatoren und Regeneratoren jeglicher Art gemacht sind. Nur weil das Alte in allen diesen Revolutionären noch stark genug lebte, vermochte es in ihnen jenen inbrünstigen schöpferischen Hass zu erzeugen, der sie dazu anreizte und befähigte, die konzentrierte Kraft ihrer ganzen Existenz der Bekämpfung und Beseitigung dieses Alten zu widmen. (...) Nur der Manichäer Augustinus konnte zum Kirchenvater werden, nur der Altaristokrat Graf Mirabeau konnte die Französische Revolution ins Rollen bringen, nur der Pastorssohn Friedrich Nietzsche konnte Antichrist und Immoralist werden.»

Luther war übrigens kein Freund des einfachen Volkes oder so etwas wie ein Demokrat. In den Bauernkriegen stand er fest an der Seite der Obrigkeit. Auch die Herrschaft der reinen Vernunft, der zu seiner Zeit gefeierte Rationalismus, war ihm suspekt. In vielen Dingen war

Luther ein zutiefst reaktionärer oder zumindest konservativer Mensch. Aber er steht für den Bruch mit einer geradezu urzeitlichen Tradition: der Tradition des Mittlers. Durch sein Bestehen auf die persönliche und durch niemanden zu vermittelnde Beziehung zu Gott, durch die alleinige Berufung auf das eigene Gewissen, schaltete er die Position des Mittlers aus. Jene Funktion, die seit jeher – insbesondere im Alten Testament – eine Konstante im Verhältnis von Gott und Mensch war. So wurde Luther, trotz seiner fortschrittsverachtenden Natur, zu einem der größten Modernisierer Europas. Die Wirkung Luthers lag im Triumph des individualistischen Eigensinns, im Sieg des Ich mit großem I. Der nicht eindeutig belegte, aber dennoch legendäre Satz aus seiner Rede in Worms («Hier stehe ich. Ich kann nicht anders!») ist der Urschrei der Neuzeit, eine Herausforderung der bis dahin geltenden Hierarchie und Weltordnung.

Die bei aller Bestimmtheit geradezu entzückende Höflichkeit der Worte Luthers in Worms macht seinen Auftritt erst zu einem «epischen» Ereignis, wie meine Kinder sagen würden. Die erste Frage, die nach der Autorschaft seiner Werke, beantwortete er am ersten Tag mit einem leisen «Ja». Für die zweite Frage bat er um etwas Bedenkzeit. Als er an Tag zwei vor den Kaiser und den Reichstag trat, erwarteten alle einen genauso bescheidenen und demütigen Auftritt wie am Vortag. Tatsächlich begann Luther mit Ehrfurchtsbekundungen, die ausgefeilter nicht sein könnten: «Allerdurchlauchtigster Großmächtigster Kaiser, Durchlauchtigste

Fürsten, Gnädigste und Gnädige Herren ...» – und so weiter. Dann wies er, so höflich wie möglich, darauf hin, dass er schlecht *sämtliche* von ihm verfassten Schriften widerrufen könne, darunter seien schließlich auch völlig unstrittige Glaubenswahrheiten. Es könne ja kaum im Interesse der Autoritäten sein, offiziell gültige Kirchenlehren öffentlich zu widerrufen. Viele seiner Schriften, das müssten «auch seine Widerwärtigen bekennen», seien «nutzbar und unschädlich und allenthalben würdig, dass sie von christlichen Leuten gelesen werden».

Mit diesem Trick hatte er die Frage, die das Konzil an ihn richtete, als kirchenrechtlich fehlerhaft entlarvt. Wenn ihr mir konkret nachweist, an welcher Stelle ich das Wort Christi verfälsche, argumentierte Luther, widerrufe ich die Stelle gerne, aber Pauschalrückzieher mache ich nicht. Luther spielte den Ball damit virtuos zurück in die Hälfte seiner Gegner, die eine theologische Debatte vor dem Reichstag mit aller Macht verhindern wollten: «Derhalben ich bitt durch die Barmherzigkeit Gottes, Euer Kaiserliche Majestät und Gnaden oder alle anderen von den Höchsten und Niedersten wollen mir das Zeugnis geben, die Irrtümer erweisen, mich mit evangelischen und prophetischen Schriften überwinden. Dann will ich auf das allerbereiteste und willigste sein, so ich des unterwiesen werde, alle Irrtümer zu widerrufen und der allererste sein, der meine Bücher in das Feuer werfen will.» Die Rede muss seine Zuhörer damals paralysiert haben. Zum Abschluss seines kurzen Auftritts bat er die «Kaiserliche Majestät» noch einmal «untertä-

niglich, in Demut bittend», nicht zu gestatten, ihn weiter
«in Ungnade zu bringen», es sei denn, dass er «durch
Zeugnisse der Schrift oder einleuchtende Gründe über-
wunden werde». Denn: «Mein Gewissen ist gefangen in
Gottes Wort. Derhalben kann und will ich nichts widerrufen, dieweil wider das Gewissen zu handeln beschwer-
lich, unheilsam und gefährlich ist. Gott helf mir. Amen.»

Luther konnte nach diesem bombastischen Auftritt
als freier Mann und als Held des Volkes wie der Intellektuellen (beides zusammen gibt's ja selten) von dannen
ziehen. Erst nachdem sich die Autoritäten von Luthers
Rede erholt hatten, wurde das Edikt verabschiedet, das
seine Verhaftung autorisierte und als «Wormser Edikt»
in die Geschichte eingegangen ist. Der Bruch, den Luther
vollzogen hatte, war doch zu klar erkennbar. Es folgte
Luthers unfreiwilliger (aber sehr produktiver) Aufent-
halt auf der Wartburg bei Eisenach. Unter dem Deckna-
men Junker Jörg übersetzte er dort das Neue Testament
in ein allgemein verständliches Deutsch, machte die
Bibel dadurch für jedermann zugänglich und schuf ne-
benbei, durch seine Vereinheitlichung der Sprache und
das Ausjäten regionaler Sonderlichkeiten, die moderne
deutsche Sprache. Luther war nicht nur der Prometheus
der Ego-Kultur, er brachte vor allem ein neues, weltliches
Element in die Religion. Indem er darauf bestand, dass
jeder, zu *jeder* Stunde, in *jedem* Amt und in *jedem* Beruf
gottgefällig leben könne, machte er den Alltag – und in
deutschsprachigen, niederländischen und englischen
Gebieten vor allem auch die *Arbeit* – zu etwas Heiligem.

Die Worte und Ideen, die Luther in die Welt setzte, haben diese Welt verändert. Einen besseren Beleg für die Wirkungsmacht von Worten gibt es kaum.

Neben Verteidigungsreden wie der des Sokrates oder der Luthers gehören vor allem prophetische Reden zu den Kronjuwelen unseres kollektiven Gedächtnisses. Eine der zu Recht berühmtesten Reden aller Zeiten, eine, deren *Catchphrase* wirklich jedes Kind kennt, ist die Martin Luther Kings am 28. August 1963 vor dem Lincoln Memorial in Washington. Mehr als zweihundertfünfzigtausend Menschen waren gekommen, um für jene Bürgerrechte zu demonstrieren, die die Verfassung der Vereinigten Staaten von Amerika jedem Menschen garantiert. Es war der Höhepunkt des sogenannten Sommers der Unzufriedenheit. Martin Luther King Jr. war Pastor einer Baptistengemeinde in Alabama, einem damals zutiefst rassistisch geprägten Bundesstaat im Süden der USA, in dem viele schwarze Arbeiter wie Vieh behandelt wurden, sich andererseits aber auch viele Schwarze mit Rassentrennung und Diskriminierung als pragmatische Praxis abgefunden hatten. Im August 1963 hatte Martin Luther King bereits in vielen großen amerikanischen Städten umjubelte Auftritte absolviert. In Los Angeles hatte er vor dreißigtausend Menschen gesprochen, in Detroit waren es hundertzwanzigtausend Menschen. Martin Luther King war vierunddreißig Jahre alt, als er in Washington vor dem Lincoln Memorial stand, um die größte Rede seines Lebens zu halten.

Das Geniale an dieser Rede lässt sich nicht fassen, wenn man nur ihre rhetorischen Kniffe auflistet. Es gibt stapelweise Studien darüber. Wichtig zu wissen ist vor allem, dass King mit indirekten Zitaten und Wortspielen immer wieder auf Lincolns berühmte Gettysburg Address und damit auf die Universalität der Bürgerrechte anspielt. Er positioniert sich damit klugerweise als Patriot, nicht als Rebell. Er spricht zur ganzen Nation, nicht nur zu seinen feurigsten Anhängern. Sein vielleicht größter Kunstgriff: Indem er den Zuhörern – also ganz Amerika – das Gefühl vermittelte, einem historischen Moment beizuwohnen, suggerierte er den Menschen die verführerische Möglichkeit, Entscheidungen von historischer Tragweite herbeiführen und damit selbst Geschichte schreiben zu können. Er hatte nur acht Minuten zur Verfügung. Nach einer kurzen Beschreibung der erbärmlichen Zustände – Rassentrennung, Armut, Diskriminierung, mangelnde Gesundheitsversorgung für Schwarze – folgt das Bild, das King eigentlich als zentrales rhetorisches Element seiner Rede geplant hatte: das Bild vom nicht eingelösten Scheck. Viel berühmter wurde aber dann, solche Dinge lassen sich eben nicht vorhersagen, sein Schlussfanal mit dem sechsfachen «I have a dream»:

«In gewissem Sinne sind wir in die Hauptstadt unseres Landes gekommen, um einen Scheck einzulösen. Als die Architekten unseres Gemeinwesens die großartigen Worte der Verfassung und der Unabhängigkeitserklärung niederschrieben, unterschrieben sie einen Schuldschein, dessen Einlösung allen Amerikanern zufallen sollte. Dieser Schein war ein Versprechen, dass allen Menschen – ja, Schwarzen ebenso wie Weißen – die unveräußerlichen Rechte des Lebens, der Freiheit und des Strebens nach Glück garantiert seien. Es ist heute offenkundig, dass Amerika in Hinblick auf seine farbigen Bürger seine Verbindlichkeiten nicht erfüllt hat. Anstatt dass es dieser heiligen Verpflichtung nachgekommen ist, hat Amerika den schwarzen Menschen einen ungedeckten Scheck ausgestellt, einen Scheck, der mit dem Vermerk zurückgekommen ist: ‹Nicht ausreichend gedeckt›. Wir weigern uns, daran zu glauben, dass die Bank der Gerechtigkeit bankrott ist. Wir weigern uns, zu glauben, dass es in den großen Tresoren der Möglichkeiten dieser Nation keine ausreichenden Deckungsmittel gibt. Und so sind wir gekommen, um diesen Scheck einzulösen.»

Um nicht zu sehr ins Pathetische abzudriften, wird er an einer Stelle konkret: «Wir können niemals zufrieden sein, solange unsere Körper, schwer von der Erschöpfung der Reise, keine Unterkunft in den Motels an den Fernstraßen und in den Hotels der Städte finden können. Wir können nicht zufrieden sein, solange die vorherrschende Bewegung des Schwarzen darin besteht, von einem Ghetto in ein größeres zu ziehen. Wir können nicht zufrieden sein, solange unsere Kinder durch Schilder mit der Aufschrift ‹Nur für Weiße› ihrer Selbstbestimmung entzogen und ihrer Würde beraubt werden.»

Dann kommt das legendäre, prophetische, sechsfache «I have a dream», das mit einem fast neckischen Hinweis auf die zurückgebliebenen US-Bundesstaaten Georgia und Mississippi beginnt und in einem Appell an den gemeinsamen Glauben gipfelt: «Ich habe einen Traum, dass eines Tages auf den roten Hügeln von Georgia die Söhne früherer Sklaven und die Söhne früherer Sklavenhalter miteinander am Tisch der Brüderlichkeit sitzen können. Ich habe einen Traum, dass eines Tages sogar der Staat von Mississippi, ein Staat brütend in der Hitze der Ungerechtigkeit, brütend in der Hitze der Unterdrückung, in eine Oase der Freiheit und Gerechtigkeit verwandelt wird …»

Die letzten Worte seiner Rede sind: «Und wenn wir der Freiheit erlauben zu klingen, wenn wir sie erschallen lassen von jedem Dorf und jedem Weiler, von jedem Staat und jeder Stadt, dann werden wir den Tag schneller her{\i}führen, an dem alle Kinder Gottes – Schwarze und Weiße, Juden und Heiden, Katholiken und Protestanten, sich die Hände reichen und mit den Worten des alten Negerspirituals singen werden: ‹Endlich frei! Endlich frei: Dank sei dem allmächtigen Gott, wir sind endlich frei.» Im Original: «Free at last! Free at last! Thank God Almighty, we are free at last!»

Drei Wochen nach dieser Rede tötete eine Bombe des Ku-Klux-Klans vier schwarze Mädchen. Weiße Extremisten hatten fünfzehn Stangen Dynamit in einer Baptistenkirche in Birmingham (Alabama) versteckt. Die Bombe explodierte während eines Jugendgottesdienstes. Die vier Mädchen, Addie Mae Collins (14), Carol Denise McNair (11), Carole Robertson (14) und Cynthia Wesley (14), waren sofort tot. Ihre Körper waren von der Explosion zerfetzt worden, man konnte sie nur anhand von Kleidungs- und Schmuckstücken identifizieren. Zwanzig weitere Gottesdienstbesucher wurden zum Teil schwer verletzt, darunter mehrere Kinder. Fünf Jahre später wurde Martin Luther King bei einem Attentat in Memphis (Tennessee) ermordet. Die Worte, die er in Washington in die Welt gesetzt hatte, ließen sich nicht töten. Ein Jahr nach Martin Luther Kings Rede wurde die Rassentrennung in Amerika aufgehoben. Der amtierende Präsident der USA war damals Lyndon B. Johnson. Knapp ein halbes Jahrhundert nach der Ermordung Martin Luther Kings wählten die Amerikaner ihren ersten schwarzen Präsidenten.

Hier nun, um die Macht der Worte zu zeigen, die Liste der zehn berühmtesten Reden der Weltgeschichte – abgesehen von den beiden oben erwähnten. Die Auswahl ist selbstverständlich willkürlich, die Reihenfolge aber immerhin chronologisch:

① **Die Rede Mose am Ende der Wanderschaft nach Israel.** Moses schwor sein Volk auf das Bündnis mit Gott ein. Er selbst durfte das verheißene Land nicht betreten und musste vorher sterben. War das die Strafe, weil er den Stamm Levi immer bevorzugt hatte und mit dem Rest des Volkes oft grob und tyrannisch umgegangen war? Tröstlich, wenn auch Männer solch erlauchter Prominenz («Niemals wieder ist in Israel ein Prophet wie Mose aufgetreten.» Dtn 34,10) keine Narrenfreiheit genießen.

② **Die Apologie des Sokrates.** Die Provokation von Sokrates' Verteidigungsrede – er war angeklagt, die Jugend verführt zu haben – bestand darin, dass er damit prahlte, keine Angst vor dem Tod zu haben. Um seinen Anklägern eine lange Nase zu drehen, schwärmte er von den Gesprächen, die er, sollte seine Seele überleben, mit Homers Helden führen werde. Unverschämtheit. Er wurde mit 280 zu 221 Stimmen verurteilt. Das Urteil wirft kein gutes Licht auf die athenische Demokratie (und überhaupt auf Mehrheitsentscheidungen).

③ **Die Motivationsrede Alexanders des Großen.** Wie an anderer Stelle bereits erläutert, war Alexander der Große des vielfachen Völkermordes schuldig. Er eignet sich also nicht zur Heroisierung. Die Rede aber, mit der er im Jahr 335 v. Chr. seine erschöpften Soldaten nach der Eroberung des persischen Weltreichs dazu antrieb, noch weiter nach Asien, Richtung Indien, zu ziehen, ist legendär. Er gab jedem seiner Offiziere ausdrücklich das Recht, umzukehren … allerdings nicht ohne anzufügen, dass auf die, die mit ihm weiterzögen, so viel Ruhm und Reichtum warte, dass die Zurückgebliebenen später den Neid kaum ertragen würden. Alle zogen mit.

④ **Ciceros erste Rede gegen Catalina.** Der feine Senator Catalina wollte 63 v. Chr. einen Putsch gegen die römische Republik durchführen und hatte zwei Senatoren dazu angestiftet, seinen mächtigen Schwager Cicero zu ermorden. Das Attentat scheiterte. Cicero berief den

Senat ein. Überraschenderweise kam auch Catalina zur Sitzung. Es folgte die Rede, die Ciceros Ruhm als Orator begründete. Berühmt – und als Stilmittel zigtausendfach kopiert – wurde vor allem seine Aufreihung rhetorischer Fragen. Ciceros berühmte Auftaktfrage lautete: «Quo usque tandem abutere, Catalina, patientia nostra?» Also: Wie lange noch, Catalina, wirst du unsere Geduld missbrauchen?

⑤ **Die Bergpredigt.** Die Botschaft Jesu Christi, die sogenannten Seligpreisungen, ist die komplette Umkehr sämtlicher weltlicher Maßstäbe von Würde, Wichtigkeit und Promi-Status: «Selig, die arm sind vor Gott / denn ihnen gehört das Himmelreich / Selig die Trauernden / denn sie werden getröstet werden / Selig, die keine Gewalt anwenden / denn sie werden das Land erben / Selig, die hungern und dürsten nach der Gerechtigkeit / denn sie werden satt werden / Selig die Barmherzigen / denn sie werden Erbarmen finden …» Damit ist alles auf den Kopf gestellt.

⑥ **Dantons Verteidigungsrede.** Nach der Hinrichtung Ludwigs XVI. am 21. Januar 1793 kam es in der Vendée und anderen Regionen zu Aufständen. Die Revolutionäre ließen die Aufstände niederschlagen. Die Zahl der Todesopfer ist umstritten, Schätzungen schwanken zwischen hundert- und zweihundertfünfzigtausend. In Blitzprozessen durch das Revolutionstribunal, angeführt von Danton und Robespierre, wurden allein im Dezember 1793 mehr als dreitausend Menschen zum Tode verurteilt und hingerichtet. Als Danton des Verrats beschuldigt wurde, landete einer der Hauptankläger selbst auf der Anklagebank. Danton wusste genau, dass er keine Chance hatte. In der Logik der Revolution musste er hingerichtet werden. Seine Rede war eine Abrechnung mit dem Kerngedanken der Revolution, der Idee nämlich, dass man die Welt nach eigenem Gusto vervollkommnen kann: «Es wurde ein Fehler gemacht, wie wir erschaffen worden, es fehlt uns was, ich habe keinen Namen dafür ...» Der Glaube an einen menschlichen Urmakel war tatsächlich Verrat an der Ideologie der Revolution.

⑦ **Häuptling Seattles Kapitulationsrede.** Der Anführer der Duwamish-Indianer im Nordwesten der USA hatte genug vom Kampf. Bevor er einen Vertrag mit dem Gouverneur von Washington unterschrieb, der seinem Stamm ein Reservat zuwies, hielt er eine legendäre Rede, die zu einem einzigartigen Manifest der Illusionslosigkeit angesichts des unaufhaltsamen Fortschreitens des «weißen Mannes» wurde. Legendär im doppelten Sinne, denn aufgeschrieben und veröffentlicht wurde sie erst sieben Jahre später, von einem Siedler, der die Sprache der Duwamish-Indianer verstand: «Es gab eine Zeit, da bevölkerten wir das ganze Land, so wie die Wellen des windgekräuselten Meeres über den muschelübersäten Meeresgrund rollen. Doch diese Zeit ist längst vorbei ... Ich will über unseren Niedergang nicht trauern, noch will ich meine bleichgesichtigen Brüder tadeln, dass sie ihn beschleunigt haben ... Warum sollte ich über das Schicksal meines Volkes klagen? Eine Träne, ein Geist, ein Lied, kaum da, schon blicken wir mit sehnsuchtsvollen Blicken hinterher. Ein Stamm besteht aus einzelnen Menschen, und als Ganzes ist er auch nicht mehr als jeder Einzelne. Menschen kommen und gehen wie die Wogen des Meeres.»

⑧ **Churchills «Blut, Schweiß und Tränen»-Rede.** Churchills erster Auftritt im Unterhaus als neuer Premierminister am 13. Mai 1940 war bitter. Der zurückgetretene Premier Chamberlain, der auf Frieden mit Hitler aus gewesen war, wurde bejubelt, seinem Nachfolger, dem Aristo-Spross aus dem Hause Marlborough-Spencer, misstrauten die Abgeordneten. Die Niederlande, Belgien und Luxemburg waren von der deutschen Wehrmacht im «Blitzkrieg» überrannt worden, Frankreichs militärische Niederlage stand bevor. Churchill konterte die Feindseligkeit im Unterhaus mit Ehrlichkeit: «I have nothing to offer but blood, toil, tears and sweat! (...) Ihr fragt, worin unsere Politik besteht? Das kann ich euch sagen: Krieg zu führen! Auf dem Land, auf hoher See und in der Luft! Krieg mit all unserer Gewalt und mit all der Kraft, die Gott uns gegeben hat. Unsere Politik ist Krieg gegen diese monströse Tyrannei, die alle dunklen Kapitel im Katalog menschlicher Verbrechen übertrifft. Das ist unsere Politik!»

⑨ **Gandhis «Verlasst Indien»-Rede.** Gandhis Rede vor dem All India Congress Committee am 8. August 1942 in Bombay (heute Mumbai) war der Auftakt des von ihm initiierten gewaltfreien Widerstands gegen die britischen Kolonialherren: «Ich habe im Gefängnis Carlyles Buch über die Französische Revolution gelesen, und Pandit Jawaharlal hat mir einiges über die Russische Revolution erzählt. Ich glaube fest daran, wenn solche Revolutionen mit Waffengewalt ausgetragen werden, verraten sie ihr demokratisches Ideal. Die Demokratie, die ich vor Augen habe, eine Demokratie, die durch Gewaltfreiheit herbeigeführt wird, hat Freiheit für alle zur Folge.» Sein Aufruf wurde von Hunderttausenden Indern befolgt, Streiks und Proteste lähmten das Land. Fünf Jahre später erlangte Indien die Unabhängigkeit.

⑩ **Ronald Reagans Rede vor dem Brandenburger Tor.** Meine Kinder, waschechte Berliner, können sich gar nicht mehr vorstellen, dass ihre Stadt (und halb Europa) einmal durch Mauer, Stacheldraht und Schussanlagen in zwei Hälften geteilt war. Als Reagan 1987 seine Rede vor den Grenzanlagen mitten in Berlin hielt («Mr. Gorbachev, tear down this wall!»), wurde er dafür belächelt. Mit der Teilung der Welt – und der Gefangenschaft von Millionen – hatten sich die Eliten auf beiden Seiten abgefunden. Reagan durchbrach mit seinen Worten dieses Komplott. Zwei Jahre später war die Mauer Geschichte.

Kapitel zehn

ALLES HAT EIN ENDE ...

Warum es jetzt wirklich um die Wurst geht

Am Ende eines jeden halbwegs seriösen Geschichtsbuchs muss der Satz stehen: Es hätte alles auch ganz anders kommen können. Eigentlich hätte alles sogar anders kommen *müssen*. Eine Weile war folgende Spekulation unter Historikern beliebt: Was wäre gewesen, wenn Deutschland statt vom Sonderling Wilhelm II. in den entscheidenden Jahren am Anfang des 20. Jahrhunderts von dessen freiheitlich gesinntem Vater regiert worden wäre? Friedrich III., nur wenige kennen seinen Namen überhaupt noch, war ein sachter und kluger Liberaler, plante eine konstitutionelle Monarchie, ähnlich der in England, dem Land, aus dem seine Frau Vicky kam, die Lieblingstochter von Queen Victoria. Sein ganzes Leben hatte Friedrich darauf gewartet, endlich seinen greisen

Vater, Wilhelm I., zu beerben und Deutschland reformieren zu können. Als er 1888 endlich auf den Thron kam, war der tatendurstige Mann sechsundfünfzig Jahre alt. Und krebskrank. Er starb neunundneunzig Tage später. Das wunderschöne Grab von Vicky und Friedrich befindet sich passenderweise in Potsdams Friedenskirche. Dem reformwilligen Friedrich folgte sein von Komplexen beladener Sohn Wilhelm II. auf den Thron, der sich von säbelrasselnden Politikern, Industriellen und Meinungsmachern in den Ersten Weltkrieg manövrieren ließ.

Was also wäre gewesen, wenn den Neunundneunzig-Tage-Kaiser nicht der Krebs erwischt hätte? Wenn er und nicht Wilhelm so lang regiert hätte? Wäre Deutschland dann schon früher eine Demokratie geworden? Hätte es den Ersten Weltkrieg dann nie gegeben? Und damit auch nicht den Zweiten? Geradezu gute Laune macht die Frage, was gewesen wäre, wenn der (übrigens kurdischstämmige) Sultan Saladin, der berühmte Eroberer Jerusalems, im 12. Jahrhundert das Angebot von Richard Löwenherz angenommen hätte, seinen Bruder mit der Schwester des englischen Königs zu verheiraten, damit die beiden ein christlich-muslimisches Königreich gründen und dem lästigen Streit zwischen Morgen- und Abendland ein Ende bereitet wird. Andere Frage: Was wäre gewesen, wenn Hitler schon im Kindesalter gestorben wäre, wie alle seine älteren Geschwister? Was, wenn der alte Kreml-Garde damals, kurz nach dem Fall der Mauer, der Staatsstreich gegen Gorbatschow gelungen wäre? Was, wenn die Perser die Griechen doch besiegt hätten? Was, wenn Roms Kaiser Konstantin statt am Christentum am Manichäismus Gefallen gefunden hätte und Theodosius die Lehre Manis im Jahr 380 zur römischen Staatsreligion erklärt hätte? Was, wenn die Franken die alles niederwalzenden Muslime damals in der Schlacht von Poitiers am Ende des Mittelalters nicht besiegt hätten? Würden wir heute alle *halāl* essen und unsere Flughäfen im maurischen Stil gebaut sein? Oder gäbe es gar keine Flughäfen?

Eines der größten Missverständnisse der Geschichtsschreibung ist, dass alles so kommen musste, wie es gekommen ist. Im 3. und 4. Jahrhundert war der Manichäismus sehr viel populärer als das Christentum. Die menschenfreundliche Religion des Babyloniers Mani (216–276) hatte sich von China über die gesamte orientalische Welt bis nach Britannien verbreitet. Das Geniale am Manichäismus war, dass es sich dabei um eine liberale Mischmasch-Religion aus christlichen, orientalischen und sogar buddhistischen Elementen handelte. Je nach Herkunft, Neigung und Bedürfnis konnte man sich, ohne in Konflikt mit anderen zu geraten, seine Auslegung zurechtbasteln. Manichäismus schloss niemanden aus, hatte Platz für viele persönliche Abweichungen und war friedlich. Vom Seelenwanderungs- und Wiedergeburtsglauben des Fernen Ostens hatte Mani zum Beispiel die Vorstellung übernommen, dass Menschen sich in ganz unterschiedlichen kosmischen Stadien des Heils befinden. Das Böse, das Niedere wurde als kosmisch gegeben hingenommen. Wer auf der höchsten Stufe stand, der musste allem Irdischen (= Niederen) entsagen, von dem verlangte die Lehre strenge Askese, also Verzicht auf Fleisch, Alkohol, Sex, kurz: auf alles, was Spaß macht. Die Ansprüche an die große Masse waren deutlich geringer. Zwar predigte der Manichäismus hohe sittliche Ideale, aber die galten nur für die, die sich dazu berufen fühlten. Die Allgemeinheit quälte er nicht mit irgendwelchen unrealistischen Verpflichtungen. Eigentlich höchst erstaunlich, dass sich der Manichäismus trotz seiner Anpassungsfähigkeit und seines zeitweilig gewaltigen Erfolges letztlich nicht durchsetzte.

Das eigentlich Verblüffende an der Geschichte ist, dass meist das völlig Unerwartete geschieht. Chesterton hat sich einmal den Spaß erlaubt, sich auszumalen, was für Sorgen sich ein hoher byzantinischer Beamter um das Jahr 570 nach Christus gemacht haben muss, angesichts der langen, zermürbenden Kriege mit Persien und den neuen Gefahren durch Goten und Skythen, während zur gleichen Zeit – weit außerhalb seines Radius – ein Knabe namens Mohammed geboren wurde, der alle Befürchtungen über den Haufen warf. Der Siegeszug des jungen Islams war so gewaltig, dass man sich vier Jahrhunderte lang kaum etwas anderes vorstellen konnte, als dass er auf ewig die weltbestimmende Kraft sein wird. Mitte des 18. Jahrhunderts wiederum stand der König von Frankreich im Zentrum eines Reiches, auf das die ganze Welt mit Neid und Faszination blickte. Eine Generation später waren alle, die damit zu tun hatten, geköpft. Was von ihnen übrig war, wurde in Massengräbern verscharrt.

Anfang der 1930er Jahre musste ein Wiener, Hamburger oder Budapester Großbürger, dessen Vater und Großvater vielleicht angesehene Staatsbeamte oder Professoren waren, über die Vorstellung lachen, dass ihm wegen irgendwelcher angeblicher Abstammungsfragen die Stellung oder die bürgerliche Ehre geraubt werden könnte. Die Mutter des Philosophen Ludwig Wittgenstein, die Matriarchin einer der drei reichsten und angesehensten Familien Wiens, schrieb 1935 nach Berlin an Göring persönlich, um zu fragen, was dieser Unsinn mit den Rassengesetzen solle und ob, salopp gesagt, die Nazis noch alle Tassen im Schrank hätten. Für einen sächsischen Polizeipräsidenten oder einen rheinländischen Ritterkreuzträger mit jüdischem Großvater schien das Szenario, ohne Grund verhaftet zu werden, höchst abwegig. So wie es für einen im westafrikanischen Busch lebenden Familienvater komplett absurd war, dass aus dem Nirgendwo plötzlich Männer mit bunten Hüten und Metallrüstungen auftauchen könnten, ihn in Ketten legen, über den Atlantik verschiffen und dazu zwingen würden, am anderen Ende der Welt Baumwolle zu pflücken …

Geschichte *hits you like a bus*, wie man in Brooklyn sagt, und der Bus kommt garantiert aus der Richtung, mit der du am wenigsten gerechnet hast. Oder, wie es ein spanischer Staatsmann einmal gesagt haben soll: Die unsicheren Zeiten sind die sichersten, da weiß man wenigstens, woran man ist. Wie wir schon festgestellt haben: Es ist ja nicht einmal gesagt, dass wir es mitbekommen, wenn uns ein Bus rammt. Die gewaltigsten Revolutionen kommen schleichend. Wir könnten genau jetzt, in diesem Moment, eine der wichtigsten weltgeschichtlichen Wandlungen durchmachen und würden vielleicht nichts davon mitbekommen. In hundert Jahren wird man dann sagen: «Ab der Jahrtausendwende zeichnet sich ab, dass ...», aber während sich «das» angeblich abzeichnete, saßen wir im Biergarten, genossen die Strahlen der Oktobersonne und checkten unsere E-Mails. Thema Familie, zum Beispiel, oder Staatlichkeit: Vor fünfhundert Jahren hatten nur Geisteskranke und Mönche keine Familienangehörigen, noch bis vor hundert Jahren war man ein Sonderling und erregte Misstrauen, wenn man alleine lebte. Heute stellen Singles in Großstädten ein Drittel der Bevölkerung dar. Heute versorgt der Staat – zumindest in Mitteleuropa – die Menschen mit universeller Gesundheitsversorgung und gibt ihnen ein Sicherheitsnetz, von dem man früher innerhalb der Familie abhängig war. Und Staaten? Das letzte Mal, dass man von ihnen groß hörte, ihr letztes Aufbäumen als wichtigste Handelnde der Geschichte, war während des Kalten Krieges. In der modernen Welt hat ihre Bedeutung stark nachgelassen, wenn es sie überhaupt de facto noch gibt. Oder ist Facebook die Vorform des von vielen herbeigesehnten Weltstaats, wie der Schriftsteller Peter Glaser behauptet?* Grenzen haben sich jedenfalls auch als etwas Abstraktes herausgestellt. Vielleicht wird man auf die Auflösung der Staaten oder die Auflösung der Fami-

---

* «Der blaue Planet», Süddeutsche Zeitung Nr. 24/2016

lien in hundert Jahren als eine der größten Revolutionen der Menschheit zurückblicken. Andererseits: Allein die Tatsache, dass man etwas prognostizieren kann, beweist ja eine gewisse Wahrscheinlichkeit und paradoxerweise damit auch, dass es eben *nicht* so kommen wird.

Vielleicht muss man, um Risiken der Zukunft zu erahnen, genau in das Gebiet schauen, in dem wir uns am sichersten fühlen. Und am sichersten fühlen wir uns vermutlich vor einer neuen Diktatur. Da sind wir immun. Dafür sind wir längst zu demokratisiert. Heißt es. Was aber, wenn die Tyrannei freiwillig ist, man sich zum Beispiel von Google oder Facebook überwachen lässt? Und was, wenn die Tyrannei demokratisch ist?

Genauso wie es vorstellbar ist, dass sich eine offene Gesellschaft selbst ad absurdum führt, weil sie aus lauter Liberalität ihre inneren Feinde nicht mehr eindämmen kann, so ist auch ein anderes Szenario denkbar: Irgendwann könnte sich die Demokratie dazu durchringen, sich ernsthaft zur Wehr zu setzen, und alle, die den demokratischen Konsens nicht mittragen, ausgrenzen. All die Hater, all die Trolle und Wutbürger, alle Schwulenhasser und Fanatiker wären dann ausgeschlossen. Endlich wären die Wohlmeinenden dann unter sich, endlich würde Konsens herrschen. Das Problem ist nur: Das entspräche nicht unseren Werten. Eine Gesellschaft, die den Konsens um jeden Preis will, wäre zutiefst uneuropäisch. Zu unserer DNA gehören Reibung und die ständige geistige Unruhe. Oft werden Liberalismus und Pluralismus miteinander verwechselt. Pluralismus unterscheidet sich aber vom strikten Liberalismus in einem entscheidenden Punkt: Er beinhaltet die Einsicht, dass es keine letztgültigen Aussagen zu moralischen und politischen Fragen gibt, oder besser: dass es mehrere, unterschiedliche Aussagen gibt. Eine pluralistische Gesellschaft muss aushalten, dass diese Aussagen zum Teil nicht miteinander vereinbar sind. Das verpflichtet dann eben auch zu Toleranz sogar gegenüber den Feinden des liberalen Konsenses – und wenn es noch so schwer fällt. Konkret: Wir müssen von den hier einwandernden konservativen oder sogar radikalen Muslimen die Befolgung unserer Gesetze verlangen, aber wir dürfen nicht verlangen, dass sie ihrem Glauben abschwören. Das Gleiche gilt aber nicht nur für Muslime, sondern auch für die von diffusen Ängsten und Ressentiments getriebenen Pegida-Marschierer oder christliche Fundamentalisten. Wir dürfen all diese Leute nicht aus unserer Gesellschaft verbannen, nicht einmal auf die sanfte Tour.

Alexis de Tocqueville hat schon vor zweihundert Jahren in der Beurteilung der jungen Vereinigten Staaten von Amerika beschrieben, wie Ausgrenzung auch auf nichtformelle Art funktioniert, als eine stille Übereinkunft nämlich, Andersdenkende doof zu finden. Und er hat bewiesen, wie undemokratisch das im Kern ist. In den USA gab es über den Gründungsmythos folgenden Witz: Warum sind die Presbyterianer aus England nach Amerika geflohen? Um ihren Glauben frei leben zu können und andere zu zwingen, das Gleiche zu tun … Wenn wir Leute als Idioten (also Außenseiter im wörtlichen Sinne) bezeichnen, nur weil sie den libertär-hedonistischen Lebensentwurf nicht teilen, ist das zutiefst illiberal, denn das endet unweigerlich im doktrinären Liberalismus, und der hebt sich selbst auf. Wenn man die Freiheit verteidigen will, fängt man am besten mit der Freiheit der Leute an, die einem am meisten auf die Nerven gehen. Streng genommen hat der Liberalismus keine andere Möglichkeit, für sich zu werben, als durch die schiere Attraktivität seiner Lebensform. Er hört auf, Liberalismus zu sein, wenn er anfängt, sich wie die anderen Ideologien durch Umerziehung hervorzutun oder sich durch Alleingültigkeitsansprüche seinen Feinden anzugleichen.

Hinter all den Gedanken über gerechte und ungerechte politische Ideologien, hinter all den Spekulationen, wie die Geschichte hätte verlaufen können, wenn dies oder jenes nicht gewesen wäre, hinter allen Zukunftsvisionen, hinter all den Bemühungen, eine erträglichere Welt zu schaffen, steht übrigens eine Annahme, die ich bei allem Vorangegangenen einfach vorausgesetzt habe: dass die Geschichte Sinn und Ziel hat, Geschichte also erklärbar ist. Aber ist sie das wirklich? Kann man Geschichte erklären? Zum Beispiel in so einem Buch? Und dann dem Ganzen in einem letzten Kapitel quasi den Deckel aufsetzen? Ist es vielleicht sogar möglich, das Wesentliche der Weltgeschichte in einer Formel zusammenzufassen? Man könnte doch zum Beispiel mit Karl Jaspers sagen: «Unsere geschichtlich neue Situation ist die reale Einheit der Menschheit.» Es kann nirgends etwas Wesentliches geschehen, das nicht alle angeht. Yuval Harari sagt das Gleiche. Vor 3000 Jahren gab es auf der Welt eine halbe Million verstreute, kleine Kulturen. Unsere Story in einer Nussschale ist nach Harari: die Entwicklung von komplett voneinander isolierten Mikrokulturen hin zu der kompletten Vernetzung der globalisierten Welt. Erst wurde Amerika zu Europa, dann Afrika, dann die ganze Welt. Jeder Flughafen, jedes Hotel, jede Einkaufsstraße sieht inzwischen identisch aus. Heute gibt es keinen Teil auf der Welt mehr, der nicht von der gemeinsamen, globalisierten Realität berührt ist. Man kann die Geschichte als Europäisierung der Welt lesen, als riesigen, globalen Zivilisationsprozess.

Aber was ist dann mit den Lücken? Mit Palmyra? Einst einer der reichsten und kultiviertesten Orte dieser Welt, inzwischen von Barbaren so gut wie ausradiert. Und was ist mit Damaskus? In der Spätantike war Damaskus das Weltzentrum der Philosophie. Und heute? Wir vergessen gerne, dass die Welt zeitweise sehr viel globalisierter und multikultureller war als heute. Es gab eine Zeit, da konnte ein römischer Kaiser ebenso gut aus der städtischen Oberklasse kommen oder ein Afrikaner sein oder ein romanisierter ehemaliger «Barbar vom Balkan». Unsere Zeit hält viel auf Multikulti, dabei vergessen wir, dass es Kulturen vor uns gab, die zum Teil sehr viel heterogener, also bunter, als wir selbst waren. Irgendwas scheint mit der Story einer zur großen Weltfamilie wachsenden globalen Gesellschaft nicht aufzugehen. Es ist immer sehr reizvoll, der Geschichte einen roten Faden – also zum Beispiel «die Globalisierung» – zu geben. Meist stimmen diese Geschichten sogar ein bisschen. Man muss nur im Hinterkopf behalten, dass dies letztlich immer nur ein mutiger, aber zugleich verzweifelter Versuch ist, Ordnung in etwas zu bringen, das wir in letzter Instanz nie ganz durchblicken können. Was wäre das auch für eine Geschichte, in der man alles erklären könnte, die keine Fragen offenließe? Solange man sich der Beschränktheit seines Blicks bewusst ist, ist es aber absolut statthaft, Geschichte – dem menschlichen Ordnungssinn gehorchend – entlang von Gesetzmäßigkeiten zu deuten.

Eine reizvolle *Nutshell*-Interpretation der Geschichte ist zum Beispiel auch die des berühmten amerikanischen Ökonomen Peter L. Bernstein. Er sagt, die Story des Menschen lasse sich als eine Art des Bezwingungsaktes der uns bedrohenden Gefahren lesen. In der ersten Phase der Menschheit sei der Mensch noch undurchsichtigen Kräften ausgesetzt gewesen. Wir mussten alle unsere Kraft dafür aufwenden, am Leben zu bleiben. Wir führten ein gefährliches, aber abwechslungsreiches Leben. Dann hätten wir gelernt vorzusorgen, unsere Risiken abzuwägen und zu berechnen. Bernstein sagt, das moderne Leben habe angefangen, als wir anfingen, das Risiko zu messen. Die Gesetze der Mathematik und der Statistik, sagt er, haben uns erlaubt, die Welt zu knacken. Heute öffnen wir den Kühlschrank, um an Essen zu kommen, wir leben in klimatisierten Räumen, festgezurrt zwischen Verpflichtungen. Abenteuer gibt es nur noch virtuell. Das

Leben ist risikominimiert. Der Durchbruch war für ihn die Entdeckung der Wahrscheinlichkeitstheorie durch Blaise Pascal Mitte des 17. Jahrhunderts. Unser gesamter Handel, unser Banken-, Versicherungs-, Gesundheits- und Rentensystem fußt darauf. Seit dem 17. Jahrhundert haben wir unser *Risk Management* so verfeinert, dass wir uns in einer ehemals feindlichen und von Katastrophen regierten Welt in Sicherheit wiegen. Die Theorie hat was. Die meisten unserer Vorfahren konnten nachts nicht sicher schlafen, noch vor zwei Generationen war in Europa fast alle dreißig Jahre irgendein Krieg. Heute beschweren wir uns schon, wenn die Bahn ein paar Minuten Verspätung hat, oder über zu wenig Beinfreiheit im Flugzeug. Umso schockierter sind wir dann, wenn wir aus unseren Luxusproblemen gerissen werden und mit Katastrophen oder Terrorakten konfrontiert sind. Wir versuchen dann möglichst schnell, einfache Lösungen zu finden, die manchmal sogar ein wenig helfen, womit sich wiederum unsere Illusion verschärft, wir hätten die Welt im Griff. Der Wunsch, nicht von der Geschichte behelligt zu werden, ist ebenso verbreitet wie der Glaube, wir hätten ein Recht darauf, ein Leben in stabilen Verhältnissen zu verbringen. Tatsache bleibt, dass dies eine Illusion ist.

Alle Versuche, die Welt zu deuten, haben eine Gemeinsamkeit: Sie geben der Welt einen Sinn. In dem Moment, in dem man Geschichte erzählt, gibt man ihr einen Sinn, weil man als Mensch darauf schaut. Man kann sich weigern, die Geschichte anthropozentrisch zu erzählen, und komplett vom Menschen absehen (oder in ihm den Störenfried sehen) – aber damit macht man dann *alles* zu Geschichte, und alles ist gleich bedeutend: alles, was je geschehen ist, sogar das Fallen eines Steins und jedes Regentropfens. Dadurch macht man Geschichte unerzählbar und sinnlos. Womit wir endlich bei dem angekommen sind, was das eigentliche Bestreben jeder Geschichtsschreibung ist. Der Fachbegriff ist Geschichtsphilosophie. Für jeden, der wirklich an Geschichte interessiert ist, ist das die einzig wirklich interessante Disziplin. Letztlich ist nämlich völlig zweitrangig, wie was genau vonstattengegangen ist, entscheidend ist einzig und allein: Worauf läuft das alles hinaus? Letztlich ist das eine theologische Frage. Und das ist auch okay, denn die Frage nach den letzten Dingen darf auch in einem noch so oberflächlichen Geschichts-Universalentwurf nicht fehlen. Sind wir also Teil einer Geschichte, die man fortlaufend, zumindest in der Rückschau, erzählen und begreifen kann? Einer Geschichte, die einen Anfang und ein Ende hat? Ist Geschichte demnach ihrem Wesen nach endlich? Hat sie ein Ziel? Keiner, der an Geschichte interessiert ist, kann die Frage nach Ziel und Ende der Geschichte einfach auf sich beruhen lassen.

Josef Pieper, der große Münsteraner Professor für philosophische Anthropologie, sagte, dass jeder, der überhaupt nur die Wörter «schon» und «noch» («Schon die Griechen kannten ...», «Die Alten wussten noch ...») in den Mund nehme, eine Geschichtsentwicklung dazudenke, eine Richtung, und damit auch, dass Geschichte auf etwas hinauswill, einen bestimmten Zustand – entweder einen Zustand der Vollkommenheit oder des Desasters –, dass es jedenfalls eine Art Endzustand geben werde. Die Griechen dachten da noch anders. Ein Aristoteles konnte noch der Meinung sein, dass die Geschichte ein der Natur ähnlicher Kreislauf sei, der sich immer wiederholt. Auch in der indischen Kultur gibt es diese Idee von Wiederkehr, der Verlauf der Zeit, wie wir ihn vor Augen haben, ist dort fremd. Die Ägypter kannten das Konzept von Vergangenheit und Zukunft überhaupt nicht, sie verneinten die Vergänglichkeit komplett, was in ihren Mumien und Jenseitserzählungen am deutlichsten zum Ausdruck kommt. Die Idee einer geschichtlichen Entwicklung, die Idee, dass alles einen Anfang und ein Ende, dass dies alles eine Richtung hat, ist zutiefst jüdisch, damit auch zutiefst christlich und damit auch zutiefst europäisch.

Endzeitszenarien und Spekulationen über das Ziel der Geschichte sind seit Spätantike und Mittelalter fester Bestandteil der europäischen Tradition, von Augustinus über Thomas von Aquin bis hin zu Karl Marx. Wir können gar nicht anders. Das bringt schon unsere Sprache mit sich, das lateinische *finis*, das französische *fin*, das italienische *fine*, das englische *finish* – und zu einem tatsächlich geringeren Maße auch das deutsche Wort Ende – bedeutet zugleich Ziel. Es kann in unserem Denken kein Ende geben, das nicht auch Ziel ist. Interessant ist aber auch, dass sich alles, was jenseits der Ziellinie liegt, unserer Vorstellungskraft entzieht. Wir können den Begriff «Ende der Geschichte» zwar aussprechen, aber begreifen können wir ihn nicht. Auch das Ende und was danach kommen soll, können wir uns im absoluten Sinne gar nicht vorstellen. Weil wir uns auch das Nichts nicht vorstellen können. Dafür fehlt uns das Fassungsvermögen. Was sich der Mensch vorstellen kann, ist Zerstörung. Aber auch etwas Zerstörtes bleibt ja pulverisiert zurück. Aus eigenmenschlicher Kraft ist die komplette *annihilatio*, die Vernichtung, wie Josef Pieper sie nennt, die Rückführung der Existenz ins Nichts, weder machbar noch vorstellbar. Das wäre nämlich nichts anderes als die Rückgängigmachung von Erschaffung – und die setzt Erschaffung voraus. Der Glaube an ein Ende der Geschichte – an die Existenz des Nichts – ist also gleichbedeutend mit dem Glauben an Gott, weil die Diskrepanz zwischen Dasein und Nichts einen Akt der Kreation voraussetzt. Das ist auch ein Grund, warum viele Physiker sich damit schwertun, eine höhere, intelligente Gewalt auszuschließen. Jeder Physiker weiß, dass nicht nur die Erde und die Sonne, sondern auch das gesamte Universum endlich sind. Wir können präzise berechnen, dass die Sonne in fünf Milliarden Jahren so angewachsen sein wird, dass alles Leben auf der Erde verbrennt. In weiteren fünf Milliarden Jahren wird die Sonne schrumpfen und erkalten und hat ein ebenso kalkulierbares Ende wie das Universum selbst. Nur über das Wie gehen die Ansichten noch auseinander. Zu den gängigen Theorien gehört der «Big Freeze», wonach sich das Universum so weit ausdehnt, dass es eine Temperatur um den absoluten Nullpunkt erreicht und einfriert, der «Big Rip», der große Endknall, und der «Big Crunch», bei dem das Universum in sich selbst zusammenstürzt.

Sind Gedanken über das Ende der Geschichte überhaupt zielführend – wie Angela Merkel sagen würde? Was kann man schon Sinniges über das Ende sagen? Wir haben keinerlei Erfahrungswerte, auf die wir uns dabei stützen können. Die mittelalterlich-abendländische Geschichtsschreibung von Augustinus über Anselm von Havelberg und Otto von Freising bis hin zu Nostradamus hatte vor dem Ende, vor der Apokalypse, eine Art Endkampf vor Augen. Nach der Apokalypse, so die christliche Lesart, kommt die Wiederkunft Christi, das Reich Gottes, das als eine Art große Wiedergutmachung gesehen wird, als großes Heilemachen, in der die Opfer irdischer Macht rehabilitiert werden. «Er stürzt die Mächtigen vom Thron und erhöht die Niedrigen. Die Hungernden beschenkt er mit seinen Gaben und lässt die Reichen leer ausgehen ...» (Lukas 1,52–53)*. Die Vorstellung eines Ziels und der Vollendung der Geschichte war für Europa die meiste Zeit schlicht eine Selbstverständlichkeit. Das endzeitliche Denken vererbte das Christentum via Renaissance an die Aufklärung. Die ersetzte den Glauben an einen Gott, der einen Plan für die Welt hat, durch den Glauben an ein stetes Fortschreiten des Menschen dank der zunehmenden Herrschaft der Vernunft.

---

* Wann? Schon die Zeitgenossen Jesu lebten in ständiger «Naherwartung». Nach so mancher christlicher Auslegung befinden wir uns längst mitten in der Apokalypse.

Eines der erfolgreichsten Bücher der zweiten Hälfte des 18. Jahrhunderts war das Werk «Über die Geschichte der Menschheit» des Schweizers Isaak Iselin, Grundthese: Das Goldene Zeitalter liegt nicht hinter uns, sondern *vor* uns! Schiller wird dies nicht viel später in seiner Ode «An die Freude» in klingende Worte kleiden: «Alle Menschen werden Brüder» und so weiter. Dieser Gedanke eines «ewigen Fortschreitens unseres Geschlechts» (Fichte), Kants Traum von einem Reich «wahrhafter Kultur» und eines «ewigen Friedens» bis hin zur Atlantik-Charta, mit der Roosevelt und Churchill die gemeinsamen Grundsätze ihrer politischen Prinzipien zu Papier brachten («… dass alle Menschen in allen Ländern ihr ganzes Leben lang frei von Furcht und Not leben können …») – all das ist Teil des abendländischen Erbes. Der aufklärerische Fortschrittsoptimismus basiert sozusagen auf der christlich-abendländischen Theologie von den letzten Dingen. Auch die Endzielvision des Kommunistischen Manifestes ist letztlich nichts anderes als eine säkularisierte Version von Thomas von Aquins «Gottesstaat».

Nach christlichem Denken ist der quasiparadiesische Zustand auf Erden eine Täuschung des Antichrist. Seine Herrschaft ist die Vorstufe zu einem schrecklichen Endkampf. Nach christlicher Erzählweise werden am Ende aller Zeiten die Verteidiger der menschlichen Freiheit und Würde eine unterdrückte Minderheit sein.

Sind solche Endzeitszenarien abergläubischer Quatsch? Ist es nur eine Frage der Zeit, bis der Mensch auch die letzten Rätsel gelüftet hat? Gibt es für jedes Problem eine technische Lösung? Was, wenn das, was Life Science genannt wird, irgendwann hinter die allerletzten Geheimnisse kommt? Ist dann endgültig alles, was einmal als Glaube galt, als Aberglaube entlarvt? Andererseits: Was wissen wir schon? Bis vor fünf Minuten hatten wir nicht die blasseste Ahnung davon, dass sich der Raum krümmt und wellt. Vielleicht gibt es Paralleluniversen, in denen andere Dinge gelten als hier, in dem unseren. Vielleicht kommen wir ja auch irgendwann dahinter, dass es im streng wissenschaftlichen Sinne nicht einmal ein Ich gibt. Und dass wir alle nur im Raum herumwimmelnde Elementarteilchen sind, die ständig zwischen Sein und Nichtsein pendeln. Anhänger der sogenannten Gaia-Hypothese behaupten ja längst, dass das individuelle Ich überbewertet wird und wir alle nur Zellen eines riesigen Organismus namens Erde sind. Und überhaupt: Ist unsere Existenz, ob als Individuen oder als Kollektiv, in der Weite all der möglichen Universen nicht ohnehin verhältnismäßig egal? Vielleicht. Aber das hieße dann in letzter Konsequenz auch, dass Atomkrieg verhältnismäßig egal ist. Und Folter. Und Hunger. Und Liebe.

Es gibt eine sehr schöne Passage in den Jugenderinnerungen einer Freundin von mir, Esther Maria Magnis.* Darin beschreibt sie, wie sie bei einem Abendessen ihrer Eltern neben einen Mann geriet, der sehr klug und

* Esther Maria Magnis: «Gott braucht dich nicht», Rowohlt 2012.

souverän über die Unbedeutendheit des Menschen im Lichte der Wissenschaft sprach: «Neben ihm saß – seine Frau. Und die lächelte auch noch stolz und weinselig und raffte nicht, was da gerade gesagt wurde. Mein Herz schlug mir bis gegen die Zungenwurzel. Ich schluckte aufgeregt. ‹Lieben Sie eigentlich Ihre Frau?›, habe ich ihn gefragt. Das Geklapper der Gabeln auf den Tellern hörte schlagartig auf. Er sah kurz seine Frau an, dann lachten alle, und dann habe ich gesagt: ‹Ich glaube Ihnen nicht. Sie können es nicht beweisen. Sie können nur sagen, dass sie einen Geruch hat, der Sie anlockt, dass Ihre Treue zu ihr gesellschaftlicher Zwang oder eigener Nutzen ist, weil Sie Nestwärme brauchen und sie Ihre Jungen großzieht. Ich wäre sehr traurig, wenn ich Ihre Frau wäre.›» Esther bekam dafür Ärger mit ihren Eltern. Aber sie hatte natürlich recht.

Ohne Hoffnung darauf, dass unsere Existenz nicht sinnlos ist, dass Liebe mehr als nur eine chemische Reaktion im Gehirn ist, dass es Gut und Böse gibt, dass der Mensch nicht einfach eine Art Bio-Unfall ist, dass die Geschichte der Menschheit ein Ziel hat, dass wir Teil von etwas sind, das irgendwie Sinn ergibt, könnten wir doch gar nicht leben. Außer man ist ein Monster wie Macbeth, den Shakespeare kurz vor seinem Tod sagen lässt: «Life's but a walking shadow / a poor player / That struts and frets his hour upon the stage / And then is heard no more / It is a tale / Told by an idiot / full of sound and fury / Signifying nothing.» Mit anderen Worten: Das Leben ist ein Märchen, erzählt von einem Idioten, *so do what the fuck you want, nobody gives a shit.* Das kann einem denkenden Menschen nicht genügen. Wenn man hingegen lange genug in sich reinschaut (Sokrates behauptete ja, dass in jedem von uns die höchste Erkenntnis sitzt, man muss nur lange genug bohren), ist es so abwegig nicht, dass es so etwas wie das Gute und das Böse gibt. Auch scheint mir die Tatsache evident, dass der Mensch das Gute vorfindet und er es nicht erfindet. Das ist ebenso intuitiv einsichtig wie die Überlegenheit des Guten über das Böse. Es ist nun einmal so, dass Treue großartiger ist als Verrat, Helfen richtiger als Töten. Hat man sich darauf eingelassen, wird auch klar, dass die Freiheit ein großes Geschenk, aber auch eine große Last ist. Vielleicht macht die Freiheit, zwischen Gut und Böse zu wählen, das Menschsein überhaupt erst aus. Dann ist das Böse, auch das Böse in der Geschichte, der Preis, den wir für unsere Freiheit zahlen. Wer an den Unterschied zwischen Gut und Böse glaubt, der glaubt, dass die Welt einen Sinn hat. Der glaubt. Und wer glaubt, kann auch hoffen. Wer hoffen kann, kann auch die Welt bejahen – und zwar *mit* ihren Imperfektionen, weil erst sie es sind, die uns immer wieder vor die Wahl zwischen Gut und Böse stellen und uns mit unserer Freiheit konfrontieren. Das heißt dann auch, die Realität, das Leid in der Welt als gegeben anzunehmen und dabei doch immer zu versuchen, dieses auszubessern, immer wieder aufs Neue – aber im Bewusstsein, dass es immer nur behelfsmäßige Maßnahmen sind.

Vielleicht kann man unsere Geschichte ja doch in

einem einzigen Satz zusammenfassen. Augustinus, einer der wichtigsten Denker der abendländischen Kultur, hat es versucht. Ihm wollen wir hier das letzte Wort lassen. Er stammte übrigens aus Nordafrika, hätte heutzutage vermutlich also Probleme, legal in Europa einzureisen. Die Welt war, wie gesagt, schon einmal internationaler ... Egal, Augustinus jedenfalls sieht Weltgeschichte als Kampf zwischen zweierlei Formen von Liebe: der Liebe zu sich selbst – die im Extrem bis zur Zerstörung der Welt führt – und der Liebe für den Anderen, die im Extrem ein Verzicht auf sich selbst ist. Jeder menschliche Fortschritt ist demnach Folge dieser urmenschlichen Liebe zu uns selbst und zugleich Symptom des Endes. Um das zu sehen, muss man nicht einmal wie Augustinus gläubig sein. Dafür genügt es, auf die Wirkung zu sehen, die der Mensch auf die Erde gehabt hat.

«Ausführlich zu schildern, was sich niemals ereignet hat, ist nicht nur die Aufgabe des Geschichtsschreibers, sondern auch das unveräußerliche Recht jedes wirklichen Kulturmenschen.»

OSCAR WILDE

NACHSCHLAG

Die hartnäckigsten *Irrtümer* der Weltgeschichte

Das Buch ist fast zu Ende. Ob Sie jetzt klüger sind? Natürlich nicht. Aber das ist kein Grund zur Beunruhigung. Je mehr wir erfahren, desto klarer wird auch, wie wenig wir eigentlich wissen. Das ist normal. Das liegt in der Natur der Dinge. Hinter jeder Tür, die wir öffnen, stoßen wir auf drei weitere. Ein Herr aus Weimar hat die Verzweiflung über dieses Dilemma einmal sehr schön auf den Punkt gebracht – im Auftaktmonolog des Faust:

> *Hab nun, ach! die Philosophey,*
> *Medizin und Juristerey*
> *Und leider auch die Theologie*
> *Durchaus studirt mit heisser Müh.*
> *Da steh ich nun, ich armer Thor,*
> *Und binn so klug als wie zuvor.*
> *Heisse Docktor und Professor gar*

Und ziehe schon an die zehen Jahr
Herauf, herab und queer und krumm
Meine Schüler an der Nas herum
Und seh, dass wir nichts wissen können:
Das will mir schier das Herz verbrennen.

Wenn man sehr wissenschaftshörig und sehr deutsch ist (also die beiden Eigenschaften in sich vereinbart, für die Faust steht), mag einem die Beschränktheit des Wissens Herzbrennen bereiten. Der Rest von uns findet sich damit ab, dass alles Wissen ohnehin nur Stückwerk ist. Als Redakteur einer großen deutschen Tageszeitung arbeite ich in einer Branche, die ich – wenn ich unter Freunden bin, und das bin ja hier – liebevoll als Informations-Illusions-Industrie bezeichne. Eine Zeitung – wie auch ein solches Buch – vermittelt einem das gute Gefühl, dass wichtige Erkenntnisse überschaubar servierbar sind. Erstaunlicherweise passiert ja jeden Tag immer genau so viel, dass es in eine Zeitung passt ... Wenn man eine Zeitung «ausgelesen» hat, ein Buch zugeklappt und zur Seite gelegt hat, darf man sich informiert fühlen. Das ist in einer Zeit, in der man in der Informationsflut zu ertrinken droht, zunächst etwas sehr Befriedigendes. Aber es bleibt doch immer die Ahnung, dass man mit seinem Wissen nur an der Oberfläche kratzt. Die Enzyklopädisten der Aufklärung durften noch überzeugt gewesen sein, das gesamte Wissen der Zivilisation mit 71 818 Artikeln auf 18 000 Buchseiten bannen zu können. Vom viktorianischen Schriftsteller Thomas Carlyle sagte man, er habe sämtliche Bücher seiner Zeit gelesen. Wer könnte das heute von sich behaupten? Vermutlich werden minütlich mehr Informationen online gestellt, als in 10 000 Jahren Schriftgeschichte aufgeschrieben wurden. Die Menge der zur Verfügung stehenden Informationen wächst ins Unendliche. Sagt man heute zu jemandem: «Du bist aber gut informiert», ist das ein bisschen so, als würde jemand aus dem Ozean steigen und man zu ihm sagen: «Mensch, du bist aber nass!» Am besten hat es eigentlich, abgesehen von Goethe, einmal Donald Rumsfeld, der ehemalige amerikanische Verteidigungsminister, formuliert, als er auf die Unwägbarkeiten eines möglichen dritten Golfkriegs angesprochen wurde: «Es gibt bekannte Gewissheiten, es gibt Dinge, von denen wir wissen, dass wir sie wissen. Wir wissen auch, dass es bekannte Ungewissheiten gibt, das heißt, wir wissen, es gibt einige Dinge, die wir nicht wissen. Aber es gibt auch unbekannte Ungewissheiten – es gibt Dinge, von denen wir nicht einmal wissen, dass wir sie nicht wissen.» Im Original ist es noch poetischer: «There are known knowns; there are things we know we know. We also know there are known unknowns; that is to say we know there are some things we do not know. But there are also unknown unknowns – there are things we do not know we don't know.»

Wir müssen uns also mit der Beschränktheit unseres Wissens abfinden. Glücklicherweise gibt es aber dann noch die Dinge, die wir zum Allgemeinwissen zählen. Das klitzekleine Problem: Auch die sind bei Lichte besehen oft blanker Unsinn. Oder bestenfalls Halbwahrheiten. Der Mount Everest ist der höchste Berg der Welt. Hitler war Vegetarier. Das Lieblingsgetränk von James Bond ist Dry Martini. Alles falsch, leider. Mauna Kea auf Hawaii ist, gemessen vom Meeresgrund an, höher. Hitler liebte Würstchen, musste aus gesundheitlichen Gründen nur zeitweise auf Fleisch verzichten. Bond trinkt in sämtlichen Ian-Fleming-Romanen einhunderteins Gläser Scotch – aber nur neunzehn Dry Martini.

Das Dauerrauschen der Informationsindustrie wird zunehmend zur Bürde, weil wir zwar Zugriff auf schier unendliche Datenmassen und Informationsquellen haben, die Quellen aber immer undurchschaubarer werden. Er werden Dinge in sozialen Netzwerken «geteilt», von denen niemand mehr sagen kann, woher sie ursprünglich stammen. Es gab eine Zeit, da stand in jedem halbwegs bildungsbeflissenen Haushalt eine Enzyklopädie. Heute gibt es «das Netz». Da findet man zu jedem beliebigen Themengebiet Studien der Universität Oxford gleichberechtigt neben den herrlichsten und krudesten Verschwörungstheorien. Vertieft man sich nur lang genug ins Informationsmeer, ist die Königin von England plötzlich nicht mehr nur das Staatsoberhaupt von insgesamt sechzehn Staaten, sondern wahlweise auch eine Agentin des Mossad, eine Außerirdische oder ein Reptil in Menschengestalt und der Holocaust der Nazis eine Erfindung.

Bei allem berechtigten Gejammer über die Informationsüberflutung unserer Tage ist dies vielleicht ein guter

Zeitpunkt, eines klarzustellen: Das alles ist kein Phänomen unseres digitalen Informationszeitalters. Wir wussten schon immer gleichzeitig zu viel und zu wenig. Das ist Teil – vielleicht sogar der Ausgangspunkt – des menschlichen Dilemmas. Wie hieß noch der gleich der Baum, von dem Adam und Eva naschten?* Ohne den Drang, mehr wissen zu wollen, ohne den Drang, unsere Wirklichkeit zu erforschen und unser Leben dadurch ertragbarer machen zu wollen, säßen wir alle noch unschuldig im Paradies. Allerdings würden wir uns wahrscheinlich kaum von unseren Mitbewohnern, die dort auf Bäumen lebten, unterscheiden. Die Sucht nach Erkenntnis ist der urmenschliche Drang schlechthin und zugleich Quelle aller Misere. Weil wir nie zufrieden sind mit dem, was wir haben und was wir wissen.

Das Klügste, was man machen kann, ist also, sich zu seinen Wissenslücken zu bekennen. Das braucht manchmal Mut. Jeder von uns kennt die Situation: Man ist in Gesellschaft von Leuten, die man für cooler, klüger oder gebildeter hält. Egal, ob man Kind in der Vorschule, Doktorand in Cambridge oder Kongressteilnehmer eines Versicherungskonzerns ist: Das Bedürfnis, «dazuzugehören», im Schwarm zu fliegen, nicht ausgeschlossen zu sein, hat jeder von uns. In der Schule heißt es: «Hast du gestern die neue Folge der Simpsons gesehen?» Später dann: «Kennen Sie das neue Buch von Mo Yan?» – «Natüüüürlich!» Auch wenn Sie nicht den blassesten Schim-

* Selber googeln! So: baum+der+erkenntnis.

mer haben, wovon Ihr Gegenüber spricht, nicken Sie vielwissend und halten sich krampfhaft an Ihrem Glas Prosecco fest. Haben Sie schon einmal von dem Buch «Growing Young» des großen Anthropologen Ashley Montagu gehört (Merken Sie's? Ich mach's gerade mit *Ihnen*! Natürlich kennen Sie das Buch nicht!)? Montagu lebte bis zu seinem Tod 1999 in Princeton, Albert Einsteins Alma Mater. Er war ein bedeutender Anthropologe und Pädagoge, bekannt vor allem für seine Veröffentlichungen über die Entwicklungspsychologie von Kindern. Eine seiner Thesen war, dass die Sehnsucht nach Wissen einer der grundlegendsten menschlichen Instinkte und eng mit unserem Überlebensinstinkt verknüpft ist. Schon als Säugling seien wir darauf angewiesen, durch Augenkontakt, durch das visuelle Abtasten der uns bemutternden Menschen nach Informationen zu suchen, um unsere Bedürfnisse zu stillen. Dieser Durst nach Informationen, so Montagu, höre nie auf und sei die treibende Kraft hinter all den kindlichen «Warum, Papi …?, Wieso, Mami …?». Irgendwann hören wir laut Montagu aber auf, unbefangen Fragen zu stellen – schuld daran sei unsere westliche Kultur, die Herrschaftswissen verherrliche und all die beschäme, die weniger wissen. Unser ganzes Schulsystem, behauptete der weise Mann aus Princeton, sei darauf ausgerichtet, Unwissende bloßzustellen und (scheinbares) Wissen zu belohnen.

Was wir daraus lernen? Überliefertes Wissen in Frage zu stellen. Um die Sinne dafür zu schärfen, hier einige Geschichten, die oft und gern konsequenterweise falsch verbreitet werden – weil irgendwann mal jemand den Moment verpasst hat, zuzugeben, was für einen Unsinn er da erzählt. Manche davon gehen auf Missverständnisse zurück, andere auf Propaganda – wie das Märchen vom genialen Verkehrsplaner Adolf Hitler, der die Autobahn erfunden hat, oder das Bild vom finsteren Mittelalter, dessen Bewohner so dumm waren, dass sie die Erde für eine Scheibe hielten. Wir sollten uns also darin trainieren, Wissen in Frage zu stellen. Ich fang schon mal damit an. Mit ein paar stichprobenhaft ausgewählten weitverbreiteten Irrtümern.

Wem verdankt Deutschland seine Autobahnen?

Konrad Adenauer. Nicht Hitler. In der Zeit des Nationalsozialismus wurde der Bau von Autobahnen ausgeweitet und von den Machthabern propagandistisch ausgeschlachtet. Die ersten Pläne für Autobahnen gab es bereits in den 1920er Jahren, der erste Autobahnbau (heute die A 555) zwischen Köln und Bonn wurde von Kölns damaligem Oberbürgermeister Konrad Adenauer vorangetrieben. Eröffnet wurde sie von Adenauer am 6. August 1932 und war eine Pionierleistung: vierspurig, schnurgerade und kreuzungsfrei.

Wurde die Bibliothek von Alexandria
von Muslimen zerstört?

Nein. Als die dort ankamen, war die Bibliothek schon
längst nicht mehr in Betrieb. Ein uralter Mythos ist, dass
die Armeen des Kalifen Omar die berühmteste Bibliothek der Welt zerstört hätten, als sie die Stadt im Jahr 641
eroberten. Alexandria gehörte damals zum Byzantini-
schen Reich und war noch aus den Zeiten der Gründung
durch Alexander den Großen (331 v. Chr.) hellenistisch
geprägt. Zwar war Alexandria zu der Zeit immer noch ein
Weltzentrum des Geistes, die Bibliothek war zu diesem
Zeitpunkt aber bereits aufgelöst, ihre Bedeutung war
seit der Eroberung durch die Römer (30 v. Chr.) stetig
gesunken. Aber wie so oft steckt in häufig wiederhol-
ten Anekdoten ein Körnchen Wahrheit: Die wichtigste
christliche Bibliothek der Spätantike war nicht die von
Alexandria, sondern die von Caesarea im heutigen Palästina. Die Bibliothek von Caesarea wurde tatsächlich um
700 n. Chr. von muslimischen Eroberern zerstört, und es
ist wahr, dass damit ein Großteil des geistigen Schatzes
des frühen Christentums und bedeutende Manuskripte
griechischer Philosophen verlorengingen.

In der oft verbreiteten Legende von der Zerstörung der
Bibliothek von Alexandria steckt also im Kern Wahrheit.
Anders sieht es bei dem weitverbreiteten Gerücht aus,
Muslime hätten im ersten Jahrtausend die von ihnen er-
oberten Gebiete zwangsislamisiert. Das lag aus ganz prag-
matischen Gründen nicht im Interesse der muslimischen

Oberherrschaft: Von Nichtmuslimen kassierten die Kalifen sehr viel höhere Steuern. In Nordafrika, das zur Zeit der Eroberung durch die Muslime christliches Kerngebiet war, dauerte es mehrere Jahrhunderte, bis etwa die Hälfte der Bevölkerung muslimisch geworden war.

War George W. Bush ein texanischer Cowboy?

Niemand pflegte das Image sorgfältiger als George W. Bush selbst. Seine Taktik im Wahlkampf im Jahr 2000 gegen Al Gore beruhte darauf, Gore als Ostküsten-Schnösel und sich selbst als geerdeten Texaner darzustellen, den man sich im Pick-up-Truck vorstellen, mit dem man sich identifizieren konnte. Mit der Realität hatte dieses Image nichts zu tun. Geboren ist der 43. Präsident der Vereinigten Staaten im elitären New Haven, Connecticut. Sein Großvater war hier bereits Senator gewesen. Seine akademische Laufbahn – erst die Bostoner Eliteschule Andover, dann Yale, dann Harvard – zahlte auch nicht wirklich auf seine Kredibilität als Red-Neck-Proll ein. So entschieden sein Führungsstil in Krisen auch war, gegen Ende seiner Präsidentschaft wandte sich das von ihm selbst fabrizierte Image dann gegen ihn, als er angesichts eines Hurrikans im Jahr 2005 und voreiliger Siegerposen während des Irakkriegs plötzlich tölpelhaft wirkte.

Obama, als sein Nachfolger, wirkte auf viele wie eine Erlösung. Auch wegen Sätzen wie diesem: «Islam ist Frieden ... Wenn wir an den Islam denken, so denken wir an eine Religion, die einer Milliarde Menschen in

der Welt Trost spendet ... und die alle Rassen zu Brüdern und Schwestern gemacht hat ... Millionen von
Muslimen zählen zu Amerikas Bürgern ... Muslime sind
Ärzte, Rechtsanwälte, Juraprofessoren, Soldaten, Unter-
nehmer, Ladenbesitzer, Mütter und Väter ... Frauen, die
in diesem Land ihren Kopf verhüllen, müssen sich außerhalb ihrer Häuser wohlfühlen. Mütter mit Kopftüchern
dürfen in Amerika nicht eingeschüchtert werden.»

Reingefallen. Der Satz stammt nicht von Obama, sondern aus einer Rede, die George W. Bush hielt, als er unmittelbar nach den Terroranschlägen vom 11. September
2001 eine Moschee besuchte. Kissinger ist übrigens überzeugt, dass das Urteil der Geschichte über George W.
(«Dubya») Bush milder ausfallen wird, je mehr Zeit
vergeht.

War Einstein schlecht in Mathe?

Zu gern würde man sich damit trösten, allein: Es stimmt
nicht. Das Gerücht, er hätte diverse Mathearbeiten ver-
hauen, existierte schon zu seinen Lebzeiten. Einmal re-
agierte er auf einen entsprechenden Zeitungsartikel mit
der Feststellung: «Ich hatte nie Probleme mit Mathematik, mit vierzehn hatte ich bereits Freude an Integral- und
Differentialrechnungen.» Tatsächlich brillierte er schon
als sechs Jahre alter Knirps an der Münchner Peters-
schule. Seine Mutter schrieb an ihre Schwester: «Gestern
bekam Albert seine Noten, er wurde wieder der Erste,
er bekam ein glänzendes Zeugnis.» Er übersprang zwei

Klassen und wechselte bereits im Alter von neun Jahren auf das elitäre Münchner Luitpold-Gymnasium. Mit dem autoritären Stil dort kam er nicht zurecht, er verließ die Schule vorzeitig im Alter von fünfzehn und versuchte dennoch – ohne Abitur – als Student bei der Polytechnischen Hochschule für das Studium der Physik angenommen zu werden. Aufgrund seiner offensichtlichen Hochbegabung durfte er tatsächlich eine Aufnahmeprüfung absolvieren. Seine Prüfungsleistungen in Physik und Mathematik waren herausragend. Nicht so die Leistungen in anderen Prüfungsfächern wie Geologie: Albert Einstein bestand die Prüfung nicht. Er ging danach noch ein Jahr auf die Kantonsschule in Aarau (Kanton Aargau), um formell die Universitätsreife zu erlangen, und begann dann sein Studium an der Eidgenössischen Polytechnischen Schule erst im Oktober 1896. Vielleicht ist auch ein Missverständnis schuld an dem Gerücht. In seinem Abschlusszeugnis aus Aarau hatte er tatsächlich eine 6 in Physik und eine 6 in Mathe. Nur funktioniert die Benotung in der Schweiz andersherum: 6 bedeutet dort «sehr gut». Einsteins ursprüngliches Studienziel war das Diplom eines Fachlehrers für Mathematik und Physik – dann kam ihm die Relativitätstheorie dazwischen.

Glaubten die Menschen früher,
dass die Erde flach ist?

So steht es in unseren Kinderbüchern. Man hat genau das Bild vor Augen, wie ein Schiff einfach über den Rand kippt. Tatsächlich wusste man seit der Antike, dass die Erde eine Kugel ist, und dieses Wissen wurde auch ins Mittelalter gerettet. Deswegen ist es auch eine Mär, dass Kolumbus nur deshalb Amerika entdecken konnte, weil er an die Kugelgestalt der Erde glaubte. In Wirklichkeit hatten seine Kritiker recht, die anders als er wussten, wie groß diese Kugel ist, dass also sein Plan, Indien von Westen her zu erreichen, nicht zu verwirklichen war. Die Mär von den dummen, unwissenden Bewohnern der mittelalterlichen Welt ist leicht zu entkräften. Eines der drei wichtigsten Machtinsignien des Mittelalters war der Reichsapfel. Er symbolisierte: die Weltkugel.

Wer hat als Erster den Atlantik im Flugzeug überquert?

Es waren zwei Männer. Die Briten John Alcock und Arthur Whitten Brown. Ihre Pioniertat gelang ihnen 1919. Sie flogen von Neufundland nach Clifden in Irland, dreitausend Kilometer, in einer Vickers Vimy. Als Charles Lindbergh acht Jahre später seinen berühmten Atlantikflug absolvierte, hatten das bereits sechsundsechzig Menschen vor ihm geschafft. Lindberghs Vorteil: besseres Marketing. Er war der Erste, der alleine flog, und er wählte als Start- und Landeort die medientechnisch am besten ausgeleuchteten Plätze der Welt: New York und Paris. Lindbergh war ein gutaussehender Charmeur, versorgte die Presse mit Klatschgeschichten. Er wurde zum Inbegriff des Atlantikfliegers. Der Erste war er bei weitem nicht.

Gab es bei den Römern Galeeren-Sträflinge?

In den Asterix-Comics schon. Und im Film «Ben Hur». In Wirklichkeit setzten die Römer keine Sträflinge auf ihren Kriegsschiffen ein, an den Rudern saßen in der Regel gutausgebildete und bezahlte Soldaten. Galeerensträflinge sind eine Erfindung der Neuzeit. Erst im 15. und 16. Jahrhundert wurden Mörder und Hochverräter in Europa von Gerichten zum «Galeerenschmieden» verurteilt.

Wofür wurde Galilei verurteilt?

In dem berühmten Prozess gegen den italienischen Forscher Galileo Galilei (1564–1642) ging es nicht, wie öfters verwechselt wird, um die Kugelgestalt der Erde, sondern ihre Stellung im All: Der Streit drehte sich um die Frage, ob die Erde oder die Sonne der Mittelpunkt des Universums sei. Galileo Galilei bestand darauf, dass die Sonne der Mittelpunkt von allem sei. Heute wissen wir, dass beide Seiten falschlagen. Verurteilt wurde Galilei aber nicht, weil seine Forschungen der kirchlichen Lehrmeinung widersprachen. Sein Freund und Förderer, Papst Urban, wollte gar nicht, dass er seine These widerruft, er bestand lediglich darauf, dass er sie als Hypothese formuliert. Galilei weigerte sich, er bestand darauf, dass dies eine Gewissheit sei. Papst Urban handelte nach heutigem Maßstab streng wissenschaftlich: Die Wissenschaft kommt immer nur zu vorläufigen Schlüssen. Die Verurteilung Galileis als Beweis für die Wissenschaftsfeindlichkeit der Kirche anzuführen funktioniert also nicht. Im anekdotischen Geschichtsschnack unterschlagen wird auch gerne, dass Galilei zwar zu einer Freiheitsstrafe verurteilt wurde, diese aber umgehend in einen sehr angenehmen Hausarrest umgewandelt wurde. Zunächst wohnte er in einer der römischen Residenzen der Familie Medici, dann ging er nach Siena und kehrte schließlich in seine Villa in den Bergen im Süden von Florenz zurück, wo er weiter seinen Forschungen nachging und «Discorsi» schrieb, sein Hauptwerk.

Does money wirklich make the world go round?

Menschen ahmen einander nach. «Sieht nämlich ein Mensch, wie einer seiner Gleichartigen die Hand nach einem Gegenstand ausstreckt, ist er sogleich versucht, diesen Gestus nachzuahmen», sagte der 2015 verstorbene französische Philosoph René Girard. Dieser Drang zur Nachahmung, diese «mimetische Rivalität», ist der Treibstoff für Krieg, aber auch für Kultur. Als die haarigen Goten und Germanen in Italien einfielen, waren sie zunächst sehr grobschlächtig und unkultiviert, der arme Stamm der Vandalen hat auf ewig einen schlechten Ruf weg. Tatsächlich liefen aber auch die ungehobeltsten

Nordmänner spätestens in der zweiten Generation in der Toga rum, zitierten Ovid und heirateten in die römische Aristokratie ein. Der Germane, der nicht nach Italien zog, sondern hierblieb und sich zwischen Alpen und Nordsee ansiedelte, pflegte ebenfalls einen eher rustikalen Lebensstil. Als er aber sah, dass in der Befestigung nebenan schon mit Messer und Gabel gegessen wurde und Frauen nicht an den Haaren ins Gemach gezogen, sondern mit Musik auf der Leier umworben wurden, wollte er plötzlich auch Burgherr mit allem Drum und Dran sein. Er wollte auch das *je ne sais quoi*, das gewisse Etwas.

Wie lautete der Gruß der Gladiatoren an den Kaiser?

Jedenfalls nicht «Ave, Caesar, morituri te salutant» («Heil dir, Caesar, die Todgeweihten grüßen dich!»). Den Satz findet man in der antiken Literatur aber tatsächlich, und zwar beim Historiker und römischen Senator Cassius Dio, in seinem nur zum Teil erhaltenen, achtzigbändigen Großwerk «Ῥωμαϊκὴ ἱστορία» («Römische Geschichte»). Dort erzählt er von einem Aufstand von Tausenden Sträflingen, die für Kaiser Claudius eine blutige Seeschlacht nachstellen und die mit jenen oft zitierten Worten ihren Kaiser begrüßten – in der Hoffnung, begnadigt zu werden und nicht kämpfen zu müssen. Claudius (der Ziehvater Neros und Ehemann von Agrippina, der Gründerin von Köln) lehnte die Begnadigung ab.

War «Made in Germany» immer eine Art Gütesiegel?

Im Gegenteil. Es entstand Ende des 19. Jahrhunderts in Großbritannien. Eine Maßnahme, um sich mit der Kennzeichnung des Herkunftslandes gegen minderwertige Produkte, hauptsächlich Textilien, zu schützen. Da die Qualität der sächsischen Textilindustrie in der Regel aber gut war, setzte sich die Kennzeichnung «Made in Germany» immer mehr als Qualitätssiegel durch.

Ist jeder eine Insel?

Aus welthistorischer Sicht jedenfalls nicht. Vor etwa 500 Millionen Jahren hatten wir einen gemeinsamen Vorfahren mit allen Tieren. Wenn wir noch weiter zurückgehen, hatten wir gemeinsame Vorfahren mit Pilzen, davor waren wir Milliarden Jahre lang miteinander vernetzte Algen. Wenn wir bereits 44 Prozent unserer Gene mit Fruchtfliegen teilen, wie nah sind wir dann mit unseren Mitmenschen verwandt? Wir sind tatsächlich Brüder und Schwestern, nicht im übertragenen, sondern im biologischen Sinne. Wir können gar nicht alleine sein. Man kann sich weder selbst trösten noch selbst streicheln. Das ist, was Aristoteles mit seinem Begriff Zoon politikon (griech. ζῷον πολιτικόν) gemeint hat.

War Johanna die Wahnsinnige wahnsinnig?

Es heißt, die spanische Prinzessin Johanna von Kastilien
habe am Ende ihres Lebens abgesondert von der Welt
auf einer Festung in Tordesillas gelebt, vom Boden es-
send, die Dienerschaft bespuckend, von Wahnvorstellungen geplagt, ihre jüngste Tochter als Sklavin haltend.
Es gibt aber auch die These, dass dies alles Erfindungen
der Habsburger Hofpropagandisten waren. Johanna war
jedenfalls, als sie 1496 aus Spanien in die Niederlande
geschifft wurde, um sich mit dem Habsburger Philipp
dem Schönen zu verloben, ein unbekümmertes, zartes
Mädchen gewesen. Offenbar war sie mit ihren großen,
dunklen Augen und ihrer zarten Erscheinung dermaßen
entzückend, dass Philipp es gar nicht erwarten konnte,
mit ihr ins Bett zu steigen. Er bestand nach ihrer ersten
Begegnung darauf, dass der Bischof sie noch am selben
Nachmittag traute – damit er die Nacht bereits bei ihr
schlafen konnte. In allen einschlägigen Büchern steht, die
Begeisterung sei gegenseitig gewesen, dass Philipp aber
sehr bald genervt gewesen sei von Johannas zudring-
licher Liebe. Es heißt, er habe jede Gelegenheit genutzt,
um sich fern von ihr in Brüssel aufzuhalten (angeblich,
weil er das spanische Klima nicht vertrug). Kann diese
traurige Geschichte stimmen? Dem steht die Tatsache
entgegen, dass Johanna sieben Jahre lang fast jedes Jahr
ein Kind von Philipp zur Welt brachte.

Tatsächlich müssen sich die beiden sehr geliebt haben.
An einem Septembertag des Jahres 1506, Philipp war

trotz des heißen Klimas wieder einmal im Land, spielte er mit ein paar Prinzen in der Mittagsglut Pelota, eine Art Squash, schüttete danach literweise Eiswasser in sich hinein, bekam Krämpfe, Fieber. Wenige Tage später war Johannas geliebter Philipp tot. Johanna, heißt es, habe ihren Mann nach dessen Tod so sehr vermisst, dass sie ihn einbalsamieren ließ und allabendlich mit ihm dinierte. Aber das stimmt nicht. Tatsächlich ließ sie ihn einbalsamieren, aber nicht, um mit ihm bei Kerzenschein zu Abend zu essen, wie missgünstige Mäuler verbreiteten, sondern um ihn in einen Glassarg zu legen. Es ist wahr, dass sie den Glassarg allabendlich besuchte, und es ist auch richtig, dass sie später mit dem Leichnam ihres Mannes quer durch Spanien reiste, immer nur nachts, denn: «Eine Witwe, die die Sonne ihrer Seele verloren hat, sollte sich nie mehr dem Licht des Tages stellen.» Aber das Ziel dieser Reise war völlig legitim: die königliche Gruft in Granada. Vielleicht war Johanna im Alter tatsächlich ein wenig sonderbar, aber die Geschichte ihres Wahnsinns ist – jedenfalls aus spanischer Sicht – habsburgische Gräuelpropaganda.

Ist das Kama-Sutra ein Lehrbuch über Sex?

Nein. Es gibt sehr explizite Passagen, aber nur in zwei von sieben Kapiteln geht es überhaupt um Sex. Sutren waren so etwas wie das Wikipedia der indischen Antike, kleine, lexikonhafte Wissenshäppchen für die Info-Elite. Es gab Sutren über alles Mögliche. Vatsyayana Mallanaga, der das Kama-Sutra um 250 n. Chr. verfasst haben soll, hat selbst diverse andere Sutren über soziale, politische, medizinische Themen verfasst. Das Sutra über Kama, das leibliche Vergnügen (eines der vier Ziele menschlichen Lebens im Hinduismus), ist also Teil eines großen, teilweise von anonymen Autoren zusammengetragenen Wissenswerks. Es ist bezeichnend für uns Europäer, dass wir jahrhundertelang zu verschämt waren, um die sexuell aufgeladenen Kapitel zu übersetzen, und dann plötzlich einen U-Turn hinlegen und ausschließlich nur noch auf diese beiden explizit sexuell aufgeladenen Kapitel starren. Dabei wird das Kama-Sutra erst dann interessant, wenn man es als Ganzes vor sich hat und wenn man den Stellenwert von Kama vis-à-vis den anderen drei Zielen menschlichen Lebens kennt.

Neben Kama, dem leiblichen Hochgenuss, gibt es Artha, das materielle Wohlbefinden, und vor allem Dharma, das tugendhafte, richtige Leben. Und dann gibt es noch Moksha, die höchste Erleuchtung und Befreiung von allem. Diese Lebensziele haben jeweils einen anderen Stellenwert. An der untersten Sprosse der Leiter befindet sich Kama, dann kommt Artha und dann das Begehrenswerteste, Dharma. Kama kann man gleich haben, für Artha benötigt man ein wenig Planung, Dharma ist etwas, um das man sich bemühen muss, aber vielleicht nie erreichen wird. Moksha, die Freiheit von jeglicher Wiederkehr, ist das Allerbeste, das man überhaupt erreichen kann. Leibliches, Materielles und Moralisches, argumentiert übrigens das Kama-Sutra, sind nicht nur quasi hierarchisch geordnet, es gibt für sie auch jeweils angemessene Lebensphasen. Sich um Kama zu bemühen ist okay, wenn du jung bist, lehrt das Kama-Sutra, im reiferen Alter solltest du wichtigere Dinge in den Vordergrund stellen.

Das Kama-Sutra ist alles andere als ein Lehrbuch über Sex. Es kommt sogar stellenweise ein wenig moralisierend daher. Dazu muss man wissen, dass in der Zeit, als Vatsyayana Mallanaga schrieb, eine intellektuelle Bewegung in Mode war, die sich Lokayata, «die Weltlichen», nannte. Sie predigten, dass das Ganze mit Dharma und Moksha Unsinn sei, dass es keine Götter gibt und dass das Einzige, was zählt, Genuss ist – und zwar so schnell und so viel wie möglich. Das Kama-Sutra hält dem entgegen: Klar gibt es die Freude der körperlichen Lust – in Kapitel zwei geht es auch, ganz wie es sich für ein lexikalisches Werk gehört, ausführlich darauf ein, besonders auf die Kunst des Vorspiels –, aber es gibt Dinge, die sehr viel wichtiger und erfüllender sind.

Das eigentlich Interessante am Kama-Sutra ist, dass es eben kein Buch für promiske Sex-Athleten ist, sondern ein Werk, das sich mit dem Gelingen des rechten Lebens beschäftigt und den Stellenwert präzisiert, den Sex und die Suche nach leiblichen Genüssen im Leben haben sollte. Interessanterweise preist es auch ausdrücklich die monogame Geschlechtsbeziehung. Die Ehe stellt das Kama-Sutra in den Mittelpunkt seiner Untersuchung und Instruktionen. Kapitel vier, das Kapitel über die Ehe, ist das Herzstück des Buches. Das ist deshalb bedeutsam, weil es zu der Zeit, als das Kama-Sutra verfasst wurde, innerhalb der Elite Indiens üblich war, mehr als nur eine Frau zu haben. Die Idee, eine Frau zu finden, mit der es lohnt, gemeinsam den Weg zum Dharma zu gehen, ist neu. Am Ende des Buches hat uns Mallanaga aber dann doch noch ein paar wertvolle, praktische Ratschläge hinterlassen, für den Fall, dass alle Bemühungen um ein sittliches Eheleben nicht fruchten. Da sind die Hinweise auf Kurtisanen. Und ein paar Geheimtipps. Seinen Penis mit Pfeffer, Weißdorn und Honig einzucremen, zählt zum Beispiel als Toptipp. Auch wird empfohlen, seine Braut nachts mit einer Prise geriebener Dornen, Wiesenbärenklau, Affenscheiße und Lilienwurzel zu besprenkeln. Angeblich wird sie danach nie mehr einen anderen Mann ansehen.

Haben Kannibalen ihre Opfer in den Kochtopf gesteckt?

Lange galten Berichte über Kannibalismus in Südamerika, Afrika, Australien und vor allem auf Pazifikinseln als Schauermärchen, die den Kolonialismus rechtfertigen sollten. Mittlerweile schaut die Anthropologie etwas genauer hin. Es ist zum Beispiel vollkommen unstrittig, dass manche Stämme in Papua-Neuguinea, etwa der Stamm der Fore, bis ins 20. Jahrhundert zu rituellen Anlässen Kannibalismus praktizierte. Im Oktober 2003 hat ein Stamm von den Fidschiinseln sogar bei den Nachkommen eines britischen Missionars hochoffiziell um Verzeihung für das rituelle Töten und Verzehren ihres Ahnen gebeten. In Westneuguinea wurden nachweislich noch bis in die 1970er Jahre rituelle Menschenopfer gebracht. Hier verschwand auf einer Expedition zum Stamm der Asmat 1961 auch einer der Erben des Rockefeller-Clans, Michael Rockefeller. Er war der jüngste Sohn des damaligen US-Vizepräsidenten, ein Playboy und Abenteurer. Die romantische Version der Geschichte geht so: Der junge Milliardenerbe verliebte sich in ein Eingeborenenmädchen und schloss sich den Asmat an. Tatsächlich sollen in den Achtzigern ein paar hellhäutige Eingeborene gesichtet worden sein. Die realistische Version der Geschichte ist: Der junge Rockefeller wurde getötet und gegessen. Allerdings definitiv nicht im Kochtopf. Metalltöpfe in entsprechender Größe kann man nur mit modernen Herstellungsverfahren produzieren. In Neuguinea wurde eher gegrillt.

Hat Kolumbus Amerika entdeckt?

Die «Entdecker» Amerikas waren die Vorfahren der von uns idiotischerweise «Indianer» genannten Ureinwohner Amerikas, die gegen Ende der Eiszeit (vor ca. 12 000 Jahren) von Asien her in den zuvor menschenleeren Kontinent eindrangen. Christoph Kolumbus, der Italiener in kastilischen Diensten, war nicht einmal der erste Europäer, der den Atlantik überquert hat. Das hatten vor ihm schon andere Seefahrer geschafft, darunter Normannen. Einer von ihnen, der Isländer Leif Eriksson (ca. 970–1020), ist sogar namentlich bekannt: Die Stadt Saint Paul im US-Bundesstaat Minnesota ehrt den ersten Europäer auf amerikanischem Boden mit einer Statue in der Nähe des Rathauses. Christoph Kolumbus hat nie in seinem Leben überhaupt nur amerikanischen Boden betreten. Weiter als in die Karibik ist Kolumbus nie gekommen.

Was geschah, als «Krieg der Welten» erstmals im Radio gesendet wurde?

Brachen in amerikanischen Städten Massenpaniken los? Natürlich nicht. Die Uraufführung von H. G. Wells' «War of the Worlds», gesprochen von Orson Welles, wurde 1938 nur in wenigen ländlichen Radiostationen Amerikas gesendet. Die Meldung einer Lokalzeitung, es habe vermehrt Notrufe bei Polizei und Feuerwehr gegeben, war eine freie Erfindung des Redakteurs, der Radio als lästiges und unzuverlässiges Medium diskreditieren wollte. Die CBS-Studios, die die Rechte an dem Werk von H. G. Wells hatten, dementierten die Story nicht, weil sie schnell kapierten, dass der Mythos mit der Massenpanik gutes Marketing ist, und taten alles, damit die Geschichte weiterverbreitet wird.

Wer sagte: «Sollen sie doch Kuchen essen!»?

Marie Antoinette von Frankreich war es nicht. Der Satz *«Qu'ils mangent de la brioche»* taucht erstmals in den «Bekenntnissen» von Jean-Jacques Rousseau auf. An denen schrieb Rousseau zu einer Zeit, als Marie Antoinette etwa zehn Jahre alt war und als Habsburg-Prinzesserl unbefangen im österreichischen Bad Ischl herumturnte. Die Reaktion einer hohen Person bei Hofe auf die Berichte von Hungersnot und Brotmangel wird oft auch einer der Mätressen oder der Ehefrau von König Ludwig XIV. zugeschrieben, die lange vor Marie Antoinette bei Hofe lebte. Vielleicht ist der Satz aber einfach auch nur gut erfunden und verleiht der Entfremdung des französischen Hofes vom Leben der breiten Bevölkerung im 18. Jahrhundert Ausdruck.

War Napoleon sehr klein?

Napoleon umgab sich gerne mit seiner Kaisergarde hochgewachsener Offiziere. Vielleicht entsprang so das Gerücht, er sei klein gewesen. Er maß 169 Zentimeter, lag damit deutlich über dem Durchschnitt des französischen Mannes seiner Zeit. Einer seiner frühen Spitznamen war *«le petit Caporal»* (der kleine Korporal), das war aber eher ein Ausdruck der Zuneigung und hatte nichts mit seiner Körpergröße zu tun.

Was tat Nero, als Rom in Flammen stand?

Jedenfalls nicht die Leier spielen, wie im Film mit Peter Ustinov. Schon gar nicht die Geige, wie oft kolportiert. Nero (37–68 n. Chr.) befand sich in der Nacht vom 18. auf den 19. Juli 64 auch gar nicht in Rom, sondern knapp sechzig Kilometer außerhalb – auf seinem Landsitz. Die weitverbreitete Überzeugung, er sei Pyromane gewesen und habe Rom selbst in Brand gesteckt, um sich an dem Feuer zu erfreuen, ist Quatsch. Mit der Geschichte des angesichts von Tod und Leid musizierenden Kaisers ist es wie mit vielen Anekdoten: Sie sind treffend, auch wenn sie sich – streng historisch gesehen – so nicht zugetragen haben können. Manche Anekdoten verraten aber mehr Wahrheit als so manch detailgetreu Verbrieftes.

Der Kern des Bildes, des sich grausam am Leid delektierenden Tyrannen, stimmt. Nero war ein einzigartiges Scheusal, ein Massenmörder. In seinem engsten Stab gab es eigens den Posten des Vergifters, der Menschen, die Nero im Weg standen oder vor denen er sich fürchtete, töten musste. Er ließ auch seine eigene Mutter ermorden. Und er war ein großer Musikliebhaber. Er spielte neben der Lyra mehrere Instrumente, sogar Dudelsack. An der Story mit der Geige ist also im allegorischen Sinn etwas dran. Seine letzten Worte sollen gewesen sein: «Was für einen großen Künstler die Welt mit mir verliert.» Das Gerücht, Nero stecke hinter dem großen Brand vom Juli 64, hat wahrscheinlich damit zu tun, dass Nero seine Pläne zur Einebnung ganzer Stadtteile nach dem Brand leichter umsetzen konnte und die öffentliche Empörung über den (übrigens nachweislich von den Marktleuten verursachten) Brand nutzte, um Pogrome gegen die von ihm gehasste Sekte römischer Christen zu befehlen.

Wo fanden die ersten Olympischen Spiele
der Neuzeit statt?

In westenglischen Dorf Wenlock (in der Grafschaft Shropshire). Die Wiederbelebung des Olympischen Gedankens verdanken wir nicht Baron Coubertin, wie allgemein angenommen, sondern dem britischen Botaniker und Griechenland-Enthusiasten Dr. William P. Brookes. Die von Brookes ins Leben gerufenen Olympischen Spiele fanden seit 1850 alljährlich in dem Dorf an der englisch-walisischen Grenze statt. Die Disziplinen waren zunächst Weitsprung, 800-Meter-Lauf und Weitwurf. Später kamen noch andere dazu, darunter auch das beliebte Schubkarrenrennen und Baumstämme-Weitwerfen, das ja auch einer der wichtigsten Disziplinen bei den diversen Highland Games in Schottland ist, den sportlichen Wettbewerben mit der längsten europäischen Tradition. Die Sieger der Olympischen Spiele von Wenlock wurden stilecht mit Lorbeerkränzen ausgezeichnet, es gab sogar bescheidene Preisgelder. In den sechziger und siebziger Jahren des 19. Jahrhunderts genossen die Spiele ein derartiges Renommee, dass der König der Hellenen, Georg I., silberne Siegermünzen spendete. 1888 nahm Coubertin schriftlich Kontakt zu Brookes auf, zwei Jahre später besuchte er die Spiele in Wenlock persönlich. Er war von den Spielen und dem auf Griechisch getrimmten Stil so begeistert, dass er beschloss, der Idee von Brookes mit Hilfe seiner Kontakte zu Geldgebern und Staatsmännern international zum Durchbruch zu verhelfen. 1894 gründete er das Internationale Olympische Komitee, zwei Jahre später fanden die Olympischen Spiele auf seine Initiative hin erstmals wieder in Athen statt. Brookes selber hat das leider nicht mehr erlebt, er war wenige Monate zuvor gestorben.

Waren Piraten Seeräuber?

Zu allen Zeiten und in allen Meeren hat es Seeräuber gegeben, aber erst ab dem 18. Jahrhundert – genauer: 1713 –, als sich das europäische Staatensystem konsolidierte, konnte man überhaupt anfangen, zwischen Seeflotten zu unterscheiden, die mit Ermächtigung eines Königs, und solchen, die ohne irgendein königliches Siegel Freibeuterei betrieben. Dann kam der Frieden von Utrecht 1713, Europas Staatlichkeit konsolidierte sich, und die Freibeuter wurden zu Staatenlosen. In der Übergangszeit war es oft ein Zufall, ob aus einem erfolgreichen Freibeuter ein königlicher Würdenträger wurde oder ob er als verurteilter Pirat am Galgen landete. Männer wie der französische Kapitän Misson, der um 1720 in Madagaskar ein kleines Reich der Humanität zu errichten versucht hatte, wurden durch Utrecht zu Verbrechern erklärt. Zwischen Pirat und Nichtpirat entschied mindestens hundert Jahre lang nur irgendein königliches Siegel (das übrigens leicht zu fälschen war).

War Richthofen im Ersten Weltkrieg
als Roter Baron gefürchtet?

Manfred von Richthofen flog seine Einsätze häufig in rot gestrichenen Flugzeugen, aber «Roter Baron» hat ihn niemand genannt. Außer, am Ende seines Lebens: er selbst. Seine Autobiographie trägt den Titel «Der rote Kampfflieger». Er sprach von sich, *notabene*, gerne in der dritten Person. Das Erinnerungswerk erschien 1917 im Berliner Ullstein Verlag, knapp ein Jahr vor seinem Tod. Getötet wurde Richthofen in einem Luftkampf nahe Vaux-sur-Somme. Er war fünfundzwanzig Jahre alt. 1933 erschien «Der rote Kampfflieger» in einer populären Neuauflage mit einem Vorwort des damaligen Reichsministers Hermann Göring. Seinen Ruhm und seinen Spitznamen «Der Rote Baron» bekam Manfred von Richthofen erst postum.

War Robin Hood wirklich
der Rächer der Entrechteten?

Die naseweise Antwort würde jetzt lauten: Robin Hood gab es gar nicht, er ist eine literarische Figur. Aber das stimmt so nicht. Der Name eines Räuberhauptmanns namens Robert Hood, der eine Bande Geächteter um sich scharte, ist tatsächlich aus verschiedenen Quellen überliefert. Mitte des 14. Jahrhunderts kursierten in englischen Tavernen in Reimen verfasste Geschichten und Gesänge, die Streiche genau so einer Bande besangen.

Sie hatten in der Popkultur der Zeit die Funktionen, die heute TV-Serien wie «Die Sopranos» oder Quentin-Tarantino-Filme haben: Sie glorifizierten Gewalt und verführten dazu, sich mit der Seite der Gewalttäter zu identifizieren. In Theaterstücken des 16. Jahrhunderts wird aus dem gewöhnlichen Räuberhauptmann – dem elitären, städtischen Geschmack der Epoche angepasst – ein edler Aristokrat, der von den Reichen nimmt und an die Armen gibt. In keiner der ursprünglichen Versionen der Robin-Hood-Geschichte war dieses Motiv zu finden. Am meisten hat der viktorianische Schriftsteller Sir Walter Scott unser Robin-Hood-Bild geprägt. Scott bediente sich bei all den älteren Geschichten, um mit Ivanhoe eine Art englisches Nationalepos zu schaffen. Robin Hood war nun endgültig kein gemeiner Krimineller mehr, sondern ein Held, der gegen illegitime Autorität kämpfte. Das romantische Motiv, dass Robin Hood und seine Leute im Wald leben, war leider auch Scotts Erfindung. Scott griff damit die Sehnsucht des viktorianischen Zeitalters nach dem Wald auf. Das war, ähnlich wie die Ritterromantik des 19. Jahrhunderts, eine Reaktion auf das als Bedrohung wahrgenommene Wachstum der Städte und der Industrie.

Wie viele Frauen wurden in Salem verbrannt?

Keine einzige der Verurteilten der berühmten Hexenprozesse wurde verbrannt. Neunzehn Verurteilte wurden gehängt, ein achtzig Jahre alter Beschuldigter wurde mit

Steinen erdrückt, fünfzehn weitere Angeklagte starben während des Prozesses oder im Gefängnis. Massenhysterien dieser Art waren in Amerika, im Gegensatz zu Deutschland, im 17. Jahrhundert etwas sehr Außergewöhnliches. Über die Gründe für die schlagartige Hexenverfolgung in Salem gibt es verschiedene Theorien. Die verbreitetste ist, dass die seit 1630 die Kolonien der Massachusetts-Bay-Region regierenden Puritaner religiös-massenhysterische Wahnvorstellungen entwickelt haben. Womöglich haben auch vom Mutterkorn verseuchtes Getreide und daraus resultierende Sinnesverfremdung eine Rolle dabei gespielt.

Stand die Sklavenfrage im Mittelpunkt des Amerikanischen Bürgerkriegs?

Wer waren «die Guten» in den amerikanischen Sezessionskriegen? Die in den blauen Uniformen, blöde Frage! Die Sklavenbefreier. Charles Dickens war da anderer Meinung. Laut Dickens ging es beim Amerikanischen Bürgerkrieg um Steuereinnahmen, nicht um Sklavenbefreiung. Jedenfalls war Abraham Lincoln, der Republikaner, der 1860 zum US-Präsidenten gewählt wurde und mit dem Krieg gegen die Südstaaten die Aufspaltung der Vereinigten Staaten verhinderte, kein Gegner der Sklaverei. In seiner Antrittsrede sagte er ausdrücklich: «Ich beabsichtige weder direkt noch indirekt, die Institution der Sklaverei in den Staaten anzufassen, wo sie existiert.» Das Leben von Nichtweißen zählte für Lincoln nicht viel, dass hatten er und die ihm nahestehenden Generäle der US-Army (er hatte sich als junger Mann als Freiwilliger am Kriegszug gegen den Stamm der Sauk gemeldet) ja schon beim Genozid an den Indianern bewiesen. Er war ein Großmeister des politischen Taktierens und lockte Bundesstaaten, die der Sezession abzuschwören bereit waren, mit Gesetzen, die das Halten von Sklaven weiterhin erlauben sollten. Der Sezessionskrieg ist aus zwei Gründen historisch interessant: Er kostete sechshunderttausend Soldaten und fünfzigtausend Zivilisten das Leben – so viel Amerikaner kamen nie wieder in einem Krieg um. Einzig und allein, wie Lincoln es selber mehrfach betonte, zur Bewahrung der «Union». Das wiederum macht den Krieg verfassungshistorisch interessant: Lincoln sprach den Südstaaten das Recht auf genau das ab – Sezession, Loslösung –, auf das die Gründung der Vereinigten Staaten wenige Jahrzehnte zuvor zurückging.

Eigentlich müsste es nachdenklich machen, dass weder die große Amerikanische noch die Französische Revolution sich um die Befreiung der Sklaven kümmerte. Von den Sklaven auf den karibischen Inseln weiß man zum Beispiel sehr genau, was sie befreite: die Erfindung der Zuckergewinnung aus der Zuckerrübe. Damit konnte in Europa massenhaft billiger Zucker hergestellt werden, der Import von Rohrzucker aus Jamaika und Kuba lohnte sich einfach nicht mehr.

Wollte die HMS Titanic einen Geschwindigkeitsrekord knacken?

Diese Behauptung fußt auf einem deutschen Propagandafilm aus dem Jahr 1934, in dem Briten als rücksichtslose, das Leben der Passagiere aufs Spiel setzende Hasardeure dargestellt werden. Das «Blaue Band» für die schnellste Atlantiküberquerung, von dem in der Populärliteratur und in Filmen immer die Rede ist, gehörte damals der «Mauretania», der konkurrierenden Cunard Line. Für die Überfahrt über den Atlantik benötigte sie fast einen Tag weniger als die «Titanic». Allerdings hatte die Reederei White Star Line gar nicht die Absicht, mit der «Titanic» Geschwindigkeitsrekorde zu brechen. Dafür war ihr Schiffsantrieb nicht ausgelegt. Die Maschinen der «Titanic», die am 15. April 1912 nach einer Kollision mit einem Eisberg sank, leisteten 51 000 PS, die der «Mauretania» mehr als 78 000 PS. Das Konzept der «Titanic»-Fahrten war, zahlungskräftigen Passagieren Luxus pur zu bieten, nicht eine besonders schnelle Überfahrt.

Wer hat als erster Mensch die Welt umrundet?

Wenn man diese Frage bei Google eingibt, landet man beim portugiesischen Seefahrer Ferdinand Magellan, der 1519 in Sevilla aufbrach, weil er sich sicher war, dass zwischen Südamerika und dem Pazifischen Ozean ein *paso*, eine Durchfahrt, existiert. Von Stefan Zweig gibt es ein wunderschönes Buch über Magellan. Er war eine der wichtigsten Persönlichkeiten der Weltgeschichte. Magellan war auch der Erste, der etwas am Himmel beschrieb, das sich später als benachbarte Galaxie herausstellte. Aber Magellan selbst hat die Weltumseglung nicht überlebt, er starb 1521 auf den Philippinen. Der erste Mensch, der die Welt umrundet hat, war Enrique de Malaca, Magellans Sklave. Magellan war es, der ihm diesen Namen gegeben hatte. Woher Enrique kam, ist unsicher, Magellan hatte ihn auf einer seiner Südostasien-Fahrten 1511 auf dem Sklavenmarkt in Malaysia gekauft. Er begleitete Magellan auf sämtlichen Seereisen, einschließlich der Weltumrundung, die 1519 in Sevilla begann und 1522 wieder seinen spanischen Ursprungshafen erreichte.

Trugen Wikinger Helme mit Hörnern?

Definitiv nicht. Wikinger-Helme mit Hörnern sind eine Erfindung von Richard Wagner, die er erstmals bei der Eröffnung der Bayreuther Festspiele im Sommer 1876 präsentierte – bei der ersten kompletten Aufführung des «Ring der Nibelungen». Die aufwendige Inszenierung mit seinen vier ineinander verwobenen separaten Opern konnte übrigens nur dank der finanziellen Unterstützung des verschwendungssüchtigen bayerischen Königs Ludwig II. verwirklicht werden.

Sind Zeitreisen möglich?

Nein. «Sonst würde es bei uns schon längst von Touristen aus der Zukunft wimmeln», sagt Stephen Hawking. Andererseits: Das, was gerade passiert, ist eine Zeitreise. Die Worte, die Sie gerade lesen, habe ich in der Vergangenheit aufgeschrieben, doch erklingen sie in der Gegenwart in Ihrem Kopf. Ich als Autor befinde mich in Ihrem Kopf, aber nicht jetzt, während ich dies schreibe, sondern erst, wenn Sie diese Worte lesen. Die Gelegenheit dieser Begegnung in der Zukunft möchte ich nutzen, um mich zu verabschieden und mich zu bedanken – für Ihre Gesellschaft und Ihre Aufmerksamkeit bei unserer gemeinsamen Zeitreise.

LITERATUR

Das Thema, das ich hier angetippt habe, ist zu groß, um auch nur annähernd die Bücher aufzählen zu können, die mir als Anregung oder Leitfäden dienten. Ein paar wenige, für mich besonders wichtige Bücher muss ich aber nennen:

Alvarez, Walter: T. rex and the Crater of Doom. Princeton University Press, Princeton 1997.

Anderson, Benedict: Die Erfindung der Nation. Ullstein Verlag, Berlin 1998.

Ansary, Tamim: Die unbekannte Mitte der Welt. Campus Verlag, Frankfurt a. M. 2010.

Assmann, Jan: Exodus. Verlag C. H. Beck, München 2015.

Auerbach, Erich: Mimesis (1942–1949). Francke Verlag, Tübingen 2015.

Berger, Klaus: Paulus. Verlag C. H. Beck, München 2002.

Berlin, Isaiah: Die Wurzeln der Romantik. Berlin Verlag, Berlin 2004.

Bernstein, Peter L.: Against the Gods. John Wiley & Sons, New York 1996.

Berry, Robert J.: The Lion Handbook of Science & Christianity. Lion Hudson, Oxford 2012.

Bidez, Joseph: Kaiser Julian – Der Untergang der heidnischen Welt. Rowohlt Taschenbuch, Reinbek 1956.

Borkenau, Franz: Ende und Anfang. Ernst Klett Verlag, Stuttgart 1984.

Bowman, Alan K., Woolf, Greg: Literacy and Power, Cambridge University Press, Cambridge 1964.

Bredekamp, Horst: Der schwimmende Souverän – Karl der Große und die Bildpolitik des Körpers. Wagenbach, Berlin 2014.

Brown, Alison: The Renaissance. Longman Publishing, New York 1988.

Brown, Peter: Divergent Christendoms. The Emergence of a Christian Europe. Blackwell, Oxford 1995.

Burckhardt, Jacob: Vorträge zu Kunst und Kulturgeschichte. Dietrich'sche Verlagsbuchhandlung, Leipzig 1987.

Burckhardt, Jacob: Das Geschichtswerk Band I und II. Zweitausendeins, Frankfurt a. M. 2007.

Cave, Stephen: Unsterblich. Fischer Verlag, Frankfurt a. M. 2012.

Demandt, Alexander: Kleine Weltgeschichte. Fischer Taschenbuch, Frankfurt a. M. 2007.

Die Bibel. Einheitsübersetzung der Heiligenschrift. Pattloch, Stuttgart 1980.

Diringer, David: The Alphabet – A Key to the History of Mankind. Hutchinson, London 1968.

Elias, Norbert: Über den Prozess der Zivilisation. Suhrkamp Taschenbuch, Frankfurt a. M. 1997.

Fernau, Joachim: Rosen für Apoll. F. A. Herbig Verlagsbuchhandlung, München 1961.

Fest, Joachim: Nach dem Scheitern der Utopien. Rowohlt Verlag, Reinbek 2007.

Fest, Joachim: Hitler. Propyläen Verlag, Berlin 1973.

Finley, Moses I.: Die Griechen. Verlag C. H. Beck, München 1976.

Finley, Moses I.: Aspects of Antiquity. Penguin Books,
London 1977.

Ford, Martin: The Rise of the Robots. Oneworld, London 2015.

Fraser, Lady Antonia: Boadicea's Chariot. Weidenfeld &
Nicolson, London 2011.

Freely, John: Aladdin's Lamp. Alfred A. Knopf, New York
2009.

Friedell, Egon: Kulturgeschichte der Neuzeit. Diogenes
Taschenbuch, Zürich 2009.

Goethe, Johann Wolfgang: Winckelmann und sein Jahrhundert. Cotta'sche Buchhandlung, Tübingen 1805.

Gombrich, Ernst H.: Eine kurze Weltgeschichte für
junge Leser. Du Mont Buchverlag, Köln 1985.

Haller, Reinhard: Das ganz normale Böse. Rowohlt
Taschenbuch, Reinbek 2011.

Harari, Yuval Noah: Eine kurze Geschichte der Menschheit. Deutsche Verlags-Anstalt, München 2013.

Heather, Peter: Empires and Barbarians. Macmillan,
London 2009.

Hildebrandt, Dieter: Saulus, Paulus. Carl Hanser Verlag, München 1989.

Hintze, Otto: Feudalismus – Kapitalismus. Vandenhoeck & Ruprecht, Göttingen 1970.

Huizinga, Johan: Das Problem der Renaissance. Wissenschaftliche Buchgemeinschaft, Tübingen 1953.

Huizinga, Johan: Wege der Kulturgeschichte. Drei Masken Verlag, München 1930.

Jaspers, Karl: Vom Ursprung und Ziel der Geschichte. Piper Verlag, München 1950.

Jaynes, Julian: Der Ursprung des Bewußtseins durch den Zusammenbruch der bikameralen Psyche. Rowohlt Verlag, Reinbek 1988.

Kaufhold, Martin: Die großen Reden der Weltgeschichte. Marixverlag, Wiesbaden 2012.

Kennedy, Paul: The Rise and Fall of Great Powers. Fontana Press, New York 1988.

Kissler, Alexander: Der aufgeklärte Gott. Pattloch Verlag, München 2008.

Köhlmeier, Michael: Geschichten von der Bibel. Piper Verlag, München 2004.

Kothe B.: Abriß der allgemeinen Musikgeschichte. Verlag von F. E. C. Leuckart, Leipzig 1909.

Kracauer, Siegfried: Geschichte – Vor den letzten Dingen. Suhrkamp Taschenbuch, Frankfurt a. M. 1971.

LeGoff, Jacques: L'Europe est-elle née au Moyen Âge? Editions du Seuil, Paris 2003.

LeGoff, Jacques: Die Liebe zur Stadt. Campus Verlag, Frankfurt a. M. 1998.

Lloyd, John, und Mitchinson, John: The Book of General Ignorance. Harmony Books, New York 2006.

Magnis, Esther Maria: Gott braucht dich nicht. Rowohlt Verlag, Reinbek 2012.

Metternich, Clemens Fürst von: Ordnung und Gleichgewicht. Karolinger Verlag, Wien 1995.

Metzger, Rainer: Die Stadt. Brandstätter Verlag, Wien 2015.

Mithen, Steven: The Prehistory of the Mind. Thames & Hudson, London 1996.

Nelson, Brian R.: Western Political Thought. Prentice Hall, Englewood Cliffs 1996.

O'Hear, Anthoy: The Landscape of Humanity. Imprint Academic, Exeter 2008.

Pieper, Josef: Über das Ende der Zeit. Verlagsgemeinschaft Topos Plus, Kevelaer 2014.

Pollock, Sheldon: The Language of the Gods in the World of Men: Sanskrit, Culture and Power in Premodern India. University of California Press, Berkeley 2006.

Popper, Karl R.: Auf der Suche nach einer besseren Welt. Piper Verlag, München 1984.

Presser, Jacques: Napoleon. Manesse Verlag, Zürich 1990.

Pryce-Jones, David: The Closed Circle. An Interpretation of the Arabs. Weidenfeld & Nicolson, London 1989.

Ratzinger, Joseph Kardinal: Europa – Geistige Grundlagen. Vortrag am 28. November 2000 in der Bayerischen Vertretung in Berlin.

Sanders, Seth L.: The Invention of Hebrew. University of Illinois Press, Chicago 2011.

Schama, Simon: The Story of the Jews. Bodley Head, London 2013.

Schmitt, Carl: Land und Meer. Cotta'sche Buchhandlung, Leipzig 1942.

Schramm, Gottfried: Fünf Wegscheiden der Weltgeschichte. Vandenhoeck & Ruprecht, Göttingen 2004.

Schwarzenberg, Karl: Adler und Drache – Der Weltherrschaftsgedanke. Verlag Herold, Wien 1958.

Scull, Andrew: Madness in Civilization. Princeton University Press, Princeton 2015.

Seibt, Gustav: Canaletto im Bahnhofsviertel. Zu Klampen Verlag, Springe 2005.

Sieburg, Friedrich: Gott in Frankreich. Societäts-Verlag, Frankfurt a. M. 1958.

Stark, Rodney: Gottes Krieger. Haffmans & Tolkemitt, Berlin 2014.

Starr, Chester G.: A History of the Ancient World. Oxford University Press, New York/Oxford 1991.

Taleb, Nassim Nicholas: The Black Swan. Random House, New York 2007.

Taylor, Alan J. P.: Europe, Grandeur and Decline. Penguin Books, London 1967.

Thomson, David: Political Ideas. Penguin Books, London 1969.

Varoufakis, Yanis: Time for Change. Carl Hanser Verlag, München 2015.

Winkler, Heinrich August: Geschichte des Westens – Von den Anfängen der Antike bis zum 20. Jahrhundert. Verlag C. H. Beck, München 2009.

Wittgenstein, Ludwig: Geheime Tagebücher. Turi & Kant, Wien 1991.

Woolf, Greg: Rome: An Empire's Story. Oxford University Press, Oxford 2012.

Zweig, Stefan: Sternstunden der Menschheit. S. Fischer Verlag, Frankfurt a. M. 1962.

DANK

Meiner Frau Irina danke ich nicht nur für ihre Unterstützung, ich bitte sie um Verzeihung dafür, dass ich sie während der Arbeit an diesem Buch so oft allein gelassen habe. Ich danke meinem Verleger Gunnar Schmidt, der mich zu diesem Buch ermutigt hat. Zu so einem übergeschnappten Unterfangen muss man aufgefordert werden, er hat das getan und mir dadurch erlaubt, mir selbst einen langgehegten Wunsch zu erfüllen. Ich danke meinen beiden Lektoren Ricarda Saul und Ulrich Wank. Für ihre Geduld und Sorgfalt und Strenge. Wir drei waren wirklich ein gutes Team. Ich danke Professor Yuval Harari, Sebastian Graf Henckel-Donnersmarck, Professor Thomas Macho, Martin Mosebach und Dr. Alexander Pschera für wertvolle Literaturempfehlungen und Hinweise. Ich danke Dr. Johanna Sprondel, Father Anthony Giambrone, Walter Straten, Dr. Ralf Georg Reuth, Professor Tracey Rowland und ganz besonders Dr. Heike Wolter, dass ich sie mit der Durchsicht von Manuskripten belästigen durfte, sowie Annelie Schlieker-Erikson und Moritz Stranghöner für ihre moralische Unterstützung.

Folgen Sie dem Autor, wenn Sie mit ihm in Kontakt bleiben wollen, auf Twitter @AlecSchoenburg oder besuchen Sie seinen Blog www.OnAlexandersMind.blogspot.com